国家社科基金
后期资助项目

社会行为中的自我监控

The Self-monitoring in Social Behavior

肖崇好 / 著

社会科学文献出版社
SOCIAL SCIENCES ACADEMIC PRESS (CHINA)

国家社科基金后期资助项目
出版说明

　　后期资助项目是国家社科基金设立的一类重要项目，旨在鼓励广大社科研究者潜心治学，支持基础研究多出优秀成果。它是经过严格评审，从接近完成的科研成果中遴选立项的。为扩大后期资助项目的影响，更好地推动学术发展，促进成果转化，全国哲学社会科学规划办公室按照"统一设计、统一标识、统一版式、形成系列"的总体要求，组织出版国家社科基金后期资助项目成果。

全国哲学社会科学规划办公室

目录

第一章 心理学的任务与社会行为的个体差异

第一节 心理学的研究任务

广义上来说，科学的目标就是了解和理解我们周围的世界。社会心理学是研究人类心理及其与环境交互作用的社会科学，它建立在通过科学研究和批判性思维得来的研究结果之上。研究结果都是通过直接观察和测量获得的，它们都是更好地了解行为的理想方法。一般认为心理学有四个主要目标：通过使用科学方法，描述、解释、预测、干预行为和心理过程。这些目标帮助心理学家更好地确定当前的问题、解释心理现象发生的原因和行为效应。

一 描述行为和心理现象

心理学家与其他社会科学家一样，对复杂心理现象的研究，是从简单的心理现象开始的。通过描述行为，心理学家可以对心理现象进行组织和分类。比如说，心理学家把心理现象分为心理过程和个性心理；把心理过程分为认识过程、情感过程和意志过程；把个性心理分为个性心理特征和个性心理倾向性等。心理学研究无论验证假设，还是发展理论，都必须从描述某一现象出发。研究某一种心理现象就要用科学概念来界定它，然后才能概括出这类心理现象的本质特征，以及它与其他心理现象之间的区别和规律性联系。这样，描述就是生产科学知识的第一步。在我们理解客体和事件之间的关系之前，我们必须描述它们。为了描述，每一个学科都发展了自己的特定语言或概念系统。每一个概念清晰的定义或界定，能够使研究结果得到验证，并在学术共同体之间更好地传递和传承。

概念是通过语词或其他符号对现象中共同特征的提取。例如，社会心理学中"地位"这个术语，就是对社会结构或群体特征的提取。科学使用概念的第一规则就是一个词代表一个特定的概念。日常生活中所使用的概念通常有多种或模糊的含义或指代多种不同的事物。例如，日常生活中的"人格"概念。我们说"一个人'人格'高尚"，人格是指一个人的道德品质；我们说"侵犯了他人的'人格'尊严"，人格是指作为权利主体的资格。因而科学家发现有必要限定或重新定义常用词的含义，或发明新的术语（有时叫结构）。因此，各个学科都会产生许多专业性很强的术语。

有关概念的第二个规则是概念与其对应的客体和事件在学术共同体之间达成共识。这扩展了第一个规则，认为概念必须根据精确的、可靠的观察来直接或间接定义。

心理学家使用某一概念，是因为这一概念能够有效地解释日常生活和科学研究中某种心理现象。一旦出现新的概念，其描述某一类心理现象的有效性超越了以前的概念，以前所用的概念就会被淘汰，取而代之的是新概念的广泛应用。例如，"社会阶层"概念的存在反映了它的效用，可以用来解释社会秩序和社会变化。

二　解释和预测行为与心理现象

科学研究的目的在于帮助我们正确理解宇宙和我们所处的环境。心理学家把解释行为作为心理科学的基本目标。为此，除了描述单一心理现象、概括其特征并进行分类外，心理学的另一个重要任务就是寻找心理现象发生、发展的规律，并据此预测在一定条件下，特定心理或行为发生的概率。解释是为了满足人们的好奇心，根据发问者的需要和问题的类型，好奇可以通过以下几种方式满足：贴标签（对孩子这是什么的提问，回答一个适当术语），定义或举例（如用熟悉的术语和形象来澄清新术语），唤起共情（如人们为他们的行为提供动机或其他"好理由"），诉诸权威（如把有些东西归于"上帝的意志"），或引用一般的经验规则（例如，一本书从高处滑落后，会掉在地上，因为它比空气密度高，所有比空气密度高的物体，坠落时都会掉到地上）。只有最后一种解释能满足科学知识的双重目标——解释过去和现在，并预测将来（Singleton, et al., 1988）。

建立科学解释的"经验规则"包括抽象的陈述或假设，它把特定条件下一类事件的变化与另一类事件的变化联系在一起。例如，下面的命题来自社会心理学，是对社会促进或"观众"效应的概括。

如果一项任务简单或比较熟悉，那么，个体在有他人在场比没有他人在场能更好地完成。

根据这一命题，一个事件的变化（他人出现或不出现）在特定条件下（简单或比较熟悉）会引发另一类事件（个体成绩）的变化。命题是抽象的，有两层含义：第一，因为它们可能指过去、现在或将来的变化，它们没有提及特定的历史时间；第二，第一个命题是关于一般事件的，如个体完成简单任务。如果它只适用于男性，这个命题就不太抽象了；如果它只适用于高自尊的男性，就更不抽象了。抽象水平很重要，因为科学的理想就是要发展最一般的理解：找到能解释和预测最宽泛事件的概括（generalizations）。

但引用经验规则是如何满足心理学家的好奇心与他们解释和预测的需要的呢？为了回答这个问题，我们必须进一步考察科学解释所采取的形式。

科学哲学家有一个共识：科学解释采用推论逻辑（deductive logic）这样一种形式来表达。用这种形式，要解释的事件或要预测的事件包含许多陈述和一个结论，其中一个陈述是总的经验命题。

a. 如果个体完成一个简单任务，有他人在场比没有他人在场时，他的表现会更好。

b. 在情境 B 中，个体独自完成简单任务 S；在情境 C 中，在有他人在场时，个体完成任务 S。

c. 因此，与情境 B 相比，在情境 C 中，个体在任务 S 上的成绩要好。

逻辑推论结果（c）是指将来事件（表现会更好），也可能指过去事件。以这种方式建构解释，就可以应用于过去、现在或将来。我们可以看到，预测过程与解释过程在逻辑上是等价的。因此，任何有效的科学解释，同时也是对将来的预测。

为了更好地理解，现在我们介绍几个与科学解释相关的术语。几个概念构成了命题，从这些命题中可以推论出已观察或可以观察的事件。当可以观察的预测还没有得到检验时，这类命题叫假设。直接来源于观察的假设有时是指经验概括（empirical generalizations），在一定程度上，它们是得到重复验证和广泛接受的，它们可能变成科学法则（laws）。一旦被观察和记录，这些特定的事件就成为事实，作为科学证据或数据被接受。最后，包含在这些科学解释中的术语就成为概念，它们描述（组织和分类）要解释的现象。

把这些术语放在一起，我们可以说：科学解释根据概念对现象进行分类来描述这个世界；它们通过展示由经验概括或法则推论出的事实和预测，来解释和预测。然而，科学解释没能终结。确实，现在所说的远远代表不了科学知识赖以建立的基础。尽管特定的事件可以用经验法则来"解释"，由这些法则本身所表述的规律性仍然需要解释。如，在观众效应例子中，为什么他人的出现会提高一个人在简单任务中的成绩呢？

为了解释这些问题，一般需要解释经验概括或法则，科学引入理论。"理论"是科学中最难懂和最易误解的术语之一。实际上，为了理解，科学中所谓的理论通常意味着有相当多支持证据。一个完整的、正式的理论包括概念的定义和许多假设，这些假设描述了该理论应用的情境；虽然它的核心特征是许多相互关联的、抽象的原则或命题，其基本形式与法则一样，但更概括。

理论解释法则，如同法则解释事实一样。通过遵循逻辑规则，我们可以从命题到假设，再到可观察事件的预测和解释。通过这种方式，不能直接观察或测量的理论概念，就与可测验的现象联系在一起了。

然而，特定预测的成功，不足以证明一个理论。因为可能有几种理论都可以解释特定的经验规律，它们都可以做出相同或相似的预测。观众效应就是这样，尽管已经提出了几个理论，但没有公认的理论解释。一个理论认为：观众提高了简单任务中的成绩，是因为仅仅他人身体的出现，就增加了人们的身体唤起。另一个理论认为，当人们相信出现的他人正在判断和评价他们的行为时，才会提高他们的成绩。科学研究经常检验这种新理论，但判断一种理论在一定程度上优于其他竞争的理论，需要满足：①这种理论有着最少的陈述和假设；②它能解释现象的范围最广；③它的预测是较精确的。

通过更精确地解释更多的现象，理论比法则提供了更抽象的理解。一个好的理论通过说明更广泛的现象，能拓宽我们的理解。人格心理学家，从弗洛伊德和荣格到斯金纳和罗杰斯，提出了各种理论来解释人格、发展和动机。当然，由于影响人格发展的因素特别复杂和人格研究方法本身的问题，人格理论在解释个体差异上仍然有一定的局限性，也就是说用这些理论不能完全解释或预测个体行为；但不同的人格理论，毫无疑问，增加了我们对个体差异的理解。

三　干预行为和心理现象

科学的目标就是生产知识，来理解和解释我们周围的世界。从本质上讲，包括心理学家在内的所有科学家，其共同的目标都是理解、预测和控制或影响构成它各个学科的研究对象。例如，生物学家在理解了 SARS 病毒如何侵袭健康的身体后，接下来就要预测感染发生的条件，然后努力控制或影响感染过程，来减少病毒的传播。相似的，心理学家试图理解这样的机制：我们对压力心理和生理的反应增加了我们得病的可能性，为的是预测我们中的哪些人可能会患冠心病、高血压或其他与压力有关的疾病。心理学家也想用这一知识来影响或调节特定的易使人们产生压力的创伤行为。

我们中许多人接受用心理学知识去理解和预测行为这样的做法，而用心理学知识去控制人们的行为这一做法，就比较有争议了。你认为心理学的目标应该包括控制人的行为和心理现象吗？

我们经常关心或怀疑行为控制是心理学的合理目标吗。如果你做肯定回答就意味着：通过心理研究获得的所有知识直接导致行为控制。然而，心理学家已经能够在广泛的情境下影响行为。例如，理解偏见形成的过程和预测偏见形成的情境，导致教育计划的发展，这些教育计划已经减少了学龄期儿童中偏见行为的形成和表达。相似的，对严重心理障碍的心理生理原因的了解，已经促进发展了各种有效的治疗，来控制特定症状。

人们很少认为这些例子可以使行为控制合法化和有助于控制行为。然而，仍然有许多灰色区域，对各种行为的心理影响是比较有争议的。这些情境产生了重要的问题。例如，对工业心理学家来说，以可以增加工作效率的方式操纵工作条件，是否合适？对司法/临床心理学家来说，对在押性犯罪人员给予厌恶或负性刺激，为的是让他们减少不适当的性唤起模式？这样做的问题是：追求控制行为这一目标，经常受到复杂的道德问题的影响或干扰。

虽然在相当短的历史中，心理学已经积累了有关人类行为许多重要领域丰富的知识，但仍有很多问题有待解决。实际上，所有科学从来都没有停止过追求过去已经实现的目标。然而，相对于大多数学科，处在婴儿阶段的心理学，仍然在沿着理解、预测和控制的方向前进。现代心理学知识的不完整性，在一定程度上来说是非常明显的。

我们当前对行为和心理过程的理解大多应该进行谨慎的评估，应该清醒地认识到：在这一发展中的学科里，绝对正确是很少的。这样，对大多数人来说，对各种行为现象的理解，可以用理论语言来表达。理论是尝试性的假设，用来解释科学家已经观察到的有关特定现象的相关数据或事实。例如，研究梦的心理学，经常形成我们为什么需要做梦或为什么做梦的理论。有些梦的研究者已经注意到：当期望关系冲突、工作中有麻烦或处在其他情绪压抑情境时，人们会花较多时间做梦。这些以及相似的观察已经产生了一个做梦的理论：梦是一种相对安全的、低压力的方式，来处理在工作中发生的问题。

心理学的终极目标是通过更好地理解个体的差异性与共通性，来提高人们的生活质量。

第二节　社会行为的个体差异

一　心理学的研究对象

心理学是研究心理现象及其规律的学科。心理现象一般分为心理过程与个性心理。心理过程是每个人共有的，认知心理学主要从事心理过程的研究，揭示人类心理过程共同的特征。心理过程包括认识过程、情感过程和意志过程。认识过程研究内、外界环境刺激如何通过分析器反映到人的大脑中，产生各种意识和意象。情感过程是人的需要与客观事物之间的关系在人脑中的反映。当客观事物满足人的需要时，产生正面积极的情感体验；当客观事物不能满足人的需要时，产生的是负面的消极情感体验。意志过程是人反作用于客观现实的过程，是人的意志的外化，反映的是人的主观能动性，是人对客观环境有意识的反作用。

个性心理主要研究人的个体差异。一般认为，个体差异主要表现在个性心理倾向性和个性心理特征两个方面。个性心理特征是指个体在能力、气质、性格方面的差异，而个性心理倾向性主要反映个体在需要、动机、兴趣、信念和价值观等心理动力方面的差异。心理学体系中，人格心理学主要研究个体间差异。

二 社会行为中的个体差异

人的心理或行为具有社会性，只有与他人或社会互动，才能获得生存必需的资源。因此，人际互动是个体生存的必要手段。与他人互动也是个体发展的重要途径。个体正是在与他人的互动中，发展认知能力，形成稳定的性格特征等。同时，社会互动中，他人评价和与他人比较也是个体自我认知的有效方式。

人具有多种多样的属性，概括起来，人的属性可分为两大类，即自然属性和社会属性。社会属性是人最主要、最根本的属性。人与社会的关系问题，也是研究个体社会行为的心理学家不可回避的问题。社会学家认为，现代社会中人与社会的关系有以下特征。

1. 个人与社会的关系

个人与社会的关系问题是社会学的一个基本问题，很早之前就已展开了讨论。有主张个人服从社会，也有主张社会服从个人的。中国古代自西汉以后，儒学获得独尊地位，有关个人与社会的思想是重整体意识，忽视个体意识，个人依附于社会（郑杭生、汪立华，2004）。现代公民社会的发展，使个体与社会的关系发生了许多新的变化。

（1）个人与社会的冲突

人与社会发展的漫长历史中，各自不同诉求得以充分展现——个人向往自由，社会需要秩序；个人要求权益自主，社会诉诸权力规范。如果个体的自主性使"秩序"成为问题，那么，在社会的秩序性面前，个人自由也难免受到质疑。个人与社会的各自诉求所表现出的一致与分歧、和谐与紧张、整合与冲突，成为现代社会的问题性、风险性和危机性的根源。可以说，个人与社会的关系问题浓缩聚焦了现代社会生活一切重大问题（郑杭生、杨敏，2004）。

现代社会向个人敞开了自由和创造生活的机会，也给予其从未有过的限制和束缚。没有任何一个历史时代能够像这个时代一样，使个人对社会有如此的建树和影响，带来了如此剧烈的紧张和冲突；社会向它的个人提供选择和开放机会，激起了个人无限的创造欲望，也唤起了个人丧失自由的深切感受。正因为如此，个人自由和社会秩序、个人权利自主和社会权力规范的和谐与冲突，构成了个人与社会关系的另一含义。

（2）人与社会的同向谐变

弗洛伊德认为，人的本能欲求受到现实条件如社会道德、法律等的制约，两者处于冲突与平衡的动态过程中。这些要素构造了人格的三个方面：本我是一种先天的本能，是基本的驱力源，遵从快乐原则，寻求不受约束的、最大限度的满足，是人的动物性的反映。超我是后天习得的社会规范、自律，包括道德感、良心、责任感、自我理想等，按道德原则行事，是人的社会性的反映。自我是人格中现实性的一面，是本我与外界关系的调节者，遵从现实原则，面对愉快需要作出合理的选择。

现代社会扩展了人对资源的解释框架，提供了获得各种资源的更多机会；资源的象征性意义和获取机会又拓宽了人的资源需求范畴，进一步启动了个人的攫取欲、占有欲和消费欲，也造就了现代人的“欲望人”特征。对欲念的新解释和肯定是现代个人的开放性和包容性的深层根源。

现代民族国家的崛起，标志着理性系统成为无所不在的现代社会现象，工具理性、技术理性、操作理性已经渗透到社会生活的各个领域。可以说，理性全面制导了现代社会的成长与扩张。与此对应的另一个过程是个人的理性化。现代个人是“理性人”，崇尚名利，追求成功和卓越，渴望拥有一切有价值的事物。理性构成了现代社会行动和现代个人行为的共同逻辑。

“欲望人”使现代人更加关注自己的利益、权利，“理性人”使现代人的行动关注社会的诉求、他人的利益等环境因素。如何调节它们之间的冲突，情性人逐渐在现代人心里成长壮大。因此，现代个人不仅是“欲望人”“理性人”，也是“情性人”。所谓情性是指个人内在结构中，处于欲念与理性两极之间的结构部分，是现代个人的一种重要内在机制。在具体的情景下，个人的情性机制能够产生特定的体验方式，制定意义，并用不同的情感形式进行表达。情性具有双向的特性，即欲念的情感制导与理性的情感调节。一方面，可以通过情感形式对欲念进行积极疏导，或者对情绪化冲动进行控制，节制个人要求直接、即刻回报的本能，形成满足的延宕。另一方面，通过情感形式对理性行为产生调节，用情感形式抑制理性逻辑的延伸，消解和弱化理性行为的极端化，或者以情感形式为知识活动注入才情和旨趣，使之具有表现力、感染力和创造力（郑杭生、杨敏，2003）。

总之，现代社会个人对社会的影响力超过了任何历史时代。个人是社会生活的主体、社会系统动作的起点和终端。反过来，现代社会规范和秩序体系对个人的整合力也是以往任何历史时代无法比拟的。从公民权与人的国民意识、公民道德与个人的社会责任感、个人选择与国家目标等，我们可以看到国家和社会对个人所产生的巨大塑造力量。一句话，在谐变与冲突过程中，个人与社会都希望按照自己的理念规定和改变对方，但最终的结果是对方塑造和构建了自己。

人类社会发展的历史表明：一是个人与社会相互依存，密不可分。社会是由无数个人组成的，人的生存离不开社会，人的发展更需要社会提供种种条件。任何一个社会的存在和发展，都是所有的个人及其集体努力的结果，一切个人活动的总和构成社会的整体运动及其发展。二是要正确认识和处理个人诉求与社会诉求的关系。个人的活动既是一个生命的自然过程，又是社会实践的历史过程。在这个历史过程中，每个人都不是孤立存在的，他的活动都面临着个人与社会的关系问题。因此，正确认识和处理个人与社会的关系，既是个人进行正常活动的重要条件，又是作出人生选择的基础和前提。

2. 个体社会行为的差异

任何社会都是一个有机整体，具有一定的运作机制。首先个体要很好地适应社会，必须以社会要求为导向，通过社会学习，接受社会的影响。如学习语言，学习人际交往规范，遵守社会道德规范和法律等。否则，个体就会被社会所拒绝，被社会所抛弃。反过来说，社会业已存在的各种规范，是优先考虑保证社会的良性健康发展，不是保证某一个人或特定群体的利益。当然，社会的良性健康发展是以社会中个体的充分发展为前提的。我们应该看到，人性虽然有善良、美好的一面，但也有丑陋的一面。个体生活工作在一定的社会环境里，社会必然会对个体行为有所要求。其次，社会对个体的要求是通过环境的影响来实现的。在适应社会的过程中，有些人的行为完全以环境要求为导向，失去自我，压抑自我，忍气吞声，唯他人马首是瞻，害怕他人的负面评价，担心别人拒绝、排斥自己，行为随情境的变化而变化；有些人的社会行为则不太受环境的干扰，我行我素，率真耿直，言为心声，心直口快；有些人的行为则能很好地表达自己的心声，同时又跟环境保持和谐一致。

从个体角度来看，一个人要融入社会，跟环境保持良好的互动关系，很好地适应环境，首先必须遵守基本的行为规范，如社会的法律、道德、规章制度等。其次，个体和社会是两个复杂的系统，个体可以找到自己跟社会主流文化或亚文化一致的态度、兴趣、信念和价值观，从而实现与社会的和谐。最后，个体与社会在互动中实现谐变共进。个体在社会生活中，在遵守法律、道德的基础上，通过正常途径主张自己的权利。社会在发展过程中，不断为越来越多个体的充分发展提供平台、资源和制度保障。在管理变革的过程中，社会管理以人为本，越来越人性化。在个体的社会化过程中，社会把对个体的基本要求变成个体的自觉要求，从而实现谐变共进。

三　人格理论的优势与不足

实际上，社会行为中的个体差异可以分为两个方面：个体间差异（个体与个体之间的差异）和个体内差异（同一个体不同情境中的差异）。传统的人格理论（如人格特质理论）就认为：个体差异主要是由个体间不同的人格特质造成的。这种理论能很好地解释个体间的行为或心理差异，但不能有效解释个体内差异；行为跨情境一致性较低一直是困扰人格特质心理学家的问题。社会心理学在研究个体差异时，其研究取向是强调环境对个体行为的影响，主要解释的是个体内差异。它的缺陷是不能解释为什么在同一情境中，个体行为会有差异。

为了提高研究的解释力度，人格心理学开始采用认知心理学的研究进路（Mischel & Shoda，1995）来研究个体差异。他们认为个体行为发生过程受内在因素和外界环境共同影响，导致个体行为结果产生很大差异。把人格和社会情境看成是影响行为过程的两个因素，既可以解释个体间差异，又可以解释个体内差异。这样一来，就可以更好地解释人与人之间的社会行为的差异。但它的不足就是在解释个体社会行为差异时，需要对社会行为的产生过程有比较精确的模拟。最后，在人格心理学、社会心理学研究结果的基础上，研究人格因素和环境因素如何相互作用，最终产生社会行为。这一过程就涉及个体对内在因素与环境因素的监控评估。社会行为中的自我监控理论，自20世纪70年代产生以后（Snyder，1974），受到心理学家的重视。因为自我监控理论在理解个体理性与欲望、合作与竞争、义务与责任等冲突与谐变中，起着至关重要的作用。

本研究通过对自我监控研究历史的回顾，遵循实证的研究方法，对自我监控进行重新的构念，并进行相应的测量和应用研究。所以，在介绍具体研究之前，在下一章，我们会比较系统地介绍心理学中常用的测验法。

第二章　测量法

测量（measurement）是为了表示概念的特征而给分析单元（units of analysis）分配数字或标签的过程。如果不是从测量的严格定义来说的话，在日常生活中，这一过程对读者来说是相当熟悉的。例如，我们每次测验都在评估一些东西，如电影、饭店或日期："那部电影'非常好'""那家新饭店肯定是四星级——装修、服务和食物都是一流的，且价格公道""在一个 1–10 的量表上，我会给它 2，它不是我遇到最差劲的，但也差不多了"。从某种意义上来说，你已经在通过推断他的平均评级点来"测量"某人的"智力"。你也可能在秤上称过你的体重……所有这些都包含了测量的本质：标签或数字（"非常好"，"四星级"，一个"2"）被分配给客体（电影、饭店、人）来表示特征（一部电影、饭店，或日期、智力、体重的总体品质）。

测量可以分为两种，一种是定量的测量，另一种是定性的测量。所谓定量的测量就是我们使用数字来测量物体或属性，如用在自尊量表上的得分，来表征一个人自尊的属性。而定性的测量是对物体或分析单元进行分类而给予名称，如根据被试的生理特征，把学生分为男生和女生。

当然，日常生活中的测量与社会研究中的测量过程是有区别的。在上面的例子中，分配标签或数字给客体的规则或多或少是依靠直觉的，而在心理学研究中，这些规则必须详细确定。科学标准要求我们必须详细说明测量的方针（guideline）和程序，以便其他人能重复我们的观察，并判断我们测验程序所产生信息的质量。在这一章，我们通过社会心理研究中的几个例子来介绍测验过程，然后，讨论评估测量法特征和质量的三个标准。

第一节　测量过程

当研究者形成他的研究问题或假设时，测量过程就开始了。每一个问题或假设都包含一些术语——概念或变量——它们是研究者感兴趣的现实的一些方面；问题提出（problem formulation）是指从抽象和实证层面来思考这些术语是什么意思。测量的终极目标是清晰地说明假设中术语观测指标（referent），但是要达到这一点，我们必须首先思考这些术语的抽象意义。这样，整个测量过程就包含从抽象到具体。我们把这一过程分为三个步骤：构念化（conceptualization）、变量的说明与指标（specification of variables and indicators）和操作化（operationalization）。

一 构念化

概念的发展和澄清叫构念化。除非概念很清楚，否则我们不能确定这一概念的观测指标。第一步就是通过词和例子澄清一个概念想传递的心理形象，最终达到言语定义。例如，研究者对检验这一假设感兴趣——"教育减少偏见"，那么，首先就要定义好"教育"和"偏见"。教育可以定义为"一个人智力和道德训练以及知识的程度"；而偏见可以定义为"对某个体基于他的群体成员所做的情感性的严格的预判"。对刚开始从事研究的人来说，通常这种练习依赖于心理学文献中现存的定义。然而，在已有文献中，对某一概念的准确定义存在分歧时，研究者有时也会根据自己的研究目的，对概念重新下定义。

由于概念的复杂性，许多心理学概念，如偏见、人格、群体凝聚力和社会地位，已经被分析成多个部分或维度。在上面的例子中，教育可以分为正规和非正规教育，偏见被分析成为负性情感、原型和区分倾向。我们还在偏见的不同目标中做区分，如对黑人，对同性恋，以及对其他群体的偏见。说明概念的维度，导致一个学科理论的发展，并以两种方式促进了测量。第一，它考虑到问题和假设更精致的陈述，通常会提出一个更局限和可操作的研究课题。例如，与只考察教育与偏见的一般关系相比，一个人决定把它的研究范围局限在评估正式教育与对黑人偏见之间的关系上。第二，维度分析通常会提出概念的实证内涵。例如，把对黑人偏见分解成两个维度："对黑人有贬损的信念"和"不愿意跟黑人有关联"。通过对两个维度的观测，可以真实观测到被调查者是否对黑人有偏见。

二 变量的说明与指标

在测量过程中，概念的两个方面引导我们进入第二步。第一，一个概念显示了一个类别，例如，男性或偏见，或一个概念可能意味着几个类别或价值，如性别或偏见程度。通过测量，我们就能给不同的分析单元提供不同的值或类别；因此，我们测量变化的概念，就称之为变量（variables）。第二，许多心理学概念是不能直接观察的。例如，我们能看到桌子或红颜色，却不能"看到"教育或偏见。第三，虽然我们不能看见教育，但我们可以观察到人们的知识情况，和他们所受的正规学校教育；虽然我们不能看见偏见，但我们可以观察到人们避免与黑人交往，对异教徒所做的贬损性描述和反对种族隔离主义的政策。构念化以后，下一步就是定义这一概念的内涵，正是这一步，使人们从概念语言（a language of concepts）过渡到变量的语言（a language of variables）。

这种语言的变化发生在何时是很难查明的，研究者经常交互使用术语"概念"和变量。重点是这些术语意味着抽象的不同水平和测量过程的不同阶段。一旦研究者开始使用术语"变量"，他心里总有一些表征该概念的观察事件。在较低的抽象水平上的事件，就叫指标（indicators），它表示一个变量的具体例证。这样，我们就从抽象过渡到具体——从概念到变量到指标。继续用上面的例子，我们有"教育"这一概念，其变量名为"教育水平"，指标是"学校教育年限"。而"偏见"这一概念，变量是"对黑人的偏见程度"，指标就是"愿意或不愿意搬到黑人聚居区"。

可以选择许多不同的指标来测量特定的概念。如果每个指标都能以同样的方式准确区分单元，选择哪一种指标完全是随意的。然而，没有两个指标能以同样的方式测量同一特定概念或变量，同样，也没有哪一个指标与其相应的概念完全匹配。指标不能十全十美地解释概念有两个原因：①它们经常包含有分类误差（errors of classification），②它们很少覆盖一个概念的所有外延。想一下，把愿意搬到黑人聚居区作为对黑人偏见的一种测量。一个白人可能不愿意搬到这样的小区，但不是因为种族偏见，而是他喜欢住在别处——靠近工作或家庭的地方。而且，一些人愿意搬入黑人聚居区，但是，他以其他方式流露出对黑人的偏见。

由于指标与概念之间没有十全十美的匹配，在测量一个概念时，研究者经常选择多个指标。有时，会对特定概念的多个测量分别进行分析，产生多重测验或假设的交叉验证。有时，多个指标合并在一起，形成一个新变量，因为当对多个问题作答时，每一个不同的指标，结合在一起产生了变量，如 "IQ 分数"。像这样的派生变量（derived variable）就是形成于多个指标的结合，也叫指数（index）或量表（scale）。对于像偏见这样的复杂概念，研究者很可能设计他们自己的量表，或者使用现存的 "偏见" 量表，这种量表包括对诸多问题的答案，加在一起得到偏见分。像教育这样较简单的概念，单一指标一般就足够了。何时使用单一指标，何时使用多重指标来表达一个概念，James Davis（1971：18）提出了这样一个原则："如果你不清楚测量一个关键'概念'的最佳方法，就值得用两种或两种以上方法去测量……"

三　操作化

变量和指标给分析单元赋予许多值或进行分类，但它们没有精确显示这种赋值或分类是如何做的。因此，测量过程的最后一步就是陈述对分析单元进行分类的过程。这一步叫作操作化。详细说明给分析单元分配变量类别的操作过程或程序，就叫操作性定义（operational definition）。在我们的例子中，变量——学校教育年限和对黑人的偏见程度——可以通过问人们问题来操作化。完整的操作性定义包括要问的特定问题，以及收集数据和对个案进行分类的反应类别和指导语。

为了更好地理解操作性定义这一概念，让我们看看日常生活中的简单例证。假如你的朋友为你烤了一个美味的胡萝卜蛋糕。你问你的朋友是如何做的，因为你也想烤一个。你的朋友会说："哦，你拿一些胡萝卜、面粉、糖、蛋等，加上一些坚果，然后烤，瞧，——你就烹制了一个胡萝卜蛋糕。" 用这些指导语你就可以做出这样的蛋糕吗？不可能，你需要的是你朋友有关胡萝卜蛋糕概念的操作性定义。你需要拥有一个完整的指导语——蛋糕的构成成分清单，所使用的每一种成分的数量，混合各种成分的必需的步骤，以及烤制温度和烘焙时间。总而言之，你朋友的操作性定义应该像一张常见的清单卡。使用这个处方（操作性定义），你能够烤焙出一个大致相似的蛋糕。

至于指标的选择，许多操作性定义都是可能的；社会科学家应该选择或发展一个操作性定义，他们认为它与所研究问题有因果的匹配关系。回到胡萝卜蛋糕的例子，你怎么能肯定你朋友的清单是一个 "可信的" 胡萝卜蛋糕？坚果真的是必要的成分吗？假如你用的是全麦白面粉，你烘焙出来的还是胡萝卜蛋糕吗？如果你把这一清单与其他的清单进行比较，毫无疑问，你会发现一些差异。你如何得出结论：哪一个是正确的清单。最后，你会发现没有正确的清单，但你还得做出决定：你朋友的操作性定义（清单）是否与你有关胡萝卜的想法一致。正如你看到的，操作性定义对心理学研究是如此重要，有武断的一面，并且也是一个概念"真实"意义的有限表达。

第二节　测验的发展过程

一个测验（以及其他的评估方法）的发展过程可以简化为四步：发展测验项目，评估这些测验项目，标准化测验，建立常模。下面简要介绍这一过程。

一　发展测验项目

测验的建构者一般先发展许多能够满足特定测验需要的潜在测验题目。例如，原始的斯坦福－比奈量表最开始用了许多这样的项目，它们能够区分不同年龄阶段的智力。这些题目基于常识和直接观察。例如，记忆复述数字的能力反映了智力在年龄上的差异。测验建构者可以原创一些测验项目，或修改已有的其他测验的项目。

二　评估测验项目

测验建构的第二步就是把有效的测验项目与无效和误导项目区分开。为了完成这一任务，研究者会从测验适用的目标人群中抽取出代表，构成被试，要求他们完成备选项目中的所有项目。例如，斯坦福－比奈量表要对数千学龄前儿童进行测验，区分出智商高、中和低儿童。通过对项目分析，他们发现：一些项目有效地区分了不同年龄水平的儿童，有些则不能，这些无效项目就应该删除。

三　标准化测验

一旦测验项目被评估和挑选，测验的建构者也要发展标准化程序（standardization procedures），即测验施测和计分统一与一致的程序。为什么统一的程序如此关键呢？

假如你发展了一个比奈类的智力测验，你的一个子测验是评价少儿这样一种能力：根据图纸模型，用积木搭建一座桥梁。一般 6 岁儿童可以完成这样的任务，但对 5 岁儿童来说太难，除非测验者提供一些线索或指导。如果施测者以不一致的方式施测这类项目，给一些被试提供线索，而对另一些被试不提供线索，就会产生两类错误。第一，在发展阶段中，测验设计者在项目的年龄难度上会犯错误，认为较小的儿童也能完成这样的任务。第二，在测验编制完后，评估儿童智力时也会犯错误。

标准化程序的目的就是要避免这类错误。标准化测验包括指导语，它要能准确描述如何施测和计分，所以，测验情境对所有被试是确定的。这样，要求所有的测验使用相同的例证，设计相同的时间限制，并提供相同的指导（无随机帮助线索）。

四　建立常模

一旦智力测验的项目已经选定和标准化，程序就完成了，最后一步就是建立常模。常模反映的是特定人群的正常或平均成绩。例如，如果你为成人编制了一个智力测验，并发现 20～25 岁成年人的平均分是 185 分，那么，185 分就是这一年龄阶段人的基本常模或成绩标准。同样的，40～45 岁的平均分是 169 分，169 分就是这一年龄阶段的常模。常模为其他被试的成绩评估提供了一个基准。

第三节　信度和效度

一　什么是信度和效度

我们已经看到，对任何概念来说，都存在非常多的操作性定义，在发展操作性定义中，创造性地理解、好的判断，以及相关的理论都有帮助。不可否认，这些帮助都是相当主观的；然而，一旦选择了一种操作性定义，就有很多客观的方法来评价它的好坏。心理学家用"信度"（reliability）和"效度"（validity）来评估操作性定义的好坏问题。

1. 什么是信度

测量的信度是指使用测量工具测量时，所得结果的一致性（consistency）和稳定性（stability）。它是反映测量工具精确性（precision）与无扭曲性（lack of distortion）的指标。信度与稳定性和一致性问题有关。无论何种"东西"，操作性定义一致而可靠地测量到了某些"东西"吗？在相似条件下，操作性定义的重复操作会产生一致的结果吗？如果操作性定义形成于许多反应或项目（如，一个测验分数），复合的反应或项目相互一致吗？一个高度可靠的测验工具，例如钢尺，可以测量20英寸的木头，误差可以忽略不计，每次可以测量到20英寸。布尺就有可能不太可靠，因为它会随湿度和温度而变化，这样，我们就可以预测：测量中的误差依赖于尺子的松紧程度。

2. 什么是效度

效度是指测量工具与所要测量的概念之间的匹配程度，即一致性或吻合度（coincidence degree）。这一操作性定义真实地反映了概念的意思吗？用操作性定义，你测验到了你想要测量的东西吗？如果是这样的话，你就有了一个有效的测量。有效测量的一个例子就是羊水诊断，这是一种确诊未出生儿童各种遗传疾病（包括性别）的技术。它是一个有效的测量，因为它可以非常精确地确定出未出生胎儿是男是女。在过去，诊断未出生胎儿性别的许多无效"测量"，以民间智慧的方式存在。例如，一种观点认为：把怀孕妇女的结婚戒指系在一根线上，并把它吊在她腹部的上方，如果戒指摆成圆形，胎儿就是女孩；如果戒指来回摆动，胎儿就是男的。

3. 信度和效度的关系

一个完全没有信度的测量不可能是有效的，如果测量结果波动很大，你怎么可能测量到你想要测量的东西呢？但是一个高信度的测量不一定有效度，即你可以测量到非常可信的（一致的）东西，但它不是你想要测量的。看一个开玩笑的例子，要学生站在浴室磅秤上并读出刻度值，来测量学生的"智力"（Davis，1971：14）。这样的测量具有很高的信度，因为对个体"智力"的重复测量，得到一致的结果。然而，这一测验明显是无效的。因此，信度与效度有如下关系。

（1）信度低，效度不可能高。因为如果测量的数据不准确，也不能有效地说明所研究的对象。

（2）信度高，效度未必高。例如，我们准确地测量出某人的智商，但未必能够说明他的学习成绩。

（3）效度低，信度很可能高。例如，即使一项研究未能说明测查到智力，但它很有可能很精确很可靠地测查到相关知识的掌握情况。

（4）效度高，信度也必然高。

图 2-1　信度与效度的关系

资料来源：Duane L. Davis（2004）. *Business research for decision making*, Six edition, p.188。

二　误差源

为了更深入地理解信度和效度概念及其在测量中的重要性，下面我们来分析测量值的构成。测量就是要确定所观察个案的个体差异——不同的标签、排序、评价、分数等。为了理解信度和效度后面的含义，我们需要意识到：一个观测值（X）客观上包括三个误差源（sources of error），是①该操作性定义想要测量概念的真实差异（T），②方法或操作性定义内在的偏差（B），和③由于随机或偶然因素产生的测量误差（E）。

在进行测量时，误差是难免的，这就使得真实值和测量值之间不可能完全相等。所以，真实值和测量值之间的关系可表示为：

$$X = T + B + E$$

X：观测值

T：真实差异

B：偏差即系统误差

E：测量误差即随机误差

由于系统误差很难分解，因而有些书中的分解式将系统误差包括在真实值之中，因而 X 可以简单地概括为：$X = T + E$。

我们希望，第一个变异（variation）源，即该概念中的真实差异，能够说明该测量中的大多数变异；毕竟，这涉及在理想情境中，在完全有效的操作性定义条件下，所有的观测变异都反映了该研究概念中的差异。例如，在 IQ 测验中，所获得的 IQ 分数的差异，应该仅仅是智力差异，而不是其他的差异。然而，由于十全十美的测量是达不到的，现实的方法是意识到其他可能的变异源，并尽可能地消除或减少它们的影响。

心理学家把被研究变量的变异源，而不是真实差异叫"误差"（error）。在解释一个测量中，主要问题是确定哪一部分结果可以用真实差异来解释，哪一部分结果是由于一个或多个误差源引起的。有两类基本的测量误差：系统误差和随机误差。

系统误差（systematic measurement error）产生于这样一些因素，这些因素系统地影响测验过程或被测量的概念。假设是等距测量，系统误差可能反映在持续偏向一个方向（要么太高，要么太低）的评价或打分中。用长度有磨损的布尺来测量，就会持续地低估长度，产生误差。社会测量中，系统误差的一个例子就是 IQ 测验的文化偏差。大多数 IQ 测验都包含有利于社会中特定群体的问题和语言。假定有着相同的"真实"智力水平，对测验问题和语言熟悉的人，会比对测验问题不熟悉的人得分高，或使用测验所用语言的人得分会高于说不同语言的人。这样，在 IQ 分数中的差异就反映了由于测验文化偏差，以及智力差异所引发的系统误差。

污染心理测量的许多系统误差产生于被试对参加研究的反应。当被试对一个测量敏感或做出反应，受观察过程或测量影响时，我们把它称为反应性测量效应（reactive measurement effect）（Webb，et al.，1966：13）。就像独处与面对观众时，或者跟朋友在一起相对于跟陌生人在一起时，我们的行为有差异一样，在研究背景中，我们的反应也是不同的。例如，在心理学研究过程中，研究者和（或）助手以"观察者"身份出现，能够增加或减少有些观察行为的出现概率。

很多调查已经显示：当人们意识到被"测量"时，他们不太愿意处在非期望的位置和持有非期望的态度。确实，由于这样的原因，言语报告测验经常低估（一种系统误差）社会不接受的特质、行为和态度，如精神病症状、不正常的行为和种族偏见。举一个更具体的例子，在社会学研究中，有些研究者质疑美国最近几年种族歧视现象的减少程度，因为它是通过这种测验来实现的：直接问被试要他们表达其种族态度。但结果有可能是这样的：这种减少更可能是社会期望效应造成的，而不是态度的真实变化（Crosby，Bromley and Saxe，1980）。即被试公开表达他们不太带有种族歧视偏见，是因为种族歧视不太被社会接受。

除了社会期望效应（social desirability effect）外，还有其他的反应倾向也能导致系统测量误差。不管它们的内容是什么，被试都更可能同意，而不是不同意所问的问题，即"默许反应"（acquiescence response set）；同样，以相似的方式问一系列问题，被试倾向于做出刻板反应，如用左手或右手反应（Webb，et al.，1966）。如果这些倾向与一种特征（charac-teristic）的测量有系统的相关，那么，个体的反应可能就反映了特定的倾向，而不仅仅是被测量的特征。例如，测量政治自由主义的一个问题，表述为："同意表示自由观点"，那么，研究者就不能确定：一个人同意是表示一种自由观点或只是一种倾向（同意陈述而不管内容）。

系统误差会重复发生。它们在不同时间做的不同测验中具有一致性，或与所测验的特征有系统的相关。这样的误差使测量带有偏差，影响它们的效度。然而，由于它们是恒常的，这样的误差不会影响信度。信度只受到测量中随机误差的影响。

随机测量误差（random measurement error）与被测量的概念无关。它受暂时的、偶发因素的影响，如被试情绪和健康的时好时坏，施测的暂时变化或研究测量的编码，研究者的疲劳，以及其他暂时因素。例如，一个疲劳或困倦的被试，由于没有仔细注意所问的问题，而做出错误回答。同样的，措辞含糊的问题，也会由于被试对问题含义的不同理解而做出不同的回答，从而产生随机误差。

对不同问题或不同被试来说，由于问题的呈现、内容和指导语是不可预期的，这样的误差也是随机的。因此，在变量"年龄"的测量中，随机误差要么一直高，要么一直低，但都会落在被试真实年龄的任意一侧，这样，平均误差会为零。要一个视力受损（或许通过醉酒）的人多次测量一个物体的长度，就可以证明随机误差的存在。情况有可能是这样的：这个人的测量会随物体真实长度的变化而变化。有时，这些误差会在一个方向上变化，有时在另一个方向。有时它们要大，有时它们要小。随机误差会产生不精确和不准确的测量，影响信度；然而，由于它们是非系统误差，随机误差会在重复测量中抵消。这样，它们不会使测量朝一个方向发生偏差。

三　信度评估

到目前为止，我们说信度表示的是一致性，或一个测验包含随机误差的程度。由于我们不能确切地了解我们所测验内容的精确的真实值，测量误差只能间接地证明。实际上，我们是从不同测量中观察到的一致性程度来推断随机误差。如果一个测验一次又一次地产生相同的结果，那么，它就没有随机误差；而且，在重复测量中变异越大，随机误差也越大。信度评估实际上就是检验这种一致性——要么是不同时间（相同的测验重复测量时），要么是稍有不同但是等价的测量（使用了一个以上的指标或一个以上的观察者/会晤员/记录员）。

1. 测验—重测信度（test - retest reliability）

评估信度最简单的方法是测验—重测信度程序，即在两个不同的场合测量同样的人或单元，然后计算两次测验所得分数之间的相关，所得的值就是信度估计值。这种相关系数区间为 0 ~ 1.0。对测验—重测程序来说，相关系数都很高，对大多数测验来说，相关系数不能低于 0.80。

因为原理简单，测验—重测方法存在几个问题，这限制了它作为信度估计的指标。第一，对问题作答的人或对观察进行编码的人，可能会记住和简单重复他们第一次所做的反应，因此，夸大了信度值。第二，被测概念在两次"测验"之间可能发生真实的变化。在态度测验中，新经验或新信息可能导致态度的变化。例如，失业可能会改变一个人对失业保险或社会福利计划的态度。由于这种真实的变化不能从测验—重测相关的随机误差中分离出来，它们会错误地降低信度值。第三，第一次测验本身会带来被试概念的变化。例如，假设一个量表是用来测量反女权原型（antifemi-nine stereotypes）的，对同一群人，在两种不同情况下施测。如果第一次施测后，这些人开始思考他们对女性的一些看法，结果改变他们的一些观点，该量表的第二次施测就会得到不同的分数，降低信度。

在一定程度上，这些问题是可以控制的。例如，第二次施测时间最好放在第一次测验已经淡忘之后，而该概念又没有发生真正的变化。上面的这些问题之所以成为问题，主要在于研究中测量的类型。使用测验—重测信度，对态度测验来说，可能问题多多。因为测验是高度反应性的，且态度变化会随时间推移而发生。另外，测验—重测程序为许多相对稳定的概念，如组织特征或政治团体和个体背景变量，提供了一个信度估计。

2. 平行、折半和内在一致性信度（parallel forms，split – half，and internal consistency reliability）

在测验—重测信度中，在不同时间基于一致性获得稳定值。与此不同的是，接下来的计算信度值的方法，是在相同的情境中，施测等价（e-quivalence）的测量。等价是指用相同概念下的不同指标或不同的会见者（interviewers）、观察者、应用相同操作性定义的编码者来评估。跟测验—重测估计值一样，所有等价的统计会产生一个系数，在 0 ~ 1.0。

一种等价估计值就是平行或复本程序（parallel or alternate – forms procedure）。尽可能设计相似的两个测验，先后施测同一人群。两份量表"分数"之间的相关，就是分别施测的两个测验的信度。

虽然，要施测两次，这与测验—重测程序一样，但平行信度有几个优势：①因为量表不同，被试对第一份量表特定答案的回忆，不可能影响对第二份量表的做答；②没有回忆的影响，在施测第二份量表时，研究者没有必要等待一段时间；③当两份量表施测在时间上很近时，被测概念发生真实变化的可能性很小。一个比较严重的不足就是：构建两个真正等价的测量是非常困难的，因为一个量表中的每一个项目，都必须与另一个量表的项目匹配。

平行信度方法的逻辑扩展，就是折半方法（split – half method）。在这一程序中，一个量表或清单（包含几个项目的测量）一旦施测于一个样本，之后，样本的项目会随机分成两半；每一半都会被当作一个子测验，两个子测验之间的相关，就是该量表的信度。相关越高，两半就越等价，该测验信度就越高。

因为直接生成两个等价测验总体有些问题，这一方法是对平行信度程序的改进。另外，折半技术仍然认为存在等价的子项目。从这一点看，它仍然认为一个量表中的每个项目与该量表中的另一个项目等价。这就产生了计算信度的另外一种技术，叫内在一致性（internal consistency）。用这种方法，研究者可以同时计算所有项目之间的相关，而不是随意分割项目或比较平行量表的结果。这种技术，在一定程度上，就是项目的同质性（homogeneuos），即在多大程度上，它们测验了同一概念。同质性或内在一致性可以通过许多统计程序来计算。一种程序是对所有项目做答后，计算出所有项目答案之间的两两相关，取这些相关系数的平均值；另一种方法就是计算每一个项目做答与总分之间的相关，然后取平均值。

3. 编码者信度（intercoder reliability）

第二类等价测验考察不同会见者、观察者、使用相同工具或测验的编码者获得等价结果的程度。有多位观察者、评判者或编码者时就用此方法。其目的是考察不同的观察者或编码者彼此间的意见是否一致。假设：不同的使用者都得到了适当的训练，一个可靠的操作性定义，在不同的使用者之间，一定会产生可比较的结果。独立使用相同的操作性定义、受过训练的人员的编码，也可以计算出不同的等价值。在他人导向的研究中（Dornbusch and Hickman，1959），指导两个编码者判断杂志广告中是否包含了他人导向的诉求。通过比较两个杂志中每个编码者独立分析出来的这类诉求的数量，来计算信度。赞同水平，或编码者交互信度，是非常高的。

如前所述，编码者信度用于考察不同观察者或编码者彼此意见是否一致。折半信度和内在一致性技术是最常用的，但它们只局限于多项目测验。测验—重测方法用得不多，不仅因为上面提及的问题，而且因为把相同的测量在相同样本个案中用两次，不切实际。平行信度在心理学以外很少用。复本形式的研究不是出于信度计算目的，而是因为用相同个体的重复测验，最好用复本。

4. 提高信度（improving reliability）

在讨论信度计算中，有时你会问"如果你的测验显示信度很低，应该怎么办呢？"你应该抛弃它而编制另外一个测验吗？有时你确实应该这样做。然而，有许多方法可以提升一个操作性定义的信度，从而达到一个可接受的水平。

（1）探索性研究，预备性的访谈，或用与目标群体相似的小样本人群进行前测，都可以获得信息，发展出更好的测验。在最终的工具完成之前，需要用目标被试做些预备性的测验。

（2）在一个量表中简单地加入一些同类型的项目，通常也会增加信度。其他情境不变，一个测验包含的项目越多，与包含项目少的测验相比，通常也会增加信度。这有两个原因。第一，如前所述，随机误差会偏离到"真"值的一侧。通过重复测验或添加项目，这样的误差会倾向于相互之间抵消，从而产生一个更稳定和精确的真值测量。第二，任何特定的项目都只是一个概念潜在可能测量的一个样本，添加项目会增加样本容量。取样的一个基本原则就是：样本越大，估计值就越精确和越可靠。

（3）逐个项目（item - by - item）分析会揭示，哪些项目能很好地区分不同水平的人。不能够很好区分的项目就应该删除。例如，在测验中得分高和低的人，都有可能在某一特定项目上做错，这一项目可能就是模糊的和令人误解的。因为它不能区分高分组和低分组。通过保留与总分有高度相关的那些项目，信度就会大幅提高。

（4）也可以在被试的训练中，找到提高信度的线索。他们对反应项目是否清楚，或是否存在误解。也应该考察该工具使用或施测的条件是否一致。最后，也应该问道：该工具的使用者是否得到适当的和规范的训练。

当然，意识到下面这一点也是很重要的：虽然高度不可靠的测验不可能有效，但也可能是信度高而无效度的测验。因此，除非效度已经得到证明，对最可信的测验做出"好"的结论，还是应该非常小心。

四 效度评估

信度评估相对简单，上面介绍的信度计算方法能精确计算出一致性和随机误差。这些计算都不依赖于所研究的理论。不用关心实际上测量的是什么，它们就可以应用和解释。相对照，效度评估问题就比较多。系统误差，它影响效度而不是信度，相对于随机误差来说，更难侦测。而且，测验效度问题一般不能脱离较大的理论范畴。迟早你都会问到你概念的特征是什么，这是什么意思，以及你的操作性定义是否很好地表征了这一意思或其他意思。

效度不能直接评估。如果能——如果我们不管特定的测验，知道真值在变量中的位置——就不需要测量了。因此，为了评估效度，我们必须从主观上估计一下操作性定义是否测验到了需要测量的东西，或将操作性定义的结果与相关或不相关的其他测量的结果进行比较。你会看到，主观判断与客观证据之间是否相关依赖于测验目的。

1. 主观效度（subjective validity）

基于操作性定义的主观评估，有两种效度估计方法：表面效度和内容效度。表面效度（face validity）是指这样一种判断：从表面上看，操作性定义似乎测验到了想要测量的概念。在一定程度上，这种说法用来建立一个测验的效度似乎合理。背景变量，如年龄、性别和受教育程度，常用指标的表面效度很少有争议。行为的许多观察测量也有类似的、明显的效度。例如，"冲撞他人"作为攻击的指标，而"给陌生人提供帮助"作为助人的指标。然而，作为一种效度评估的方法，表面效度一般是不可接受的，因为大多数操作性定义都有表面效度。毕竟，如果一种工具看上去无效，为什么还要把它作为有些概念的测验工具呢？但表面效度只依据个人判断，而不是客观证据。而且，它认为效度是全或无，实际上，测验都有程度不同的效度。例如，可以对年龄下几个操作性定义——直接问被试他们的年龄是多少，问最后一次生日的年龄，或问他们什么时候出生。这些都有表面效度，但精确度不同。如果只看表面效度，而不看其他效度，我们就不知道哪一个最精确。

内容效度（content validity）测验充分表征一个概念所有方面的程度。这是一种比较被认同的主观估计，这种效度常用于心理学和教育学，被应用于技能、知识和成就的测验中。例如，一个编制者想测验读者对这章知识的了解，就必须关心这种测验是否有内容效度，即测验题是否覆盖了该章所有部分。如果一个测验遗漏了有信度和效度的题目，只囊括了有关测验过程和测验水平的题目，这个测验就没有内容效度。

为了证明有内容效度，就必须清晰地定义和确定总体领域的各个部分，并显示测验项目充分地表征这些组成部分。这对大多数知识测验来说不太难。关于这一章的知识，必须列出所有知识点和子知识点，然后发展针对它们的测验项目，并保证针对每个知识点的测验项目数与其覆盖宽度成比例。然而，测验社会科学很抽象的概念时，这一过程就相当复杂了。像现代化，疏远和社会地位这样的概念外延不容易说清楚；这样，就很难确定特定指标是否充分地覆盖了这一领域。

在一定程度上，与表面和内容效度相关的问题不是唯一的。从本质上来说，所有的效度都是主观的，对操作性定义效度的判断，最终依赖于科学共同体（scientific community）的判断。然而，社会科学家一般不会去寻找内容效度有说服力的"外在"证据，下面会介绍提供"外在"证据的效度程序。对研究者来说，外在证据不太容易受无意歪曲（unintentional distortion），且复制很容易。

2. 效标关联效度（criterion – related validity）

效标关联效度适用于这样一些测验工具，这些测验工具的发展是出于实验目的，而不是检验假设或发展科学知识。一个人想编制这样一个测验筛选出学习无能儿童，筛选出有能力驾驶飞机或汽车的人，或预测在大学里能成功的人。在这些情况下，研究者对测验内容或外部意义不感兴趣，而对它作为一个特定特质或行为指标的使用感兴趣。这种特质或行为被称为效标，效度就是测验分数与感兴趣效标的相关情况。相关越高，对该效标来说，该测验效度就越高。正如 Nunally（1970：34）注意到的，用这类效度，效标变量（criterion variable）是唯一必要的比较标准。

有两类效标关联效度。一致性效度（concurrent validity）是指测验标识（indicate）一个个体在效标变量中位置的能力。例如，设计用来筛选哪些人需要精神护理的心理健康调查，施测一个"健康"人样本和一个正在接受精神护理的样本人群。它的一致性效度，是用区分这两群人的程度来表示的。预测效度是指一个测验将来在效标变量上继续有效。例如，一个大学的入学考试，它的效度可以通过比较大学生的入学考试分数与他们在大学中年级平均成绩来衡量。

因为效标关联效度建立在一个测验与它的效标之间的对应性上，因此，它受效标测验的适当性与质量（appropriateness and quality）的影响。不幸的是，这就会产生这样的问题。通过什么标准，你选择了这个效标？如果没有合理的效标又怎么办？如果存在这样的效标，但操作起来不能实现又怎么办？例如，你如何证明某年公务员测验的预测效度呢？这种测验是用来帮助筛选公务员的。从逻辑上来讲，你可以录用在测验中获得高、中和低分的人员；稍后，你来比较他们的工作表现，如上司评价，与他们在公民服务测验中的分数。然而，通常的情况是，招聘单位只会录用高分者。尽管你知道他们在随后工作中的表现，但不可能把他们的工作表现与得分中或得分低的报考者的工作表现进行比较。因此，你就不可能评价该测验的预测效度。

除了这些问题外，当一个测验有着特定的应用目的时，效标关联效度的证据就非常重要了。这样，如果一个测验是用来筛选和选择特定工作的应聘者或让一些学生接受能力发展或特定的培训，了解一个测验是否适合于特定目的，就非常重要了。然而，除了心理学和教育学的应用领域外，社会科学测验不是用来解决这类实际问题的。所创造的操作性定义反映了特定概念的含义，很少有清晰而适当的效标变量来评价它的效度。

3. 结构效度（construct validity）

为了确定效度，当预测的相关效标不存在，内容也不能很好地确定时，研究者就要寻求构建效度。结构①效度强调的是对某一测验结构所做反应的意义。如何对他们做出解释？该结构测验到所要测验的概念（或结构）或可以解释为测验到了其他东西吗？它看上去像表面效度，但定位是完全不同的；结构效度是建立在研究证据的聚集上，而不仅仅是表面。

根据结构效度的逻辑，任何科学概念的意义，都是用与其有理论相关的其他概念的陈述来表达的。这样，考察效度的过程就从考察被测验概念所属理论开始。根据这一理论，可以形成关于变量的许多假设，这些变量与该概念测量有关。同时，应该考察其他哪些变量，它们应该与该概念的测量无关，但是会产生系统误差。然后，收集很多证据来检验这些假设。支持假设性关系的证据越多，就越有信心相信：特定的操作性定义是该概念的有效测量。

结构效度的一个例子就是 Morris Rosenberg 自尊量表（1965）的效度。自尊是一个人的自我尊重或自我价值感。高自尊的人是自我尊重的，而低自尊的人缺乏自尊。为了测验这一概念，Rosenberg 问被试他们是否完全同意、同意、不同意或完全不同意 10 个项目。样题是"总的来说，我对自己感到满意"，和"我感觉我有很多好的品质"。Rosenberg 推断，"如果这一量表实际上测验的是自尊"，那么，在该量表上的得分就应该"与在理论上有意义的其他数据相关"（p. 18）。这样，因为许多临床观察显示：抑郁和神经质通常伴有低自尊，在该量表上得分低的人应该显示出更加抑郁，并揭示更多的神经症。同样，假定：个体的自尊大多受他人看法的影响，高自尊的学生会被同学更经常地推选为领导者，并更经常地被描述为支配他人。证据确认了这些假设和理论预期，因此支持自尊量表的结构效度。

而检测量表是否具有结构效度，最常使用的方法就是因素分析法。同

---

① 术语"结构"和术语"概念"可以交换着使用，为科学目的而发展的概念有时就叫结构。

一因素中，若各题目之间因子负荷量（factor loading）越大（一般以大于 0.5 为基准），则越具备聚敛效度；若问卷题目在非所属因子结构中，其因子负荷越小（一般以低于 0.5 为基准），则越具备辨别效度。

结构效度和效标关联效度存在几个方面的差异。效标关联效度，效度检验的是根据单一标准对人（或其他分析单元）进行分类、分群或区分的能力。除了这种区分能力外，该测验测量到什么，它不关心。重要的是一个测验与它效标之间的相关强度，缺乏高相关意味着该测验缺乏效度。另一方面，结构效度，对预测（prediction）准确性本身不感兴趣，它感兴趣的是预测是否揭示了被测概念的意义。不一定希望理论上相关的两个概念，其测量之间的相关非常高，因为两个概念意义不一定完全一样。而且，所有被检验的假设都是用来评估结构效度的；正是它们所聚集的效应，支持或破坏了该测验的效度。

结构效度高支持下面这一假设：操作性定义测验到了特定的概念。因为这种证据有着广泛的来源，所以结构效度不只与特定的研究方法或哪一类证据有关。下面我们考察四类常用的证据，它们是用来建立结构效度的。没有单一研究或证据能证明一个测验有结构效度；一个概念的结构效度，取决于支持它的证据的数量和多样性。

（1）与相关变量的相关（correlations with related variable）。如果一个测量有效，它就应该与理论上相关的其他变量相关。Rosenberg（1965）通过显示在该量表上的得分与抑郁和神经症，以及同伴评价相关，来证明它的量表的效度。

（2）不同指标和不同测量方法之间的一致性（consistency across indicators and different methods of measurement）。同一概念的不同测量应该相关，而且，因为每种方法都对不同的系统误差源敏感，概念的测量就不应该局限于一种特定的方法。这就叫聚合效度（convergent validity），因为结果聚合于相同的意义，即都由所属概念传递意义。

（3）与不相关变量的相关。要成为特定概念的有效测量，该测验应该能区分该概念与想要区分的其他概念。换句话说，一个测验与一些变量（代表系统误差）应该高度不相关。这就叫区分效度（discriminant validity）。

Zick Rubin（1973）确定爱情量表（love scale）效度就是一个很好的

例子。爱情的一个有效测验应该区分爱情与喜欢，因为这两个概念经验上相关，但概念上有差异。Rubin 因此发展了一个平行的喜欢量表。当同时施测爱情和喜欢量表时，他发现，它们的分数只中等相关。而且，被试对约会伙伴的喜欢要稍多于对朋友的喜欢，他们对约会伙伴的爱要稍多于他们的朋友。另外的证据也显示，爱情量表测量到了对特定他人的态度，而不是总体反应倾向。例如，爱情量表分与 Marlowe – Crowne 的社会期望量表（socially desirability scale）无关，后者是用来测量做出期望反应倾向的。

（4）知名群体间的差异（differences among known groups）。当期望特定群体在一个概念的测量上有差异时，效度证据的一个来源就是对该群体反应的比较。Rokeach（1960）使用了这种方法来检验他的教条主义量表（Dogmatism Scale）的效度。该量表包括这样一些项目，它们想要测量一个人在他的思维和信念中，不管其内容，其思想的封闭程度。Rokeach 对几个群体施测了该量表，如研究生认为思想开放或封闭的朋友和熟人、天主教徒、新教徒以及美国大学生中的无信仰者。与预期一致，天主教徒和被同伴认为是思想封闭的人，相对于比较群体，有较高的得分。

对大多数社会心理测量来说，把结构效度看作是模型效度程序，不是没有问题。很显然，它很麻烦，而且要求非常多的证据。然而，更重要的是，它会导致不一致且意义模糊的结果。如果有一个预测得不到支持，这就意味着该测量缺乏结构效度。另一方面，这样的负面证据可能意味着：相关的理论是错误的，或者说在该分析中，其他变量的测量没有效度。只有当一个理论预测非常好，且其他变量测量也有效，才能非常有信心地得出这样的结论：负性证据是由于缺乏结构效度所致（Zeller & Carmines，1980）。

五　关于信度和效度的最后注意事项

评估效度和信度的程序似乎很复杂和麻烦，以至于我们不知道研究者是否会越过该研究阶段。所幸的是，研究者在以前的研究里，通过使用有效度和信度的测验，来回避这一问题。同样，很少有研究者会应用上面所讨论的不止一种较简单的程序，去确定一个新测验的信度和效度。在发展新测验过程中，通常是这样的：一旦发展了一个新测验（或许没有信度或

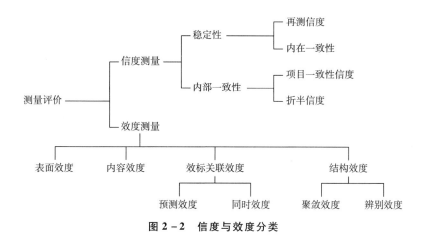

图 2 - 2　信度与效度分类

效度证据），该测验就被广泛使用了，直到发现它是无效的（例如，中年级 IQ 测验偏差），然后，该工具被修订或替换。因此，效度和信度评估不仅仅需要圈内研究（intrastudy）和圈内研究者（intrainvestigator）的努力，它贯穿于不同的研究和研究者的全过程，并持续相当长时间。

六　总结

　　测量是给分析单元分配数字的过程，以便表示概念的特征。这一过程分三个步骤：①构念化——概念的发展和澄清；②说明变量和指标，为概念提供实证的标示；③操作化——研究程序的描述，这种程序是把单元分配到变量类别中，是必要的。因为指标不能很好地与概念相对应，研究者经常使用多种指标，它们结合在一起就构成了清单或量表。操作性定义要么通过实验性地操纵一个变量，要么通过非操纵程序，如言语报告、行为观察或文献记录来形成。在总体研究策略背景中，选择操作性定义，目的在于与所测验概念有最好的吻合。

　　操作性定义用信度和效度来估计。信度是指操作性定义的稳定性或一致性；操作性定义与概念吻合度，就是测验的效度。一个有效的测量一定要有信度，但一个有信度的测量可能有也可能没有效度。从所有测量的三个变异来源——真实差异、系统和随机测量误差，可以看到这一点。一个完全有效的测量只反映真实差异，这意味着它没有反映系统和随机误差。一个完全可信的测量不反映随机误差，但反映真实差异和/或系统误差。

　　我们通过计算下面的相关来评估信度：①一个测量的重复应用（测验—重测信度）；②对大致相等的测量的反应（平行信度）；③对同一测量的部分项目的反应（折半信度）；④考察所有项目之间反应的一致性（内在一致性）；⑤考察应用相同测量的不同观察者、会见者或编码者之间的相应性（编码者交互信度）。所有这些方法中，后三者应用最多。可以通过给量表增加项目，删除区分度不好的项目，以及澄清包含在操作性定义中的问题和指导语来提高信度。

　　我们可以通过主观估计操作性定义，检查操作性定义与特定效标之间的对应性，或确定操作性定义是否与其他测量存在期望的相关来评估效度。主观效度用来判断一个操作性定义是否有效（表面效度），或它是否恰当地表达了一个概念的所有方面（内容效度）。在教育测量中，内容效度很重要，但是，主观效度本身作为一种效度是不可接受的。效标关联效度应用于这样一些测量：它们显示一个人当前（一致性效度）或将来（预测效度）在特定行为效标上的状况。当测量是应用性的决策工具时，它就特别重要。结构效度基于研究证据的累积。这一证据可能囊括了在所测特征上有差异的群体的差异，与相关变量的相关，与相同概念不同测量之间的相关（聚敛效度），以及与该概念不同的测量之间的相关（区分效度）。

第三章　自我监控理论及其演变

第一节　国外自我监控研究

一　自我监控及其理论

在现实生活中，人们通过自己有意识、有目的的言语和非言语行为来影响他人，使他人形成自己期望的印象（desired impression）。这种有意识地控制他人形成自己期望印象的过程就是自我呈现（self-presentation）。这说明人们在一定程度上能够控制他们的表情和自我呈现行为。但研究发现：个体在表情控制上存在广泛差异（Riggio & Friedman，1982；Siegman & Reynolds，1983）。解释表情控制和自我呈现个体差异的理论很多，其中之一就是自我监控（self-monitoring）理论。Snyder（1974）发展出自我监控概念，用来解释表情控制和自我呈现的个体差异。他认为，自我监控就是一个人管理他人感知自己的方式。自我监控理论的基本假设是：人们能够并确实从事表情控制，但其程度存在重要差异。自我监控理论认为个体控制表情和自我呈现差异，是由于其自我监控差异造成的（Gangestad & Snyder，1985；Gangestad & Snyder，1991；Snyder，1979）。

自我监控理论及其量表出现以后，引发了大量的研究。Gangestad 和 Snyder（2000）回顾了自我监控理论产生后 26 年来美国四种主要心理学期刊上发表的与自我监控有关的文章，发现自我监控研究涉及如下领域：①表情控制（expressive control），②精确感知社会线索的能力，③个人态度，自我知识和态度—价值关系的可提取性，④私下态度与公开行动之间的对应性，⑤受他人期望影响的倾向，⑥调整行为适应一般情境和特殊情境线索，⑦在情绪的自我归因中，在自我判断中，在态度表达中，对情境线索的响应性，⑧受广告影响的容易程度，这些广告要么提供消费者喜欢的相关形象，要么提供广告产品的实际品质，⑨消费者对产品质量的评价，⑩对劝说讯息的响应性，这些劝说讯息涉及社会形象展示，或者涉及个人态度和价值表达，⑪依赖身体外表来作为评价他人的标准，⑫社会互动，友谊和罗曼蒂克关系倾向，⑬群体中领导人的表现，⑭组织行为和管理结果，⑮社会化和发展过程。自我监控量表成为 20 世纪 80 年代以来最常用的测量工具之一（Briggs & Cheek，1988）。

1974 年，Snyder 根据他的自我监控构念，发展出一个 25 项目的自我监控量表。但随后的研究发现该量表存在不足，自我监控量表因子分析发现，它包括三个因子：外向、表演和他人导向。聚敛效度也显示，三个因子与其他量表有着不同的相关，特别是该量表与临床量表有正相关。随后出现了三种修订版：Lennox 和 Wolfe（1984）的修订版，Gangestad 和 Snyder（1985）的 19 题简缩版，以及 Li Feng 等（1998）编制的 23 项目中国版。但这些量表完全或至少部分建立在 Snyder 1974 年自我监控构念基础上。

自我监控结构及测量出现后之所以得到广泛关注，与当时心理学界开始质疑人格特质理论有关。自我监控概念的出现部分解决了人格心理学家和社会心理学家长期的争论，即行为是由特质决定，还是由环境决定的，以及态度和行为不一致的问题等。

如前所述，个体行为差异包括个体间差异和个体内差异。前者可以用人格特征来解释，人格心理学主要探讨相同环境中，个体之间行为的差异。它的缺点就是不能解释为什么具有相同人格特点的人在不同场合行为不具有跨情境或跨时间的一致性。个体内差异只能用环境来解释，这是社会心理学的研究内容，它可以解释为什么人在不同的环境中，行为存在差异；它的缺点就是不能解释为什么在同一环境下个体之间会有差异。

与西方传统心理学思想强调人格在个体行为中的作用不同，Snyder 自我监控理论试图将外界环境因素整合到解释个体行为差异中去。他认为有些人对环境期望或要求敏感，有些人不太敏感，从而导致行为的个体差异。所以，从研究思路上来说，有其独创性，是解释社会行为个体差异在研究方法上的新的尝试。

确实如此，个体在社会行为中是很重视情境因素的。在问到一个人会怎么做时，我们经常可以听到"看情况再说""要看是什么人"等，中国人尤其如此。因此，用这样的理论解释个体社会行为，特别是中国人的社会行为，比人格理论可能来得更好。但过去对 Snyder 自我监控量表的研究却发现该量表存在诸多缺陷。

由于自我监控构念的指导思想非常适合解释人们的社会行为，在社会行为矫正和积极心理学背景下青少年社会适应性行为培养方面，自我监控理论及其测量具有很好的应用前景。但 Snyder 自我监控量表及随后的修订版都存在很多问题，而这些量表都建立在 Snyder（1974）自我监控构念的基础上。因此，我们准备在 Snyder 的研究思路下，对自我监控概念及其测量做比较深入的探讨。

本研究的基本思路是：分析探讨 Snyder 自我监控构念的不足；验证前人对 Snyder 自我监控量表的批评；重新构念自我监控概念；并编制出新的自我监控量表，对新量表进行聚敛效度、辨别效度和预测效度考验；最后，把新的自我监控理论及其测量应用到青少年不良行为、青少年吸毒等方面。在今后条件成熟时，继续应用到青少年社会适应性行为的培养中。

二 Snyder 的自我监控构念

Snyder（1979）认为确定自我监控特征最容易的方法就是描述典型的高自我监控者和典型的低自我监控者的特征。

> 典型的高自我监控个体出于关心其社会行为的情境和人际适宜性（the situational and interpersonal appropriateness），对社会情境中相关他人的表情和自我呈现特别敏感，并使用这些线索作为自我监控（管理和控制）其言语和非言语自我呈现的指南。相对照，典型的低自我监控个体对情境适宜性自我呈现这样的社会信息不敏感，他也没有发展得很好的自我呈现技能。与高自我监控者相比，低自我监控个体的自我呈现和表情行为，从功能上来讲，受其内在情感状态和态度控制（他们表达的就是他们感受到的），而不是改变它们用来适应特定情境（pp. 88 – 89）。

Snyder（1974）认为："自我监控最好用这样的工具来测量，这种工具可以区分个体在下面这些方面的差异：关注社会适宜性；在社会情境中对他人表情和自我呈现敏感，并作为自我表情适宜性的线索；使用这些线索作为监控和管理自我呈现以及表情行为的指南。"

Brown（1998：168-189）把这一观点进一步系统化为：与低自我监控者相比，高自我监控者在社会情境中更关注他人行为；他们更喜欢进入能为行为提供清晰指导的情境以及凸显公开行为重要性的职业，如表演、销售和公共关系；与低自我监控的人相比，高自我监控的人更擅长察言观色和传递大量的情感。

表 3-1　高自我监控者和低自我监控者的比较

过　　　程	高自我监控者	低自我监控者
目　　　标	成为适合情境的人	在这一情境中成为我
社会敏锐	非常擅长了解情境和别人的行为的特征，能够也愿意使用这类信息构建适合该情境的典型人物原型	不太擅长了解情境和别人的行为特征，他们的行为是基于内在态度、价值和特质（disposition）
行为能力	较高的行为能力允许他们修正行为来与情境要求匹配	有限的行为能力，使他们在不同情境中扮演相似的角色

自我监控概念出现以后，有影响的自我监控量表主要有四个，下面我们从自我监控量表的修订来看自我监控概念的演变。

三　Snyder 原始自我监控量表

自我监控概念出现以后，Snyder 编制出了自我监控量表。下面我们就来看他的量表产生过程，以及随后的研究对该量表的批评。

1. Snyder 原始自我监控量表的产生

Snyder（1974）认为，自我监控的目标是：①通过夸张某种情感来准确表达一个人真实的情感状态；②准确表达一种与当前实际情感体验不一致的其他情绪状态；③取消一种不合时宜的情绪状态，表达一种没有体验过的和没有的表情状态；④掩盖不符合情境要求的情绪状态，显示正在体验一种适当的情绪；⑤当一个人什么也没有体验到和无反应不符合情境要求的时候，假装表现出正在体验某些情感。

但 Snyder（1974）最初编制的 41 项目自我监控量表，反映的是下面一些因素：①自我呈现的社会适宜性关心（如，"在聚会和集体场合，我不喜欢说他人爱听的话，做他人喜欢的事"）；②注意社会比较信息，并把它作为情境适宜性自我呈现的线索（如"当我在社会情境中不知道如何做时，我会看看别人是怎么做的"）；③控制和调整自己自我呈现和表情行为的能力［如，"我能面不改色地说假话（如果对自己有利）"］；④在特定情境中使用这一能力（如，"在不同情境与不同人交往，我的行为通常像完全不同的人"）；⑤个体表情行为和自我呈现跨情境变化和一致的程度（如，"在不同的情境中，与不同的人在一起，我的行为经常像不同的人"）。这实际上涵盖了高自我监控者的三个特征：关注社会行为的适宜性、对重要线索敏感和自我管理（Snyder，1979）。

据此编制出 41 项目量表，每个项目在高自我监控方向记分。经测试，把得分高的 1/3 被试作为一组，把得分低的 1/3 被试作为另一组，看这两组在哪些项目上存在差异。有差异的项目被保留下来，最后得到一个 25 项目的自我监督量表，约有一半的项目（5、6、7、8、10、11、13、15、16、18、19、24、25 项目），回答肯定表示高自我监控，如，"即使我玩得不痛快，我也会假装玩得很开心"，对这类项目持肯定回答，记"1"分；否定回答不记分。剩下的项目（1、2、3、4、9、12、14、17、20、21、22、23 项目），如"我发现模仿他人很难"，否定回答表示高自我监控，记"1"分；肯定回答不记分。所有否定回答记分的项目都是所谓的低自我监控者的特征。

2. 对 Snyder 自我监控量表的批评

自我监控量表产生以后，用它作为工具做了大量的研究。大量研究结果与理论假设一致（Gangestad & Snyder，2000；Uddin & Gillett，2002），但也存在很多争议。这种争论可以概括为两个方面：自我监控量表的结构效度问题和聚敛效度问题（肖崇好，2005c）。

（1）Snyder 自我监控量表结构效度问题

对自我监控量表进行因素分析显示：该量表是多因素的。Gabrenya 和 Arkin（1980）对 Snyder（1974）25 项目自我监控量表进行因子分析，得出四个因子：戏剧表演能力（Theatrical – Acting Ability）、社会性/社会焦虑（Sociability/ Social Anxiety）、他人导向（Other – Directedness）和表达能力（Speaking Ability）。Briggs，Cheek，和 Buss（1980）发现自我监控量表实际上反映的是三个因子，这三个因子分别是表演（Acting）、外向（Extraversion）和他人导向。表演包括擅长、喜欢表白和娱乐（entertain），他人导向是愿意改变自己的行为来适应他人，外向是自我解释（self – explanatory）。从因子分析结果也可以看出，25 项目自我监控量表加入了在构念此结构时没有的表演因子，还加入了外向因子，这都是高自我监控者在定义时没有的。

在所有因子分析研究中，三因素最常见（Riggio & Friedman，1982；Gangestad & Snyder，1985；Briggs & Cheek，1986；Nowack & Kammer，1987；Snyder & Gangestad，1986；Lennox，1988）。这三个因素被解释为：表演（acting）（例如，项目"我会成为一个好演员"），外向（extroversion）[如，"在群体中，我很少成为注意焦点"（反向记分）] 和他人导向（如，"我想通过伪装来给他人留下印象或取悦他人"）。这三个因子中，表演与外向有着显著的相关，但它们与他人导向都没有显著相关。说明 Snyder 自我监控量表测量到的是两个离散的、非连续的变量。另外，得出来的三个因子也与设想的不一致，说明该量表缺乏结构效度。

表 3 - 2   Snyder 自我监控量表的因子结构（Snyder & Cantor，1980）

来　源	因子名称	因子项目
Snyder	社会性（sociability）	1，12，14，21，22，23
	印象管理	4，5，6，8，20，24
	内在状态与自我呈现的一致	2，13，16
	他人导向	3，7，11，15，17，19，25
Lippa	表演能力	1，5，8，12，18，20
	他人导向	3，6，7，9，17，19
	行为变化	2，13，16
	外向	12，22，23
Briggs et al. (1980)	外向	12，14，20，21，22，23
	他人导向	2，3，6，7，13，15，16，17，19
	表演能力	5，8，18，20，24
Gabrenya & Arkin (1980)：男性	表演能力	8，18，20
	外向	12，14，22，23
	他人导向	9，17，19
	沟通能力	4，5，7
Gabrenya & Arkin (1980)：女性	表演能力	8，18，20
	外向	12，14，22，23
	他人导向	9，17，19
	沟通能力	4，5，7

来　源	因子名称	因子项目
Gabrenya & Arkin (1980)：男性	表演能力	5，6，8，18
	外向	12，14，22，23
	他人导向	3，7
	沟通能力	4，5
Gabrenya & Arkin (1980)：女性	表演能力	6，8，18，20
	外向	12，14，22，23
	他人导向	9，17
	沟通能力	4，5
Lennox (1979)	表演能力	5，6，8，18，20
	内外状态的一致	2，13，16
	外向	12，14，22，23
	他人导向	10，15，17，19，25

自我监控量表存在多个因素，但对多因素却有着不同的解释。一种解释认为：多因素说明自我监控结构根本不存在。根据这种解释，多因素意味着在自我监控量表上得分高的所谓高自我监控者，具有不同的含义。一个高分者可能是表演和外向维度上得分高，而他人导向上得分低；另一个高分者可能是外向和他人导向上得分高，而表演维度上得分低；还有可能是表演和他人导向维度上得分高，而外向维度上得分低；还有就是三个维度上都有相对高的得分。所以，有研究者建议分别测量和分析表演、外向及他人导向三个自我监控子量表（Snyder & Cantor，1980；Carver，1989；Hull，Lehn & Tedlie，1991；Miell & LeVoi，1985；Richmond，Craig & Ruzicka，1991；Sullivan & Harnish，1990）。

Lennox（1988）对25项目自我监控量表进行因素分析，发现得到的因素结构与Snyder（1979）自我监控的理论假设不符。而且，他认为有些项目评价的是保护性自我呈现风格，与Snyder认为高自我监控者"精明而注重实际"不相符。验证性因素分析显示：该量表包含两个直交因子，它们最好用保护性自我监控（protective self - monitoring）和获得性自我监控（acquisitive self - monitoring）解释。据此，他认为自我监控理论应该扩展，使其包含保护性自我监控和获得性自我监控。

总之，由于自我监控量表因子分析显示有三个不同的因子，且他人导向因子与其他两个因子负相关。加上各子量表与其他效标变量之间有着不同的相关，甚至完全相反的相关。这样一来，自我监控量表有没有测量到自我呈现过程中的"自我监控"就成为问题被提出来了。所以，有人（Nowack & Kammer，1987）认为自我监控量表测量的所谓"自我监控"根本不存在。

对自我监控量表多因素的另外一种解释认为，自我监控量表虽然是多因素结构的，但这些因素反映了一个共同的、一般的、潜在的变量，这个潜在变量就是自我监控。Snyder 和 Gangestad（1986）对三因子分别命名：因子一叫表情的自我控制（expressive self - control），它是积极控制表情行为的能力，例如，"我可能会成为好演员"，和"我可以当着别人的面说谎（如果目的正确）"。因子二叫社会舞台展现（social stage presence），是指在社会情境中表演的特征和吸引社会注意的特征，例如，"在一群人中，我很少成为注意焦点"（反向计分），"聚会上，我会让别人去讲笑话或故事（反向计分）"。因子三叫他人导向自我呈现（other - directed self - presentation），是指在社会情境中，展现他人期望展现的东西，例如，"即使我不喜欢对方，我也会装得非常友好"，和"我想我会做出一些样子来给对方留下好印象"。

Snyder 等（1985）指出，自我监控项目结构虽然包含多个因子，但与存在一个共同的、潜在的变量是一致的；这个变量可能反映两类离散（或准离散）高和低自我监控个体。他们认为，表演、外向和他人导向子量表，在一定程度上，反映了这一共同变量，因为自我监控全量表比所有子量表都要好。因子分析显示，量表中大部分项目在第一个未旋转因子上有载荷，且大于 0.15。他们认为这个因子测量的就是自我监控。Snyder 和 Gangestad（2000）的研究显示，自我监控量表实际上反映了一个大的普遍因素（与第一个未旋转因素接近），它解释了量表项目的大量变异，并在一定程度上与三个子量表相关。根据这些分析，Snyder 和 Gangestad 认为，自我监控量表可以预测与表情控制和印象管理相关的现象，因为它反映了这个一般因素，并且证实了自我监控全量表在许多数据中，比各个因素的子量表都要好。

自我监控量表高分的多义性，使得不同的研究有着不同的结果，或者与自我监控理论有不一致之处。Gangestad 和 Snyder（2000）用量化方法回顾了在美国心理学权威刊物上发表的与自我监控有关的 41 个研究。他把这 41 个研究分为九类：①表情控制（Expressive control）。除能正常激发某些情感之外，还具有能伪装出这种情感的能力。期望高自我监控者比低自我监控者有更强的表情控制。②非言语解码技能。包括识别出他人情感展现的能力（Riggio & Friedman，1982；Mill，1984；Costanzo & Archer，1989），以及能基于非言语线索推断出人际特征（Baize & Tetlock，1985）。期望高自我监控者比低自我监控者拥有更强的非言语解码技能。③态度—行为一致性，态度可提取性，或态度改变（Kardes，Sanbonmatsu，Voss & Fazio，1986；Lavine & Snyder，1996；Snyder & Kendzierski，1982；Wymer & Penner，1985；Graziano & Bryant，1998）。与低自我监控者相比，期望高自我监控者有较低的态度—行为一致性，和较低的态度可提取性。④对外在线索的行为响应度或对他人期望的响应度（Harris & Rosenthal，1986；Lassiter，Stone & Weigold，1987；Friedman & Miller – Herringer，1991）。期望高自我监控者比低自我监控者行动时更能与他人期望和外在线索保持一致。⑤不同背景和情境中行为的可变性（Lippa & Donaldson，1990；Snyder，Gangestad & Simpson，1983）。在不同的背景和情境中，高自我监控者比低自我监控者行为可变性更大。⑥在友谊（Snyder & Simpson，1984）、关系（Snyder，Simpson & Gangestad，1986）和愿意表现不用承担责任的性行为（Snyder & DeBono，1985）中所涉及的人际倾向。与低自我监控者相比，期望高自我监控者所拥有的友谊，相对来说是活动驱动的，所拥有的关系不是植根于亲密和信任，也更愿意表现不承担义务的性行为。⑦通过身体吸引力给别人留下印象（Snyder & DeBono，1985；Snyder，Berscheid & Matwychuk，1988）。期望高自我监控者比低自我监控者更易为他人身体吸引力留下印象并受其影响。⑧对他人的注意和敏感度，包括一个人自己行为响应他人行为的程度（Miell & LeVoi，1985），与他人互动后，推断他人思想内容的准确性（Ickes，Stinson，Bissonette & Garcia，1990），以及做出类似于朋友的决策（Kilduff，1992）。与低自我监控者相比，期望高自我监控者关注他人行为，并把它作为情境适宜性行为的源泉，并在互动后，据此对他人的思想做出更精确的推断。⑨同伴—自我特质评价差异（Peer – self trait rating discrepancy）（Wymer & Penner，

1985；Cheek，1982；Cheek & Briggs，1981）。期望高自我监控者这种差异会大于低自我监控者。

他们发现，最后两类——对他人的注意和响应性，以及同伴—自我特质评价差异，没有得到期望的结果。

Gangestad 和 Snyder（2000）自我监控文献的量化回顾也揭示，对他人的注意和响应性与自我监控没有显著的相关。仔细跟踪并对他人行为做出反应是原始自我监控量表的核心特征。确实，自我监控这一概念就是指根据社会和人际线索来管理自我呈现，达到适合情境的目的（Snyder，1974；Snyder，1979）。但具有讽刺意味的是，自我监控量表从严格意义上来说，没有测量到"自我监控"的这一特征。这意味着，自我监控不应该包括对他人自我呈现的关注和响应。这显然有悖于 Snyder（1974；1979）自我监控理论的核心。

高自我监控者的自我报告和同伴报告的一致度，与低自我监控者的自我报告和其同伴报告一致也一样高（Wymer & Penner，1985；Cheek，1982）。

Funder 和 Harris（1986）要被试对其朋友人格进行评价，然后进行 Q 分类。自我监控量表与被调查人 Q 分类的下列陈述有关：具有印象管理的社会技能、伪装、幽默、倾向于引起别人的喜欢和接受、发动幽默、兴趣广泛、表达流利、是愉悦的、对幽默做出反应、喜欢交际、善于面部和/或姿势表达。自陈的 Q 评价与全自我监控量表有积极的相关。

Briggs 和 Cheek（1988）指出，许多研究都没有发现自我监控可以作为行为跨情境一致性和特征—行为联结的中介。而且，对支持 Snyder 理论的一篇关键文章的重新分析（Ajzen，Timko & White，1982）提示："他人导向子量表在态度和行为关系中起中介作用，而表演和外向子量表揭示的是相反的倾向。"（Baize & Tetlock，1985）所以，认为自我监控在其中起中介作用，是非常勉强的（Snyder & Gangestad，1986）。

正如 Briggs 和 Cheek（1986）所说："不支持全自我监控量表的研究结果，认为它的多维性（在原量表和修订版中）和因素不协调的特征，给自我监控结构笼罩了一层阴影。"

（2）Snyder 自我监控量表的聚敛效度问题

研究（Snyder，1974）显示，自我监控量表与 Marlowe - Crowne 的社

会期望量表（social desirability scale）（Crowne & Marlowe，1960）之间有负相关。这与高自我监控者期盼给他人留下期望印象相悖。

Briggs，Cheek 和 Buss（1980）发现他人导向与害羞（Shyness）和神经质（Neuroticism）正相关，与自尊（Self – Esteem）负相关；外向与害羞负相关，与自尊和社交性（Sociability）正相关；所以，他们建议，在今后的研究中各子量表要分开使用。基于以上研究结果，他们最后指出，自我监控结构与自我监控量表所测量到的可能存在差距。

Cheek 和 Briggs（1981）描述了相似的模式。在他们的数据中，特质性焦虑与外向因子的相关为 – 0.28，与他人导向因子的相关为 0.26。自信心与外向因子的相关是 0.65，与他人导向的相关是 – 0.32。

Gangestad 和 Snyder（2000）也发现，自我监控量表得分高的人，有社会性焦虑、拘谨、关心消极的社会评价、自尊低、避免成为社会注意点、取悦他人和使他人满足的倾向。这也与高自我监控构念不一致。高自我监控者是能够留下期望的印象，适应应该是良好。很难相信一个社会焦虑高、拘谨、自尊低、想取悦他人、想满足他人期望的人，会留给人一个好印象。

这些效标关联效度显示，自我监控量表可能没有测量到要测的东西。同时，自我监控量表子量表与其他量表之间存在不同，甚至相反的相关关系，自我监控量表总分就不好解释了。该量表作为一个整体测到的是什么东西，也就很难确定。

四　Lennox 和 Wolfe 修订版自我监控量表

自我监控理论（Snyder，1974；1979）提出了一个个体差异模型，即人们根据即时情境线索来调节其行为、管理他们的自我呈现。如果这种差异存在并可以准确测量，我们对社会行为的理解就可以大大加强。

然而，对跨情境变化假设的检验（Cheek，1982；Arkin，Gabrenya，Appelman & Cochran，1979；Schneiderma，1980）和对从自我监控理论（Snyder，1974）推断出的不同假设进行检验（Kulik & Taylor，1981；Santee & Maslach，1982；Wolfe，Lennox & Hudiburg，1983；Zanna，Olson & Fazio，1980），却没有得到预期的结果。

前已述及，发展自我监控量表时，Snyder（1974）将高自我监控者的三个特征——注意行为的情境适宜性，对情境线索敏感，并用它们作为自我呈现的指南，细化为五个假设：①关注社会行为的适当性，②注意社会比较信息，③能够控制和调整自我呈现，④在特定情境中使用这一能力，⑤社会行为跨情境变化。

因素分析结果却显示该量表没有测量到这些成分。相反，它产生了三个独立因素：表演能力、外向和他人导向（Gabrenya & Arkin，1980；Briggs，Cheek & Buss，1980）。得到三个因素，不像理论所说的五个因素，不一定就是一个严重的缺陷。因为，作为高级结构的各种维度，它们之间可能存在逻辑上的相关。但如果测量得当，不同维度之间应该有不同程度的正相关。

一个更重要的考量是每个被考察的因子与一个或多个理论假设相关的程度。但研究结果和理论假设比较揭示，只有他人导向和成分②（注意社会比较信息）之间有些相关。外向和表演能力在 Snyder（1974）所说的五个组成部分中没有相应的匹配对象。正如其他研究者（Gabrenya & Arkin，1980；Briggs，Cheek & Buss，1980）所注意到的，量表和结构之间明显缺乏一致性。

量表和结构不匹配的另一个后果就是：该量表因子与其他变量的测量之间存在不同的相关。Briggs 等（Briggs，Cheek & Buss，1980）发现，社会性（sociability）与外向的相关是 0.36，与他人导向因素之间的相关是 0.05；害羞（shyness）与外向因素的相关是 -0.56，与他人导向的相关是 0.37。Cheek 和 Briggs（1981）描述了相似的相关模式。在他们的数据中，特质焦虑与外向因素的相关是 -0.28，与他人导向的相关是 0.26；而自信（self - confidence）与外向的相关是 0.65，与他人导向的相关是 -0.32。这些研究结果显示：在外向因子上得分高的人，倾向于是喜欢外出的（outgoing）和有社会信心的（socially confident），而在他人导向因子上得分高的人倾向于是焦虑的（anxious）、害羞的（shy）和缺乏信心的（lacking in confidence）。Lennox 和 Wolfe（1984）认为，同一个个体不可能在两个因子上得分都高。这样，Snyder 量表的总分就很难解释了；该量表作为一个总体，它要测量什么不可以确定。

Lennox 和 Wolfe（1984）也考察自我监控与外向的相关。虽然，外向不是 Snyder 自我监控结构的五个假设成分，但 Snyder（1974）量表中项目

12，14，22，23 都在外向因子上有载荷（Lennox，1988；Snyder & Cantor，1980）。Snyder（1979）暗示：外向与自我监控无关，外向与自我监控量表有区分效度。Snyder 和 Gangestad（1982）把这两个结构看作不同的主题，但他们的测量显示：自我监控与外向之间有显著的正相关。

Briggs 等（Briggs，Cheek & Buss，1980）认为外向与自我监控无关，他们的结论是：Snyder（1974）的量表不应该测量外向。虽然，从因素分析的角度来看，剔除这四个外向项目表面上可以降低该量表与外向的相关，但如果这四个项目与 Snyder 量表其他项目相比，测量的都是外向，那就应该对量表进行修订。

Lennox 和 Wolfe（1984）把 Snyder（1974）自我监控量表与 Eysenck 人格问卷（EPQ）成人版外向子量表混合进行测量。用主成分法提取因子，用极大似然法旋转。这样，应该得到两个因子：第一个因子定义为外向，第二个因子就定义为自我监控。结果发现有六个自我监控项目在外向因子上的载荷大于在自我监控因子上的载荷，其中五个在 0.30 以上。五个项目中有四个是项目 12，14，22 和 23。因此应将这四个项目删除。

为了弥补自我监控量表未能测量到该结构所假设的组成部分，Lennox 和 Wolfe（1984）设计了五类项目（与 Snyder 的五个维度相匹配）：每一类只包含这样一些项目，它们表面效度符合特定组成部分。这样补充了 28 个项目，加上 Snyder（1974）量表剩下的 19 个项目（删掉 12，14，22 和 23，他们测量的是外向；删掉项目 4 和 10，它们在以前研究中不能在任何因子上持续有载荷，在前述研究中载荷未超过 0.30）。共 47 个项目，适用于每个组成部分的项目在 8 至 11 之间。

Lennox 和 Wolfe（1984）使用 6 点 Likert 格式量表，根据每个项目反应是否为正态，及因子分析后各项目的因子载荷是否大于 0.30，得到一个 33 项目的自我监控量表。特征质的碎石检验与三、四、五和六个因子旋转的超平面计数（hyperplane counts）显示：该结构用四个因子解释最适合。这四个因子分别是：跨情境变化（cross‑situational variability）、表演能力（acting ability）、修正自我呈现的能力（ability of modify self‑presentation）和关注适宜性（concern for appropriateness）。

他们认为，表演和正常的社会交往中管理自己的行为，是两件不同的事。虽然 33 项目自我监控量表能够测量自我报告的表演能力（从戏剧——

娱乐意义上来说），但它们对社会互动能力测量不是很合适，这种互动能力在现实生活中比较重要（因子3）。

Lennox 和 Wolfe（1984）在进一步的研究中保留了 33 个项目中的 28 个项目，被剔掉的 5 个项目要么载荷在 0.3 左右，要么有二重载荷；修改了被剔除项目中的 9 个题目重新使用；编了 7 个新项目来测量"修正自我呈现的能力"；另外写了 9 条新项目来反映抑制情绪。因为，他们认为抑制情绪与修正自我呈现能力有关。这样，总共有 53 个项目。

被试完成的问卷包括：53 项目的自我监控量表、害怕消极评价量表（the Fear of Negative Evaluation Scale）、EPQ 神经质和外向量表。

原 28 项目中有 7 个表演能力项目。由于它们缺乏表征"修正自我呈现能力"的表面效度，被 Lennox 和 Wolfe 剔除。

根据被试的反应的正态性，剔除 5 个偏态反应项目，剩下 41 个项目用 oblique 旋转进行因素分析。用特征值碎石检验和超平面计数来确定简单结构。两种方法都显示，自我监控结构最好用四个因子来解释。

因子 1 是跨情境变化，因子 2 关注适宜性，因子 3 是修正自我呈现的能力，因子 4 是压制情绪的能力。

设计用于测量压制情绪能力的项目自己形成了一个因素。这些项目在想要测量修正自我呈现能力的项目上没有载荷，显示它们对"修正自我呈现的能力"的定义没有贡献。因此，删除这 5 个情绪压制项目，同时删除 5 个偏态项目和 8 个在任何因子上载荷都在 0.30 以下的项目，剩下的 28 个项目组成了一个新自我监控量表。

把每个因子作为一个子量表，他们考察了这 28 个项目，确定哪些项目对各自子量表和对总量表的内在一致性贡献最大。这一程序剔除了一个项目，这一项目倾向于减少每个子量表和总量表的 alpha 值，因此被删除。

剩下的 27 个项目中有三个因子。跨情境变化的 alpha 系数为 0.82；关注社会比较信息的 alpha 系数是 0.83；修正自我呈现能力的 alpha 系数为 0.77；总量表的 alpha 系数为 0.88，这比 Snyder 自我监控量表所报告的要高。在三个子量表中，修正自我呈现的能力仍然定义得最差。它的内在一致性要明显低于其他两个子量表，该子量表项目与总分的平均相关是 0.39，跨情境变化是 0.48，关注社会比较信息是 0.43。

27 项目与其他变量之间的相关，使他们注意到 Snyder（1979）构念化中可能存在的另一个不足。27 项目自我监控项目与害怕消极评价之间的相关是 0.52。这说明，高自我监控者在许多社会情境中是有理解力的。这一研究结果与 Snyder（Snyder & Cantor，1980）对高自我监控者的描述冲突，他把高自我监控者描述为自信、颖悟、擅长社会性的印象管理者（confident，perspicacious，socially facile impression manager）。

然而，相关系数也预示着 27 项目修订版自我监控量表的不足。Cheek 和 Briggs（1981）怀疑 Snyder（1974）的量表，是因为它的两个因子与第三个因子之间没有同样的相关，而 Lennox 和 Wolfe（1984）的自我监控因子有着同样的缺陷。跨情境变化和对社会比较信息的关注与 EPQ 外向，EPQ 神经质和害怕消极评价有相似的相关，这意味着这两个子量表测量的自我监控特征很容易归入同一因子。但修正自我呈现能力产生了一个不同于其他两个子量表的模式。它与 EPQ 神经质之间有着显著的相关，而其他两个因子没有，修正自我呈现能力与 EPQ 精神质或害怕消极评价没有显著相关，而其他两个因素有。再次产生这样的问题："这个量表作为一个整体测量的是什么？"同样，也是没有满意的回答。

前述对 Snyder 量表的修订假定他假设的自我监控五成分结构是完整而正确的。研究结果显示，27 项目自我监控修订版能够评价所有成分，但相关模型证据显示：27 项目不能结合成为一个唯一的、单一维度的测量工具。各子量表与其他测量相关的不同模式暗示，修正自我呈现的能力肯定不同于其他两个子量表，这样就不能够用单一的高级结构来囊括三个子量表。

虽然，他们对跨情境变化和关注社会比较信息的测量，从心理测量角度看，表面上是合理的。但它们与社会焦虑有关（如，EPQ 神经质和害怕社会焦虑），且相关太高，说明该量表测量的不是自我监控的核心特征。有效的社会互动是高自我监控者的特点，社会焦虑与此不符。该证据提示，Snyder 原始五假设成分中的关注适当性、注意社会比较信息、修改自我呈现的能力和行为的跨情境变化四个成分都不能被这一结构所包容。

该结构剩下的用 Snyder 对高自我监控者的描述就是"对相关他人表情和自我呈现特别敏感的人"（p. 89），他们使用这些线索作为管理自我呈现的指南。采用这一狭义的定义，他们假设，两个特征完全能够代表自我监控：修正自我呈现的能力和对他人表情行为的敏感。

他们设计了对他人表情行为敏感有表面效度的 7 个项目，与修正自我呈现能力子量表的 7 个项目一起构成自我监控量表。

对这些项目的回答用 oblique 旋转进行因素分析，特征值的碎石检验显示，两因子解决方案能够解释这一简单结构：修正自我呈现能力和对他人表情行为的敏感。

有一个项目在两个因子上载荷都不超过 0.30，所以，在随后的分析中被删掉了。剩下 13 个项目组成了修订版自我监控量表。

自我监控变量与社会焦虑没有正相关，与公我意识或个体化（the Individuation scale）（Maslach，Stapp & Santee，1985）也没有显著的正相关。因此，修订版自我监控量表没有前述 27 个项目版的缺陷。它把高自我监控者定义为"既没有社会焦虑，也不会为了引起他人注意而勉强行动的人"。

然而，自我监控两个子量表却与四个外在变量中的两个有着不同的相关：修正自我呈现的能力与私我意识没有相关（r = 0.06），对他人表情行为的敏感却与私我意识有显著相关（r = 0.25）；修正自我呈现能力与社会焦虑相关显著（r = -0.29），但对他人表情行为的敏感与社会焦虑却没有相关（r = 0.05）。这种不一致相关显示，修订版自我监控量表总分的意义是模棱两可的。修订版量表内在一致性也比 27 个项目量表要低一些。修正自我呈现能力的 7 个项目 alpha 系数是 0.77；对他人表情行为敏感的 6 个项目 alpha 系数是 0.70，总量表是 0.75。

对修订版自我监控量表的因子分析结果，同样认为该量表存在争议。Cramer 和 Gruman（2002）用验证性因素分析方法对 Lennox 和 Wolfe（1984）2 因素（修正自我呈现的能力和对他人表情行为的敏感性）自我监控量表进行考察，结果不支持 2 因素模式，而是得到三个因子，新增的因子称修正自我呈现困难（difficulty modifying self - presentation），这个新因子包含来自修正自我呈现能力因子的两个反向项目。

根据 Lennox 和 Wolfe（1984）的自我监控量表，高自我监控者应该对他人表情行为更敏感，并能根据情境线索来调整自我呈现。这样，好教师更应该倾向于是高自我监控者。但研究（Larkin，1987）发现在自我监控上好教师和差教师并没有差别；进一步分析显示，好教师在外向维度上得分较高，在他人导向上得分较低。Lennox 和 Wolfe 自我监控量表与社会焦虑之间存在正相关（Haverkamp，1994），这一结论与高自我监控者适应环境良好仍存有矛盾。

Lennox 和 Wolfe 修订了自我监控量表后，一些研究者用这一量表进行了研究。这些研究可以分为：①自我监控和控制点的关系。Hamid（1989）用 50 名新西兰大学生研究发现，自我监控和控制点没有相关。没有得到"高自我监控是外控，低自我监控是内控"这样的结论。②高自我监控者根据情境线索来行动，而低自我监控根据内部线索来行动（Anderson & Tolson，1989；Wolfe，Lennox & Cutler，1986；O'Cass，Aron，2000；Tomoko & Takashi，2002）。这与自我监控理论假设一致。③尴尬（sense of nigate）与自我监控量表（Lennox& Wolfe，1984）中修正自我呈现的能力有负相关，与对他人表情行为的敏感成正相关（Tomoko & Takashi，2002）。这也与自我监控理论假设一致。④自我监控与职业选择的关系（Brown，White & Gerstein，1989）。研究结果发现，低自我监控的男性喜欢社会性职业，高自我监控的男性喜欢挑战性的（enterprising）职业；高自我监控的女性喜欢艺术类职业。这些结论与自我监控理论就不完全一致。

Lennox 和 Wolfe（1984）修订的 13 个项目自我监控量表同样存在多个因子，且每个因子与其他变量（如社会焦虑、神经质、外向等）有着不同的相关模式。Anderson，Silvester 等 1999 年的研究也发现，在真实求职活动中，求职者的自我监控能力与他留给招聘者的人格印象之间没有相关。

这样，总量表分到底说明了什么现象就很难确定。因此，13 个项目自我监控量表与 25 个项目自我监控存在同样的缺陷。只不过，它更侧重原始自我监控量表中他人导向因子。

五　Gangestad 和 Snyder 简缩版自我监控量表

Snyder 为了提高原始自我监控量表的可靠性并使它的因子更纯，对它进行了简化。Snyder 和 Gangestad（1986）基于对 1918 名大学生的调查，经过主成分分析发现：25 个项目中有 24 个项目在第一个未旋转因素上的载荷为正，且 25 个项目中有 18 个项目载荷在 0.15 以上。

这样，25 个项目中就删除了 7 个项目，因为它们不能区分潜在的高和低自我监控者。最后得到 18 个项目的简缩自我监控量表。

　　但是，很快就对 18 个项目修订版自我监控量表进行了新一轮的批评（Briggs & Cheek，1988；Lennox，1988；Hoyle & Lennox，1991；Miller & Thayer，1989）。争论主要集中在两个方面。第一，简缩版自我监控量表是不是反映了单一的结构。第二，简缩版自我监控量表测量的是自我监控吗？

　　简缩版自我监控量表反映的是单一结构吗？为了解决自我监控量表中项目的多因素问题，Snyder 等（1980）考察了自我监控研究，主要观点体现在下面四个方面（Briggs & Cheek，1988）。

　　"很多研究报道：自我监控量表与许多重要且概念上相关的效标有关联。

　　对自我监控项目的内在结构聚类分析显示，自我监控量表的效标关联效度可以用单一的、潜在的因果变量来解释。这一潜在变量是离散的而不是像通常那样的连续变量。

　　虽然对该量表项目的因素分析，旋转后都会产生三个因素，但大多数项目落在未旋转的第一个因素上，这实际上反映了聚类分析中确定的相同潜在因果变量。第一个未旋转因素是重要的，因为它代表自我监控的一般因素，并使过去的研究大部分获得成功。然而，同时，也存在这样的可能：旋转后的因素与一般因素不同。

　　Snyder 和 Gangestad（1986）建议使用 18 个项目修订版自我监控量表。简缩的量表通过保留在第一个未旋转因子上载荷大于 0.15 的项目，来最大化潜在的、遗传的因子的贡献。"

　　Snyder 和 Gangestad（1986）指出，单一潜在因素可以说明全部自我监控量表中的大部分变异，这一因素应该就是一般因素，大多数项目在这一因素上的载荷是正的。他们认为，"假定用这种方式来构建自我监控量表（所选项目一致地反映假设的、潜在的变量），那么这个一般因素，如果它存在的话，自然就应该是第一个未旋转的因素"。

　　Gangestad 和 Snyder（2000）通过量化分析发现，修订版自我监控量表 70% 的变异是因素 1 贡献的（几乎全部可靠的变异）。因素 2 只有 2% 的贡献。因此他们认为自我监控量表实际上反映的是一个一般因素。

　　但有些研究者挑战 Snyder 的说法，认为修订版自我监控量表有两个潜在的变量（Miller & Thayer，1989）。Wolf 和 Daniele（1987）研究发现修订版自我监控量表在经济、信度和效度方面要优于原始 25 项目量表，但自我监控结构仍可以抽取出两个直交因子。Briggs 和 Cheek（1988），Gangestad 和 Snyder（1985）的因素分析，也得到两个因子：公开行为（Public Performing）和他人导向（other – directedness）。

Briggs 和 Cheek（1988）因子分析发现：第一个因素上的有载荷的项目与 Snyder 和 Gangestad（1986）报告的相似，并复制了他们的一般因素。然而，第二个未旋转因素也有许多非常重要的项目在它上面有载荷；实际上，两个因素载荷在 0.3 以上的数量相当（题目数量比是 10∶8），并说明大致相当的总体变异（11% vs. 10%）。这样，对未旋转矩阵的考察提示是两个一般因素一样重要。Briggs 和 Cheek（1988）指出和原始量表一样，修改版自我监控量表项目的多因素特征意味着它混淆了多种因素（一个公开行为因素和一个他人导向因素）。Briggs 和 Cheek（1988）认为 Snyder 和 Gangestad（1985）报告的研究不具有自我监控的核心特征（对人际线索敏感、具有跨情境可变性和态度—行为一致），这很重要。

Gangestad 和 Snyder（2000）通过量化分析后确认："18 项目自我监控量表项目是多因素的；单一维度不能解释这些项目之间的相互关联。同样没有争议的是，自我监控量表本身确实在因子空间中测量了单一、数学上定义的维度。……关于自我监控量表，真正的问题不是它能不能测量一个单一维度——非常清楚它能——但该测量反映的这一维度是不是概念意义维度，这个概念上有意义的维度是不是自我监控，就不清楚了。"

争论的第二个问题是：简缩版自我监控量表测量的是自我监控吗？Snyder 和 Campbell（1982）强调高和低自我监控者的差异。他们通过"对自我监控量表项目反应模式的考察提出：高自我监控个体声称拥有注重实效的自我概念（pragmatic conceptions of self），而低自我监控个体声称拥有明显的原则性的自我概念"。Snyder（1974）用三个项目（7，13，19）来说明高自我监控者注重实际的特征，使用另外三个项目（2，4，17）描述低自我监控者的原则性特征。然而，这些项目中有三个项目被 18 项目量表删除了。六个项目中有四个项目在第二个因子（他人导向因子）上，载荷大于 0.30。Snyder 和 Campbell 选作代表自我监控结构重要特征的六个项目中，只有项目 4 ["我会为我所信仰的观点争辩"（反向计分）] 还是在一般因子上有载荷（虽然只有 0.20），其他五个项目中有四个构成他人导向因子的重要组成部分。这样，可以看到，Snyder 和 Gangestad（1986）对自我监控的描述，主要不是公开行为因子中的项目，而是他人导向因子中的项目。

Briggs 和 Cheek（1988）认为，修订版自我监控量表想强化自我监控的测量，实际上却弱化了与自我监控核心特征的联系，相应的也就强化了与其他结构所描述个体差异的联系。删除他人导向 10 个项目中的 4 个。他们甚至认为：修订版自我监控量表所反映的一般因素，最好不要用表情控制和想留下特定公开形象来解释，而要根据特质来解释，这些特质就是外向、社会激荡（surgency）（外向、社会自信心和手段）（extraversion，social self-confidence, and instrumentality）和爱出风头，以及社会自信。他们进一步暗示，支持一般因素的研究认为，因为他们关心人际行为（如友谊和关系），这些人际行为与外向和社会激荡的相关，要高于与表情控制和形象管理的相关。Briggs 和 Cheek（1988）认为，支持 Gangestad 和 Snyder（1985）的心理测量推理逻辑，不仅没有找到真实的自我监控结构，反而会把事情搞混，即把外向定义为自我监控。

Briggs 和 Cheek（1988）的研究还发现：25 项目量表与他人导向的相关是 0.61，但修订版量表与它的相关只有 0.39。相反，25 项目量表与表演和外向的相关有 0.67 和 0.52；而简缩版量表与这些因素的相关是 0.78 和 0.68。这样，虽然 25 项目与三个原始因素的相关几乎相等，但 18 项目量表与表演和外向的相关要大于与他人导向因素的相关。同样的，简缩版量表与公开行为因素的相关要大于与简缩版的他人导向的相关。

John，Cheek 和 Klohnen（1996）报告了与这一观点相一致的证据：简缩版自我监控真的测量的是外向。为了检验这一观点，他们设计了自我监控结构另外一个独立的、操作性的定义：用 California Adult Q-Set（Block & Palo，1978），观察者评价了 Snyder 定义的自我监控原型。这些观察者评价与外向或社会激荡（the Multidimensional Personality Questionnaire Social Potency Scale）（Tellegen，1982）存在的协变高于与 18 项目自我监控量表本身。Jone 等人（1996）的研究结果对简缩版自我监控量表"所测量结构的唯一性，提出了严重质疑"。

John，Cheek 和 Klohnen（1996）为了说明 Snyder（1979）自我监控量表的测量结果，引用了一种新的 Q 分类分析。观察者和自己所做的 Q

分类分析证明 18 项目的自我监控量表（SMS－R）和公开行为子量表
（Public Performing Subscale）在不同方法中有聚敛效度（convergent validi-
ty）；然而，量表与外向没有区分效度。在简缩版自我呈现量表中保留的
他人导向项目与自我监控另一测验（外向）没有相关。这些研究结果认
为，简缩版自我监控量表已经变成自我呈现的外向特征（extraverted fea-
tures）（而不是他人导向）。为了更准确地评价自我监控现象的概念领域，
他们建议研究者应该使用 25 项目的原始自我监控量表，而不是 18 项目的
简化量表，并建议对公开行为和他人导向分开计分，来区分它们各自的和
交互的效应。

Briggs 和 Cheek（1988）认为，简缩版自我监控量表测量的就是社会
激荡。他们指出，Snyder 和 Gangestad（1986）的研究报告发现高自我监
控者不具有自我监控的核心特征（对人际线索敏感、具有跨情境可变性和
态度—行为一致）。

实际上，Snyder，Simpson 和 Gangestad（1986）对高自我监控者的描
述也转变为：

> 似乎是这样的，高自我监控个体，在社会情境中，努力想成为注
> 意的焦点，使用自我编辑和爱出风头等策略来获得注意。另外，当遇
> 到陌生人时，他们摆出谈话架势，与他人进行社会接触也相对容易。

因此，从这些项目上显现出来的典型高自我监控者，是这样一些人：
他们把与他人的互动作为戏剧表演，是用来获得注意，留下印象的，甚至
有时只是娱乐。典型的低自我监控者是这样一些人：他们不能够也不愿意
在社会情境中表演，他们不用戏剧表演来给他人留下印象或获得他人的注
意（Snyder，1987）。

但 Gangestad 和 Snyder（2000）指出，外向、社会激荡（外向、社会
自信心和手段）或他人导向一般与这些自我监控标准测量之间的相关只是
一种协变关系。

用简缩版自我监控量表进行的相关研究有，Jawahar（2001）发现自
我监控（Snyder & Gangestad，1986）在态度、精确评价（accurate apprais-
al）和评价准确性（rating accuracy）之间起中介作用；自我监控会显著地
影响评价和决策的准确性，即随着自我监控的提高，准确性在下降。

第二节　自我监控量表在中国的研究与应用

一　中国版自我监控量表

Li 和 Zhang（1998）在文献综述部分指出，Bond 和 Hwang（1986）研究结果发现中国人是典型的高自我监控。但也有研究（Goodwin & Soon，1994；Gundykunst, et al., 1989）认为，与美国和澳大利亚人相比，中国人自我监控得分较低，但比新西兰人要高（Hamid，1992）。为了更好地理解这种跨文化差异，他们认为有必要使用一种在中国文化中有效且敏感的测量。

他们认为 Snyder（1979）对自我监控的描述，其核心假设是：人们在"能够和确实控制"自我呈现的程度上存在个体差异，而且执行自我监控涉及能力和倾向两个方面。这样，高自我监控个体就既有监控自我呈现的能力，也有监控自我呈现的倾向；而低自我监控者既没有自我监控的能力，也没有自我监控的倾向。但他们认为 Snyder 把自我监控者分为高低两种，其实没有穷尽所有的可能性，即自我监控能力和倾向存在另外组合的可能性。可能存在这样的个体，他们有能力，但没有倾向，或相反。

Li 和 Zhang（1998）认为 Briggs，Cheek 和 Buss（1980），Gabrenya 和 Arkin（1980）等人的因子分析结果证实了他们的假设：自我监控应该包括自我监控能力和自我监控倾向。

基于 Snyder（1974；1979）原始构念和以上对自我监控因子结构的实证研究，他们发展了一个两维度的自我监控结构，用来区分能力和倾向成分。自我监控能力因子包括：①正确感知情境的能力；②执行计划的自我呈现的能力。倾向因子包括：①关注情境适宜性；②注意社会比较信息。测验项目有些是自编项目，有些来源于下列量表中的一些项目：Snyder（1974）25 项目自我监控量表，Lennox 和 Wolfe（1984）13 项目修订自我监控量表，和他们 20 项目关注适宜性量表。最后量表共 58 个项目，从 58 项目中选择 49 个项目——28 项目用来测量能力成分，21 项目用来测量倾向成分。

因素分析显示，存在两个因子。删除载荷在 0.3 以下和在两个因子上都有载荷的项目后，得到 26 个项目。在研究二中，对剩下的因子进行第二次因子分析，发现有三个项目在两因子上有载荷。删除后，最后得到一个 23 项目的中国版自我监控量表。

但该量表的子量表与艾森克人格量表（EPQ）的子量表（精神质、神经质、社会焦虑和测谎）却有着不同的相关模式。能力子量表与外向和精神质有显著的相关，分别是 0.47 和 0.16，前者相关非常显著，后者也在 0.05 水平上显著。但是能力子量表与神经质有显著的负相关（r = -0.25，p < 0.01），倾向子量表与外向正相关（r = 0.21，p < 0.01）。能力与倾向两个因子是两个不同维度，但却与外向有着相同的相关；而同是能力因子却与神经质和精神质有着不同的相关。

同时该量表虽然内在一致性效度还可以，能力子量表 Cronbach α = 0.82，10 项目的倾向子量表 Cronbach α = 0.69，但预测效度并不高。研究二发现同伴对个体自我监控能力的评价与个体能力子量表的得分没有显著相关。虽然同伴对自我监控倾向的评价与倾向子量表相关显著为 0.44，作者认为这是由于"被试倾向于过高地估计他们自我监控能力，过低估计他们的自我监控倾向"（Brown，1998）所致。

Li 和 Zhang（1998）的中国版自我监控量表，能较好地解释子量表中得分高低不同组合所反映的自我监控行为特征。但他们还是默认了 Snyder（1974，1979）对自我监控的构念，没有从理论上说明为什么自我监控应该包括自我监控倾向和自我监控能力。尤其是题目冠以中国人的自我监控量表，而实际上理论根据来自国外，根本没有涉及为什么中国人的自我监控应该包括自我监控能力和自我监控倾向。因此，他们的量表编制出来以后，文献检索尚未发现有人使用该量表作为工具来进行研究。

二 自我监控量表在中国的研究与应用

国内有关自我监控的研究，主要是想验证高自我监控者是否对情境线索敏感，行为是否随情境变化而变化两方面。但研究结果却不能证明 Snyder 的自我监控理论。相关的研究有，李峰、张德、张宇莲（1992）研究了高低自我监控者在人际冲突情境中的行为反应，结果却未发现他们之间的差异，没有得到这样的结果：高自我监控者行为随情境变化而变化，低自我监控者行为具有一致性。李琼、郭德俊（1999）研究发现，在公开条件（与人接触中的你是这样子吗？）和私下条件下（真实的你是这个样子吗？），高自我监控者传递的积极印象比低自我监控者要好，但在传递中性形象或消极形象方面，两者没有差别。这一结果可以有另外的解释，高自我监控者不是因为对情境线索敏感，而是在自我概念方面与低自我监控者有差异。胡竹菁、徐淑媛（2001）考察了高低自我监控者人际冲突情境中的行为反应。结果发现，在互动对方粗鲁的说话态度下，两类自我监控者无显著差异，并没有证实高自我监控者有较好的人际技能。宋广文、陈启山（2003）的研究假设是：高自我监控者态度会随情境（奖励 10 元和 1 元）的变化而变化，而低自我监控者态度不会随情境变化而变化。但研究结果不支持他们的假设。李朝旭、莫雷等（2005）在研究中，考察了四个变量，被试自我监控类型（高低）、被试性别、观众性别和对社会助长的影响。根据他们的研究假设，高自我监控者无论面对同性观众还是异性观众，比低自我监控者，都应该有较明显的社会助长。因为，高自我监控者与低自我监控者相比，对情境线索更敏感，具有更强的社会技能。但结果却发现被试自我监控类型主效应不显著。但陈启山、年承涛、温忠麟（2005）研究发现，高自我监控者的内隐态度和外显态度存在分离。胡金生、杨丽珠（2009）的研究发现，用 Snyder（1974）的自我监控量表筛选出来的高自我监控者，相对于低自我监控者具有较高的伪装能力。

三　小结

如图 3-1 所示，Snyder（1974）从三个方面定义高低自我监控者，细化为五个方面后，编制出 25 项目自我监控量表。25 项目自我监控量表存在的主要问题包括两个方面：一是该量表包括三个因子——外向、表演和他人导向，这与他原来的构念是不相符的。二是该量表三个因子中他人导向与临床量表正相关。Lennox 和 Wolfe（1974）取其他人导向维度，编制了 13 项目自我监控量表的修订版；而 Gangestad 和 Snyder（1985）实际上弱化了他人导向因子来使 18 项目简化版自我监控量表能用单一因子来解释，但其结果却使它与外向有更高的相关。Li 和 Zhang（1998）把 25

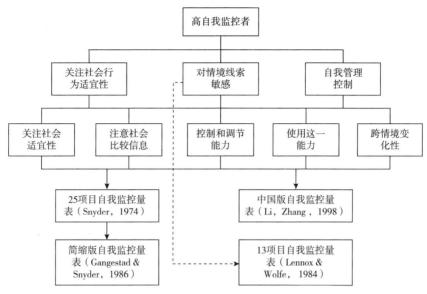

图 3 – 1　自我监控概念的演变

项目自我监控量表的五个方面解释为自我监控能力和倾向。但这些量表或多或少存在问题。

第三节　Snyder 自我监控量表的验证研究

前已述及，国外研究发现，Snyder 发展出来的 25 题自我监控量表存在两个方面的问题：第一，探索性因子分析显示，该量表存在三个因子，且其中一个因子与其他两个因子存在负相关；第二，该量表与临床量表存在显著的正相关。这都与他原来对自我监控的构念存在差距。本研究的目的就是用中国被试、通过探索性因子分析验证 Snyder 的自我监控量表是否存在上面的问题。

一　Snyder 自我监控量表探索性因子分析

1. 研究目的

Snyder（1974）认为："典型的高自我监控个体出于关心其社会行为的情境和人际适宜性，对社会情境中相关他人的表情和自我呈现特别敏感，并使用这些线索作为自我监控（管理和控制）其言语和非言语自我呈现的指南。相对照，典型的低自我监控个体对情境适当性自我呈现这样的社会信息不敏感，他也没有发展得很好的自我呈现技能。与高自我监控者相比，低自我监控个体的自我呈现和表情行为，从功能上来讲，受其内在情感状态和态度控制（他们表达的就是他们感受到的），而不是改变它们用来适应特定情境。"

　　自我监控量表产生以后，用它作为工具做了大量的研究。研究结果有的与理论假设一致（Gangestad & Snyder，2000），但也存在许多争议，其中争论之一就是自我监控量表的结构效度（Gangestad & Snyder，2000）。

　　自我监控量表项目结构是多因素的。Gabrenya & Arkin（1980）对Snyder 25 项目自我监控量表进行因子分析，得出四个因子：戏剧表演能力、社交性/社会焦虑、他人导向和表达能力。Briggs，Cheek 和 Buss（1980）发现自我监控量表实际上反映的是三个因子，这三个因子分别是表演、外向和他人导向。从因素分析结果也可以看出，25 项目自我监控量表加入了在构念此结构时没有的表演、外向因子。

　　在所有因子分析研究中，三因素最常见（Riggio & Friedman，1982；Lennox & Wolfe，1984；Gangestad & Snyder，1985；Briggs & Cheek，1986；Wolf & Daniele，1987；Snyder & Gangestad，1986；Miller & Thayer，1988）。这三个因素被解释为表演、外向、他人导向。这三个因子中，表演与外向有着显著的相关，但它们与他人导向没有相关，说明 Snyder 自我监控量表测量到的是两个离散的、非连续的变量。另外，得出来的三个因子也与设想的不一致，说明该量表缺乏构想效度。

　　Lennox（1988）对 25 项目自我监控量表进行因素分析，发现得到的因素结构与 Snyder（1979）自我监控的理论假设不符。而且，他认为有些项目评价的是保护性自我呈现风格，与 Snyder 认为高自我监控者"精明而注重实际"不相符。验证性因素分析显示，该量表包含两个直交的因子，它们最好用保护性自我监控（protective self-monitoring）和获得性自我监控（acquisitive self-monitoring）解释。据此，他认为自我监控理论应该扩展，使其包含保护性自我监控和获得性自我监控。

　　总之，由于自我监控量表因子分析显示有三个不同的因子，且他人导向因子与其他两个因子不相关。这样一来，自我监控量表有没有测量到自我呈现过程中的"自我监控"就成为问题了。所以，有人认为自我监控量表测量的所谓"自我监控"根本不存在（Lennox & Wolfe，1984）。

对自我监控量表多因素的另外一种解释认为，自我监控量表虽然是多因素结构的，但这些因素反映了一个共同的、一般的、潜在的变量，这个潜在变量就是自我监控。自我监控量表高分的多义性，使得不同的研究有着不同的结果，或者与自我监控理论演绎出来的研究假设有不一致之处。正如 Briggs 和 Cheek（1988）所说："不支持自我监控量表的研究结果，认为它的多维性和因素不协调的特征，给自我监控结构笼罩了一层阴影。"本研究的目的就在于用中国被试探讨 Snyder（1974）自我监控量表的因子结构，考察该量表是否存在多因子。

2. 研究方法

（1）被试：韩山师范学院数学和计算机学院、外语系、教育系、物理系的学生，共 449 人。

（2）问卷：使用 Snyder（1974）的自我监控量表。该量表共 25 个项目，对每个项目的回答采用"是""否"格式。

（3）程序：问卷在课堂上完成，当堂收回。

3. 研究结果

首先，看数据是否适合做探索性因子分析。KMO and Bartlett's Test 指标：Kaiser – Meyer – Olkin Measure of Sampling Adequacy 为 0.601。Bartlett' Test of Sphericity：Chi – Square = 633.495，df = 300，P < 0.000，说明适合做探索性因子分析。

用主成分法提取因子，经斜交旋转，抽取因子数。我们尝试了三因子和四因子解决方案，结果发现三因子解决方案比较理想。探索性因子分析中的碎石图见图 3 – 2，因子个数及其特征值和方差解释累积率见表 3 – 3，各项目在三因子上的载荷见表 3 – 4。

表 3 – 3　探索性因子分析中因子个数的参数（N = 449）

因子个数	特征值	变异值	累加变异值
1	3.155	12.619	12.619
2	2.191	8.763	21.382
3	1.569	6.277	27.660

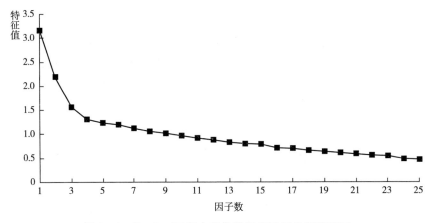

图 3 - 2　Snyder 25 题自我监控量表因子分析碎石图

表 3 - 4　各项目在三因子上的载荷

题　目	因子一	因子二	因子三
在一群人中我很少成为注意的中心	0.632		
我从来不擅长玩即兴表演这类游艺活动	0.605		
在晚会上，说笑话讲故事一般都是别人的事	0.576		
我不是特别善于让别人喜欢我	0.672		
与别人在一起我有点知所措，不能自然地表现自己	0.506		
我难以改变自己的行为去适应不同的人和不同的场合	0.500		
我发现模仿别人的行为是很难的	0.321		
我能够对几乎一无所知的问题作即席讲话	0.297		
只能为自己已经相信的观点而辩护	0.180		
我并不总是我所表现出来的那种人		0.624	
我或许能够成为好演员		0.509	
在不同场合，面对不同的人，我常常有不同的行为表现，就像变了一个人一样		0.506	
我曾考虑过当一名演员		0.419	
我的行为通常是我内心思想感情的真实表露		0.398	
在选择电影、书籍和音乐时我很少需要朋友们的建议		- 0.361	
我能够面不改色地说假话（如果目的正当）		0.340	
有时我在别人面前表现的情感超出了实际的程度		0.332	
在宴会和其他社交聚会中，我并不试图按照别人的喜好说话做事			- 0.674
我想我会做出一些样子来给人留下深刻印象或让人高兴			0.571

续表

题 目	因子一	因子二	因子三
即使玩得并不好，我也常常装出玩得很愉快			0.533
为了与人相处并让人喜欢，如何符合人们的期望往往是我首先考虑的问题			0.483
我不会为了取悦他人而改变观点或行为方式			-0.479
当我在某种社交场合中拿不准该怎么做时，我就以别人的行为为样板			0.426
对于实际上不喜欢的人，我可以装得很友好			0.389
我和别人一起看喜剧时，比自己一个人看时笑得多			0.200

　　根据各因子中的题目和国外相关研究，把三个因子分别命名为"外向""表演"和"他人导向"。三因子的相关模型为：外向与他人导向为负相关（-0.142），外向与表演的相关为0.072；表演与他人导向的相关为-0.082。这部分证明了国外的相关研究结果：第一，该量表存在多因子结构；第二，他人导向与外向、表演存在负相关。

　　4. 讨论

　　前已述及，发展自我监控量表时，Snyder把高自我监控者的三个特征（注意情境的适宜性，对情境线索敏感，并用它们作为自我呈现的指南）细化为五个假设：①关注社会行为的适当性；②注意社会比较信息；③能够控制和调整自我呈现；④在特定情境中使用这一能力；⑤社会行为跨情境变化。

　　因素分析结果却显示，该量表没有测量到这些成分。相反，它产生了三个独立因素：表演能力、外向和他人导向。这与国外的研究一致（Gabrenya & Arkin，1980；Briggs，Cheek & Buss，1980；Lennox，1988）——得到三个因素，而不像理论所说的五个方面，不一定就是一个严重的缺陷。因为，作为高级结构的各种维度，它们之间可能存在逻辑上的相关。但如果测量得当，不同维度之间应该有不同程度的正相关。

　　综上所述，研究结果显示Snyder（1974）自我监控量表结构效度低，与其对自我监控的构念存在较大的差距（肖崇好，2005b）。

二　自我监控量表的聚敛效度检验

1. 研究目的

本研究主要通过研究自我监控量表与社会期望量表、自尊量表和艾森克人格量表之间的相关，来考察 Snyder（1974）自我监控量表的效标关联效度。

2. 研究方法

（1）被试：韩山师范学院数学和计算机学院、外语系、教育系、物理系的学生。共 449 人。

（2）量表：要被调查者完成：①Marlowe - Crowne 的社会期望量表（Crowne & Marlowe, 1960），该量表共 33 题，采用"是""否"格式答题；②Snyder（1974）的自我监控量表，该量表共 25 个项目，对每个项目的回答采用"是""否"格式；③Rosenberg 自尊量表（Rosenberg, 1965），该量表共 10 题，答题方式是在每题后选择"完全不同意""有点不同意""有点同意"或"完全同意"；④"Eyesenk 人格量表（龚耀先, 1984）"，该量表共 88 题，包括测谎、精神质、神经质和外向四个维度。

（3）程序：要被试在课堂上完成社会期望量表、自我监控量表、自尊量表和艾森克人格量表。调查问卷完成后当场收回。

3. 研究结果

用 SPSS 对数据进行统计并进行相关分析，结果如表 3 - 5 所示。

表 3 - 5　自我监控量表与其他量表的相关

	社会期望量表	自尊量表	Eyesenk 人格量表			
			测谎	精神质	神经质	外向
自我监控量表	-0.116^{*}	0.097^{*}	-0.323^{**}	0.055	0.029	0.390^{**}

　　$^{*}\ p < 0.05$　　$^{**}\ p < 0.01$，下同。

从表 3 - 5 可知，自我监控量表与社会期望量表负相关，这与高自我监控者行为符合社会期望这一假设相矛盾。与自尊量表相关虽然达到显著水平，但很低，符合自我监控理论的假设。

与艾森克人格量表中测谎子量表的相关为 - 0.323，且达到极为显著的水平，与自我监控理论假设相矛盾。高自我监控者行为随情境变化而变化，因此，其行为具有"变色龙"特征，说谎是其行为的典型特征之一，但自我监控量表与艾森克人格量表中测谎子量表负相关，说明高自我监控者是不说谎的。

自我监控量表与外向正相关，且达到极为显著的水平，说明自我监控量表测量的与外向子量表测量的有重叠。在一定程度上，自我监控量表测量的确实是外向。这一结果与国外许多研究结果一致。

本研究还发现自我监控量表与艾森克人格量表中的精神质和神经质都没有相关，这一结果与国外相关研究结果不一致。

为了继续考察自我监控量表子量表的效标关联效度，我们分析了其子量表与社会期望量表、自尊量表、艾森克人格量表的相关（结果见表3－6）。

表3－6　自我监控量表三因子与其他量表的相关

社会期望量表	自尊量表	测谎	精神质	神经质	外向	
外　　向	0.093	0.285**	-0.096*	-0.073	-0.303**	0.530**
表　　演	-0.234**	-0.078	-0.363**	0.171*	0.224**	0.161*
他人导向	-0.100*	-0.040	-0.231**	0.007	0.100**	0.126*

自我监控量表中的三个因子，只有外向与社会期望量表正相关，但不显著；表演和他人导向与社会期望有显著或非常显著的负相关。与自尊量表相关的主要是外向；三因子与艾森克人格量表的测谎都有负相关；表演与精神质有显著的正相关；表演与他人导向、神经质正相关，与外向负相关。三因子与外向都有相关，其中外向因子相关达到0.530。

4. 讨论

对自我监控量表进行效标关联效度的考验就是要考察自我监控量表测量到的是什么。表3－5显示，自我监控量表与精神质和神经质没有显著的正相关，与自尊也没有显著的正相关，这与国外的研究结果不一致，支持自我监控理论的假设，即高自我监控的人社会适应良好。

从自我监控量表与社会期望量表和艾森克人格量表中测谎子量表的负相关来看，其与Snyder（1974）构念的自我监控相矛盾。Snyder（1974）最初的构念认为，高自我监控者出于适应环境的需要，根据情境和人际线索对行为进行调节，肯定是想给他人留下好印象。换句话说，高自我监控者应该是很看重别人对他们的看法。但结果却显示，自我监控量表与社会期望量表之间存在着负相关。而且这种负相关是很多研究中一致的研究结果。与艾森克人格量表中的说谎有着负相关，也说明自我监控量表没有反映出高自我监控者"变色龙"的特征。

前已述及，从自我监控的三因子来看，自我监控量表在一定程度上测量的是外向，这与最初对自我监控的构念是有距离的。第二个因子表演，与社会期望量表有着极其显著的正相关，这倒是能反映高自我监控者关注他人对自己的印象这一特征；但它与神经质有着极其显著的正相关，与精神质有着显著的正相关。而神经质子量表得分高的人的典型特征是：焦虑、紧张、易怒，往往又抑郁、睡眠不好，有几种心身障碍。情绪过分紧张，对各种刺激的反应都过于强烈，情绪难以平复。如与外向结合时，这种人容易冒火、激动，以致进攻。概括地说，是一种紧张的人、好抱偏见的人。Furnham（1989）的回归分析发现，艾森克人格量表中外向和神经质是自我监控最好的预测指标，解释了1/4的变量。精神质得分高的成人表现为不关心人，独身；常有麻烦，在哪里都感到不适应；有的可能残忍、不人道、缺乏同情心、感觉迟钝、常抱敌意、好进攻，对同伴和动物缺乏人类感情。所以，很难相信神经质和精神质得分高的人，会是高自我监控者，会是环境的良好适应者，会是关注其行为情境和人际适宜性的人。

这些效标关联效度提示，Snyder 自我监控量表（1974）可能没有测量到要测的东西。同时，自我监控量表子量表与其他量表之间存在不同，甚至相反的相关关系，自我监控量表总分就不好解释了。该量表作为一个整体测到的是什么东西，也就很难确定。

三　小结

通过对 Snyder 25 题自我监控量表进行因子分析，结果发现，该量表确实存在三因子结构，可以分别将其命名为：外向、表演和他人导向；且他人导向与另外两个因子存在不同的相关模式，预示着该量表包括了两类性质完全不同的结构。从该量表与适应性量表的相关来看，他人导向与艾森克人格量表中的神经质有显著的正相关，表演与艾森克量表中的精神质和神经质都有显著的正相关，这提示我们，该量表测量到的内容与 Snyder 构念的自我监控有较大差距。

第四节　自我监控研究中存在的问题

一　Snyder 自我监控概念操作性定义存在的问题

如前所述，以前的研究对自我监控操作性定义至少部分建立在 Snyder（1974）对高自我监控者的定义上，即关注社会适宜性；在社会情境中对他人表情和自我呈现敏感，并作为自我表情适宜性的线索；使用这些线索作为监控和管理自我呈现以及表情行为的指南。在此基础上，细化为五个方面。基于此编制的自我监控量表，自我监控概念在操作化过程中会存在问题吗？

根据 Snyder 的构念，高自我监控者的行为更具有情境适宜性吗？Snyder（1979）在分析自我监控过程时指出，低自我监控者也会注意行为的情境适宜性（p.103）。在 Snyder 所谓的低自我监控者看来，在不同情境中真实呈现自我，或保持自我呈现不变，是适宜的。只不过，Snyder（1974；1979）把行为随外界情境的变化而变化看成是适宜的，而把行为保持不变看成是"不适宜的"。因此，Snyder 自我监控量表反映变色龙的特征也就不足为奇了。事实上，有时或在某些情境下，行为反映内在心理状态才是社会适宜性行为。很明显，把行为随情境变化而变化定义成为高自我监控者的行为特征之一是有失偏颇的。

Schlenker 和 Weigold（1992）指出，为了交往，人们必须确定情境（选择相关的认知脚本）和将要扮演的角色。自我呈现所起的作用是沟通每个人的身份和计划（agenda）。身份建立起来以后，每个参加者都有道德责任根据他所选择的身份来相应地行动（自尊原则：保全自己的面子）（the rule of self - respect：to maintain one's own face）和接受并尊重其他人所选择的身份（考虑周到原则：帮助维护他人面子）（the rule of cosiderateness：to help maintain the face of others）。从他们的分析中我们知道适宜性行为是既保全自己面子，又保全他人面子的行为。Snyder（1974；1979）认为高自我监控者行为随情境变化而变化，肯定没有考虑到自尊原则。而且，只注意行为的情境适宜性，压抑内在的真实态度或情感等，这可能就是自我监控量表与临床量表存在正相关的原因。

高自我监控者对情境线索更敏感吗？Ajzen，Timko 和 White（1982）在态度和行为之间加入行为意向，就发现高低自我监控者在态度引起的行为意向上没有差别，但行为意向与行为之间的联系，低自我监控者要比高自我监控者强。这说明高、低自我监控者都意识到态度的行为意义，即行为要反映态度；但与低自我监控者相比，高自我监控者对情境要求更敏感，更不可能执行他们以前形成的行为意向。而低自我监控者对内在线索更敏感。Gangestad 和 Snyder（2000）综述发现高低自我监控者在对情境线索敏感性方面没有差异。Snodgrass 等（1998）考察了人际互动中地位差异的敏感性（status - discrepant sensitivity），使用的是一个人实际的感受与他人对他这种感受的感知之间的相关。Snodgrass 对地位差异敏感的测量包括一个人的表达性（expressivity）和另一个人的感知性（perceptivity）。结果显示：人际敏感更多的是与传送者的高表达性有关，而不是与感知者的感知性有关。Schyns（2001）发现，与低自我监控者相比，高自我监控者并没有对他人表情行为更加敏感，在控制他们自己的表情行为方面也没有优势。

只有高自我监控者具有自我呈现技能或行为随情境变化而变化吗？Johnson（2003）的研究也证明高自我监控者并没有具有比低自我监控者更好的自我呈现技能。Ludwig 和 Franco（1986）研究发现，面对互动对象自我暴露高或低，高自我监控者的自我暴露水平都很高，而低自我监控者自我暴露水平与对方相当。

Miller 和 Thayer（1988）发现，自我监控（Gangestad & Snyder，1986）和调节（adjustment）之间有着曲线相关，高、低自我监控者都不是良好的适应者，只有中等程度的自我监控者，才是最好的适应者。

Briggs，Cheek 和 Buss（1980）发现他人导向与害羞和神经质正相关，与自尊负相关。

以情境线索作为情绪表达或自我呈现的指南，意味着要压抑真实的情绪体验。在情绪管理文献中，情绪唤起时有意识地阻止情绪表达的过程称为表情压抑（expressive suppression）。表情压抑会给个人带来很多不良后果。Gross（1998a；2002）的情绪管理模式为研究表情压抑如何影响管理者提供了一个总的框架。根据该模式，表情压抑被看作是一种关注反应（response - focused）的情绪管理，因为它在情绪反应之后选择性地下行管理正在进行的情绪行为（Gross，1998b；Gross，1999a；Gross，1999b）。在这一模式中，虽然情绪压抑会减少情绪表情行为（Gross，1998b；Richards & Gross，1999；Richards & Gross，2000；Harris，2001），但它不能减少主观情绪体验（Gross，1998b；Gross，1999b）。而认知和生理活动需要管理和压抑正在进行的情绪表情行为，因此，情绪压抑会给压抑者生理活动和情绪表达产生影响。

关于表情压抑的生理后果的研究结论比较复杂。有些研究发现：表情压抑和自然反应之间没有差异（Bush，Barr，Mchugo & Lanzetta，1989），甚至发现与压抑有关的生理活动会减少（Zuckerman，Klorman，Larrance & Spiegel，1981），比较典型的研究结果是：压抑导致交感神经和心脏血管的反应（Gross，1998b；Richards & Gross，1999；Richards & Gross，2000；Harris，2001）。

表情压抑带来的认知后果是，由于它加重了压抑者的认知负担，使得他们对在管理情绪时呈现的社会信息（如个体的姓名和职业）记忆减少（Richards & Gross，1999；Richards & Gross，2000）。压抑情绪尤其会对管理者执行基本过程（维持交谈）产生干扰，即影响对对方的言行做出适宜的回应，这反过来会破坏互动（Lieberman & Rosenthal，2001）。

表情压抑也会带来社会后果。人际沟通理论认为：面对面的互动不仅涉及信息互换，还涉及：①服务于实现各种共同目标（如，交换物品，按照实验者的意思就某一话题进行交谈）的人际协调（interpersonal coordination）；②互动伙伴相关地位和亲密性的即时协商。这些功能会有意和无意地通过各种沟通渠道，包括口头内容、面部表情、声调和姿势表现出来。如果表情压抑导致减少积极和消极情绪表情与分心，就会影响上面两个功能的正常实现。

先来看第一个功能——人际协调。许多研究者都强调：回应（responsiveness）——提供适宜的回应——是个体间协调的最低要求（Cappella，1997；Laurenceau，Barrett & Pietromonaco，1998）。无论你在谈论什么，如果对方没有做出回应，或以不相关的内容回应，这种互动都会中止。这样，如果表情压抑使管理者从谈话中分心并减少回应行为，它就会破坏人际协调。

现在来看第二个功能——协商关系。情绪表达为观察者提供了一个人的社交意图（social intentions）和他对当前关系的感受。例如，微笑意味着认可，皱眉意味着有可能发生冲突。因此，表情压抑确实会妨碍沟通渠道中的情绪内容，情绪压抑会严重破坏社会互换中的人际协商（Butler, et al, 2003）。

在交谈中破坏人际协调和关系协商，会使互动双方更难完成哪怕是最简单的共同任务，也使他们之间的关系模糊。总之，这会给双方带来相当的压力（Tomaka, Blascovich, Kelsey, & Leitten, 1993）。因此，表情压抑会导致管理者和他的搭档产生压力的生理反应。相似的，破坏固有的关系协商也会妨碍关系形成。因此，可以预期：与压抑其情绪的人互动，个体会体验到较低水平的和谐，也更不愿意建立或维持一种亲密的关系（Butler, et al.，2003）。因此，只以情境线索作为自我呈现指南，肯定不是高自我监控者的特征的全部内容。

二　Snyder 自我监控构念存在的问题

根据 Snyder（1974；1979）自我监控构念，高自我监控者在自我呈现中是非常灵活的。在不同的情境中、与不同的人在一起，他们行动起来像不同的人。所以，他在构念自我监控时，只看到高自我监控者行为随情境的变化性，没有看到高自我监控的人有时还会保持行为的相对一致，来控制他人形成自己的印象。虽然，他构念的高自我监控者行为随情境变化这一特点，与在人际背景中自我呈现应该保持一致这一理念是背道而驰的。但是，他认为不能得出这样的结论：高自我监控者就像变色龙一样，在不同的情境中进行不同的自我呈现，来适应环境。这与 Snyder（1974；1979）构念的高自我监控者有差距，他还认为：高自我监控者发展得很好的印象管理能力使他们有能力在不同的情境中设计比较一致的形象。

为解决这一矛盾，Snyder（1979）提出：在大多数社会情境中，持续友好和非焦虑的形象是大家喜欢的背景性自我呈现（background self-presentation），它与适合特定情境的前景性自我呈现（foreground self-presentation）交织在一起（p. 96）。这一解释说明 Snyder 注意到他的自我监控构念存在的缺陷，他试图用背景性自我呈现来弥补这一缺陷。但这一解释没有反映个体在背景性自我呈现中的差异，也与有时人们会传递给他人一种不友好和焦虑的印象相矛盾，所以，显得十分勉强。

　　Snyder 构念的自我监控第二个缺陷就是在解释低自我监控时偷换概念。他把高自我监控构念成注重行为的情境适宜性；对行为适宜性线索敏感；具有表演能力，其核心特征是高自我监控者的行为随情境变化而变化。这是他对高自我监控的理解，它有没有反映自我监控者的本质特征，在下面自我监控特征部分会讨论，这里暂且不论。他把不具有所谓"高自我监控者"特征的人，理解成"低自我监控者"，无疑也是正确的，无可厚非。根据高、低自我监控者具有相反特征这一逻辑，Snyder 的低自我监控者的特征应该是：不注重行为的情境适宜性、对行为适宜性线索不敏感、没有表演能力，其核心特征应该是行为受情境影响较小。简而言之，Snyder 的高自我监控者，其行为受情境影响，低自我监控者就应该是行为受情境影响较小的人。但 Snyder 却默认行为受情境影响小的人，其行为就是受内在情感和态度的影响。正如 Briggs 和 Cheek（1988）所说"低自我监控者不是社会导向，但这并不意味着：他是个人导向"。很显然，Snyder 在解释低自我监控时偷换了概念。因为，从逻辑上讲：①不关注行为情境适宜性的人，即所谓的低自我监控的人，也可能不关注自我一致性；②关注行为情境适宜性的所谓高自我监控者，不一定就不关注自我一致性。Lamphere 和 Leary（1990）研究指出：最好把公我和私我看成是两个维度而不是一个维度的两极。这为我们更好地理解自我监控提供了启发。

　　在我们看来，行为受情境影响或关注行为情境适当性与行为受内在情感和态度影响，实际上是影响行为的两个维度，不是一个维度上的两极。

　　人格心理学中，有类似逻辑问题的概念还有控制的内控点与外控点（Rotter，1966），内倾性与外倾性（Riesman，Glazer & Denney，1950），高与低自我意识（Duval & Wicklund，1972），集体主义与个人主义（Triandis，1989），公我意识与私我意识（Fenigstein，Scheier & Buss，1975），场依存与场独立（Witkin，Lewis，Hertman，Machover，Meissner & Wapner，1954）等。它们把语义上对立的两个概念，如独立与依赖、高与低、内与外，解释为一个维度上的两极，实际上，它们是两个完全不同的概念。有心理学家（Briggs & Cheek，1988）早在 20 世纪 80 年代后期就质疑这些概念，但一直没有引起心理学界足够的重视。

　　第三个不足是对"社会适宜性行为"的理解存在偏颇。Snyder 自我监控构念认为行为随情境或他人自我呈现的变化而变化是"社会适宜性行为"。但更多时候，行为反映个体内在状态才是适宜性行为。

由于 Snyder 在构念自我监控时，①把行为随情境变化看作是适宜的，与人际行为应该保持相对一致这一理念相悖；②把行为随情境变化与反映内在情感与态度，当作一个维度的两极；③对"社会适宜性行为"理解上偏颇，所以据此发展的自我监控量表，肯定会存在不少问题。

从上面的分析，我们可以看到，Lennox 和 Wolfe 等人（1984）对自我监控量表的修订主要是针对 Snyder 自我监控概念操作性定义存在的问题。由于 Snyder 自我监控量表除了操作性定义存在问题之外，自我监控构念本身也存在问题，因此，他们修订的自我监控量表也存在这样或那样的问题。

清楚了自我监控量表存在的问题之后，我们就要重新构念自我监控，在此基础上给出自我监控的操作性定义，根据操作性定义编制出相应的量表。下面是我们的研究计划。

第四节　研究计划

一　自我监控概念的重新构念

如果前面的验证性研究结果证实对 Snyder 自我监控量表的批评是正确的，我们就有必要重新修订自我监控量表。但是，前已述及，自我监控量表存在的问题除了源于自我监控的操作性定义外，最有可能来源于自我监控构念本身。因此，要从根本上解决自我监控研究领域存在的问题，就必须对自我监控进行重新构念。

由于 Snyder 量表及其以后的相关量表均出自他对自我监控的构念，而这一构念，如前所述，至少存在三方面的问题：一是对什么是社会适宜性行为，理解上存在问题。二是把行为随情境变化而变化，与行为反映内在状态看成是一个维度的两极，实际上，它们可能是两个维度。一个人在这两方面，完全可以兼顾，而不是他所说的非此即彼。三是他在定义低自我监控时，采用了有别于高自我监控的定义。我们准备将探讨社会行为的适宜性作为逻辑起点，考察社会行为中自我监控的特点，在此基础上，对自我监控概念进行重新构念。

二 用新构念编制新的自我监控量表

我们根据自我监控新的构念，分析个体自我呈现的典型行为特征，即明确自我监控概念的操作性定义，在此基础上编制出新的自我监控量表，通过对自我监控量表的探索性因子分析，来筛选新的自我监控量表测验项目。题目的筛选标准，我们会采用 Lennox 和 Wolfe 等人（1984）在自我监控中用到的筛选题目指标：斜率（Skewness）、共通性（communality）、载荷（loading）等。

三 新自我监控量表聚敛效度的初步研究

根据 Snyder 对自我监控的构念和我们对该构念及相应量表的批评，我们知道，自我监控主要涉及三个方面。一是根据内在线索或情境线索来指导自我呈现；二是在自我呈现过程中有控制，还是没有控制；三是高自我监控者一定是适应良好的人。因此我们决定从这三个方面来考察新编量表的聚敛效度。为此，我们选择三类量表，来看新自我监控量表与 Snyder 自我监控量表的优劣。

为了比较两个自我监控量表在自我监控第一个特征上的差异，我们选用自我意识量表（the self - consciousness scale）（Fenigstein, Scheier, & Buss, 1975）。该量表包括公我意识、私我意识和社会焦虑三个部分。公我意识是指一个人对自己外表、外在行为、对别人对自己的印象等的意识程度；私我意识是指一个人注意自己情绪、感受等内在心路历程的程度；社会焦虑是指一个人在他人在场时，害羞、不安及焦虑的程度。对情境线索敏感的人应该与公我意识有正相关，对内在观念、情感状态敏感的人应该与私我意识有正相关。

为了比较两个自我监控量表在第二个特征上的差异，我们选用内控/他控/机控（IPC）量表（Levenson, 1981）。该量表有三个分量表，分别代表控制源构念的三个不同成分：内控（I）量表，测量人们相信自己能够控制自己生活的程度；他控（P）量表，测量人们相信他人控制自己生活中事件的程度；机控（C）量表，测量人们相信机会影响自己的经历和结果的程度。行为随情境变化而变化的人，行为受他人或情境影响较大，应该与该量表的他控和机控有正相关，与内控应有负相关。行为受自己内在状态决定的人，应该与他控和机控有负相关，与自控有正相关。

第三类量表是适应性量表。高自我监控的人，应该是社会适应良好的人。我们选取以前研究使用较多的自尊量表（the Self - Esteem Scale）（Rosenberg，1965）共 10 题，评价总体的自我价值和能力。我们采用该量表是因为它广泛应用于与自我相关的研究中，且与适应和心理健康有正相关。另外，在自我监控研究领域用得较多的艾森克人格量表（the Eysenck Personality Questinnaire）（龚耀先，1984）共 88 题，该量表包括四个子量表。掩饰子量表（Lie subscale），高分不一定就是回答不真实，反映被试的社会朴实或幼稚水平。精神质量表（Psychoticism subscale）：测量一个人的倔强性。高分者可能不关心他人，难以适应环境，与他人关系不佳等。神经质量表（Neuroticism subscale）测量情绪的稳定性。高分者可能有强烈的情绪反应，且难以平复。外向量表（Extraversion subscale）测量人的外向程度。害怕负面评价量表（the Fear of Negative Evaluation Scale）（Leary，1983），测量他人对自己做出负面评价的焦虑和困扰程度。高自我监控者应该是适应良好的，故高自监控的量表应该与自尊量表有正相关，与艾森克人格量表中精神质和神经质有负相关或无相关，与害怕负面评价量表有负相关或无相关。

还有一类量表是社会期望量表，主要用来检查被试在做答 Snyder 原始25 题自我监控量表和新编自我监控量表时，受社会期望因素影响的程度。用到的社会期望量表有三类：第一类：Marlowe - Crowne 的社会期望量表（Crowne & Marlowe，1960），该量表共 33 题，含 18 个正向题，15 个反向题。得分在 0 ~ 33 分，高分表示社会赞许需要较高，低分表示社会赞许需要较低。采用"是""否"格式答题；用来测量被试赞许的需要。测题包括符合期望但不常见的行为，或不符合期望但很常见的行为，折半信度为0.74。第二类：艾森克人格量表中的"掩饰"子量表，前已述及。第三类：期望反应的平衡调查（Balanced Inventory of Desirable Responding）（BIDR）（Paulhus，1984）。BIDR 测量两个结构：自我欺骗积极性（self - deceptive positivity，SDE），即自我报告诚实但有积极偏向的倾向；印象管理（impression management，IM），即对观众进行有意的自我呈现。共 40 题，以陈述句（proposition）形式出现。被试在七点量表上评价他们与每一句符合的程度。正向计分题和负向计分题被平衡。每一个极端反应（6或7）得1分。因此，SDE和IM的总分为0~20分。高分者是夸大期望反应的被试。

四 新自我监控量表的辨别效度初步研究

根据新构念编制出的新自我监控量表，把被试分成不同类型的自我监控者。这些不同类型的自我监控者在下列效标上应该有符合预期的显著差异：自我意识量表、控制源量表、害怕负面评价量表、自尊量表、艾森克人格量表。如果这种差异与构念吻合，就可以判定新自我监控量表有较好的辨别效度。

五 新自我监控量表的预测效度的初步研究

新自我监控量表要区分出不同类型的自我监控者。根据我们对自我监控的重构，由该新构念可以推演出许多研究假设。我们这里准备验证一个理论假设：不同类型自我监控者对情境线索的敏感性应该是不一样的。我们准备用"表情判断能力调查"为工具，来看不同类型的自我监控者对情境线索的敏感性。因为，在人际互动中，对他人表情的正确识别，是决定自己下一步行动的重要参考指标。

如前所述，高自我监控的人应该是适应环境良好的人，因此，在自己生活的群体中，他们的人际关系地位应该比较高，不会太孤独，心理也比较健康。

在青少年时期，相对来说，高自我监控的青少年不良行为会比较少。与正常人相比，特殊人群，如吸毒人员或少年犯，在高自我监控量表上得分应该比较低。

第四章 自我监控的重新构念

前面的验证性研究已经证明 Snyder 自我监控量表确实存在问题。如前所述,导致该量表问题产生不仅仅是自我监控的操作性定义的问题,最主要的是自我监控构念本身的问题。因此,有必要对自我监控概念进行重构。那么,如何来重新构念自我监控呢?

Snyder 和 Gangestad (1986) 认为:如果一个结构本身是模糊的,就不可能评价一个量表是不是有效地测验了这一结构。自我监控的核心是要反映自我呈现中的个体差异。即为什么有些人在自我呈现中,其行为受情境或互动对象的影响大,而有些人其行为主要受其内在态度、情感、信仰、价值观等的影响。要探寻其中的差异,我们先来看一看,人们为什么如此重视给他人留下期望的印象,或者说留下期望印象对行为人来说有什么作用;然后,再来分析如何才能给他人留下期望的印象;最后,探讨自我呈现过程中的自我监控,在此基础上,对自我监控进行重新构念。

第一节 印象管理过程

一 什么是印象管理

印象管理 (impression management) 是人们在社会情境中控制他人形成自己期望印象的过程。国内也有人把它翻译为"印象整饰"(陈启山等,2005)。实际上印象整饰在英语里叫"impression decorating"(Leary,1995),主要是指留下非期望印象后,如何挽回面子和做出一些保全面子的行为;另一个与印象管理有关的概念就是自我呈现 (self - presentation),它是在人际互动中,人们控制他人形成自己印象的过程 (Leary,1995),它更侧重印象管理行为。下面我们先对印象管理过程进行分析,然后阐述这三个概念的区别。

印象管理或自我呈现的研究可能追溯到 20 世纪 50 年代末 Goffman 和

60 年代初 Jones 的研究（Leary，1995）。在 20 世纪 70 年代，研究者开始用自我呈现解释许多行为，如认知失调。自我呈现观点也应用于理解攻击、助人、服从、归因、资源分配、群体决策过程、任务完成、投票、锻炼行为和领导行为。20 世纪 80 年代自我呈现还用来解释情绪和行为问题，如社会焦虑、害羞、压抑、疑病、厌食、学业不良（Leary，1995）。随着自我呈现观点不断用于解释心理问题的研究，自我呈现的研究也渗透到临床和咨询心理学（Arkin & Hermann，2000）。到 20 世纪 80 年代中期，很难找到一个与自我呈现无关的人际行为（Leary，1995）。

二　社会行为的双重功能

人是社会性动物，一个人独处时，其行为大多指向活动本身。当活动场域有他人出现时，个体行为就成为社会行为。社会行为会因为其他人的出现，出现很多新的特点，印象管理就是其中的一个特征（Neuberg，et al.，2008）。Leary（1995）认为，所有的行为都可以作为自我呈现行为。社会行为活动本身和活动结果，在社会情境中，既具有事实评价意义，又具有价值评价的特征。事实评价没有好坏优劣之分，不会引起人的情绪反应，例如，这个学生数学成绩是 85 分；但价值评价就有好坏优劣之别，它会引起人的情绪反应，例如，认为数学 85 分是高分。这里面就包含肯定和赞许的评价和情绪。社会行为这两种功能就可能派生出社会行为的两种动机：任务导向动机和表现导向动机。任务导向动机指向社会活动的完成，如在社会情境中完成各种活动或任务。表现性动机指向展示自己的相关特征，如通过完成特定的活动展示自己的能力或爱心等。所以，我们把表现导向动机也称为印象管理动机。社会行为中，任务导向动机、印象管理动机可能同时存在。

既然人的社会性行为可能具有两种动机——任务导向动机和印象管理动机，那么，为什么我们平常没有意识到双重功能的存在呢？Leary（1995）认为人的印象监控（表现性动机）可以发生在不同水平：印象忘却（impression oblivion），指行为人在任何水平上都没有意识到他被别人感知，或/甚至没有意识到他人正在形成对他的印象；前注意扫描（preattention scanning），指行为人在无意识或前注意水平监督他人形成对他们的印象，而将有意注意放在当前的活动上，如"鸡尾酒会效应"；印象觉知

（impression awareness），指行为人明显意识到他人正在形成对他的印象，并思考他人正在形成的是什么印象；印象聚焦（impression focus），指行为人所有思想都涉及他人形成对他的印象，并涉及他所留印象的可能后果。

信息加工理论认为，人的注意资源是有限的，同时完成两种任务就需要对注意资源进行分配。当自我评估认为当前任务很重要时，放在任务导向目标上的注意资源就会比较多，这时印象监控就朝印象忘却方向发展。如思维训练中的"头脑风暴法"，在第一阶段激励群体成员提出自己的想法而不做评价，就会防止印象管理造成的"后顾之忧"。当自己成为社会环境中的注意焦点时，一个人会强烈地意识到别人在注意自己的一举一动，行为人会把更多的注意资源放在印象管理动机上，这样有可能导致正常活动受干扰。

为什么人们在社交场合会非常在意他人对自己的印象呢？印象管理之所以受到研究者越来越多的重视，是因为它在人际行为中起着非常重要的作用。总的来说，一个人在社会生活中完全不在乎他人对自己的印象，会很难与周围人相处，走向极端就会出现反社会行为（Henry，2008；Grant，Parker & Collins，2009）；相反，从另一个极端来看，过分重视他人对自己的看法，会影响自己内在状态的表达，出现内敛、压抑、抑郁等适应不良行为（Grant，Parker & Collins，2009；Barr，Kahn，& Schneider，2008）。而位于这两个极端之间的印象管理，它既能表达自己的内在状态，又能给别人留下期望的印象；通过给他人留下特定印象来有效影响他人，实现个体与环境之间的动态平衡。从整个社会来说，如果每个人都注意留给他人的印象，整个社会秩序将是良好的。所以，印象管理对个体适应社会、人际互动的顺利进行，以及社会秩序的稳定都有着重要的影响。

三　印象管理的心理过程

意识到社会行为具有双重功能后，个体通过评估环境，确定给对方留下期望印象非常重要时，就可能通过展现社会行为的任务导向功能，实现其表现性功能。这一阶段要解决的是要不要给对方留下期望的印象，即需不需要启动印象管理动机。在有些场合里，给他人留下期望的印象很重要，如求职面试、第一次见面等。印象管理动机会自动启动或有意启动。但在有些场合下，给他人留下特定的印象不是行为人刻意追求的目标，印象管理动机可能不会被自动启动，如朋友之间的互动。

确定要给对方留下期望印象后，接下来的问题就是：你要留下的印象是什么？这时，"期望印象"还是比较抽象的概念，可能是"诚实""大方""可信赖""睿智"等。一般情况下，人们的"期望印象"都是正面的，但有时也会故意让别人形成对自己的不好印象。如求助别人时，故意示弱；威胁别人时，故意说自己是"脾气暴躁"，甚至公开自己过去的不良行为。

在印象构建过程中存在"有利性"与"可信性"的平衡问题（Schlenker & Weigold，1989；Schlenker，1985）。过分强调有利性，即"获得性自我呈现"（Arkin，1981），或"争面子"，有可能适得其反，给人留下吹嘘、炫耀、夸夸其谈的印象；过分强调"可信性"，即"保护性自我呈现"，或"护面子"，又会有另一种风险，特别是交往初期，对方会认为你真的"不行"。

印象构建只是从抽象层面想告诉对方自己是什么人，它是内隐的、主观的。因此要让他人知道你是一个什么样的人，你必须把自己期望的印象通过言语和非言语行为传递给观众，即要引导观众以得出特殊结论的方式包装自己的信息，并以简洁的方式呈现出来，这就是自我呈现，或表演能力。自我呈现行为起着沟通每个人身份的作用。传递期望印象的行为包括两大类：其一，符号化行为。①自我描述或自我陈述是告诉他人自己是什么人最直接的方式（Leary，1995）。②角色身份。角色当中也包含了许多有关的品质，如，一个人声称他是大学教授，一般会认为大学教授有知识、有修养、睿智、实事求是等（Brown，2006）。符号化行为传递的印象成功与否，前者取决于言语表达能力，后者取决于一个人的表演能力。接收信息的人在收到这两类信息后，其实还需要验证，即"闻其言，观其行"。在没有其他信息可以利用的情况下，人们也会采信他人这类信息，并据此形成相关的印象。其二，传送特定印象的特异性行为或活动。行为人在活动过程中的表现及行为活动结果情况，传递出有关行为人的信息。如根据一个学生的学习成绩可以看到他的智力、学习态度、学习方法等；根据一个人的谈吐可以判断一个人的知识面、修养等。

通过自我呈现行为的演绎，对方会形成行为人的印象，这种印象是否与"期望印象"相符，从对方随后的反馈及行为反应中就可以推知。如果认为对方已经形成期望的印象，行为人自我呈现会极力表现出谦虚品质（如得到对方，特别是上司或长辈肯定后，行为人通常会认为自己做得还不够好等），接下来的行为只要与所留的印象协调一致就可以了；如果对方形成的印象与自己期望有差距，就会触发"保全和修复面子"机制，启动保全和修复全面行为，也有人称之为"印象整饰"（Leary，1995）。肖崇好（2001；Leary，1995）认为丢面子是个人陷入自我呈现困境。保住和修复面子的行为包括道歉（apologies）、说明（accounts）和补偿性自我呈现（compensatory self-presentation）。当一个人表现出错误行为，造成不良影响，且有着不可推卸的责任时，会使用道歉或补偿损失的方式来维持在他人心目中最低限度的好印象。亦即虽然做错了事，但还算有良心。个体表现不佳，但有主客观理由时，为了挽回不良影响，会去找当事人说明情况，以反转在对方心目中的不良印象。有时，个体通过呈现自己其他方面的长处，或向其他人进行自我呈现来摆脱自我呈现困境。朱瑞玲（2005）在面子运作模式中对有关丢面子后的行为反应做了实证研究，她把挽回面子行为反应分为六类。第一，"否认与逃避"，表现的行为有想办法掩饰、避免再碰面的机会、转移话题或别人的注意力、设法否认这件事或离开现场等。第二，"消极处理"，表现的行为有什么都不做或马上停止不做等。第三，"补偿性行为"，有两种情况：第一种情况是因他人导致当事人丢面子时，要求对方补偿的行为；第二种情况是当事人令他人丢面子时，当事人给对方的补偿行为。第四，"自我防卫"，表现的行为有自我解嘲一番、装傻或把它忘掉等。第五，"检讨改进"，表现的行为有努力从头来过、自己冷静检讨、宣布以后不做这种事等。第六，"直接处理"，表现的行为有自行澄清误会或双方直接检讨等。

　　综上所述，印象管理的心理过程应该分为五个组成部分，第一部分印象动机。行为人进入特定的社会情境中，确定是否要进行印象管理。如果需要给对方留下期望印象，就会把相当部分的注意资源分配到印象管理过程中来。在这一阶段要权衡任务导向动机与印象管理动机，是侧重一方，还是两者兼顾。第二部分称印象构建。要传递一个什么样的印象给对方。需要对自我、目标人及当前情境进行认知和评估，最终确定自己要传递什么样的印象给对方。在这一阶段要权衡的是印象"有利性"与"可信性"。第三部分自我呈现行为。就是把期望的印象演绎成具体的言语和非言语信息，通过行为人的"表演"，使观众形成特定印象的过程。这一过程要权衡"自我和谐"与"人际和谐"。第四部分印象评估及反馈调节。自我呈现行为结束后，对方是否已经形成期望印象？如果形成期望印象，印象管理过程结束。如果没有形成期望印象，则要重新评估是否有必要控制对方留下的自己期望印象。如果有必要，就会出现"保全和修复面子行为"，意在修正、提升他人所形成的自我印象。第五部分自我监控。整个印象管理过程受自我监控的调控，包括在印象动机阶段，在社会行为过程中是否需要关注他人正在形成对自己的印象；在印象构建阶段中，面对特定的人与情境，构建一个什么样的印象才是既有利又可信的"期望印象"；在自我呈现行为中，自我呈现行为中注重自我和谐，还是只注重人际和谐，抑或是两者兼顾；在印象评估及反馈调节阶段，包括对他人所形成印象的评价，及是否需要采取措施挽救面子，及采取什么样的言语和非言语行为来保全和修复面子。

前已述及印象管理、自我呈现和印象整饰三个概念。从上面的分析，我们可以看到，自我呈现主要是指自我呈现行为；印象管理包括印象动机、印象构建、自我呈现行为、印象评价与整饰和印象监控。印象整饰主要指印象评价和保全与挽回面子行为。所以，印象管理概念更大，它包含自我呈现、印象整饰。

第二节 印象管理过程中的自我监控

区分了印象管理过程的五个组成部分后，我们再来看自我监控对印象管理过程各组成部分的影响，探讨自我监控在印象管理过程中起作用的机制，进而说明自我监控是如何造成印象管理过程中个体间和个体内差异的。

一 印象动机的自我监控

前已述及，社会行为具有任务导向功能和表现性功能，后者就属于印象管理。一般情况下，人们不会操弄表现性动机，这样可以把全部注意资源放在"做事"上，应付当前活动。哪些因素会触发人们的"表现性动机"呢？总而言之，实现特定目标对互动对象的依赖性是触发个体印象动

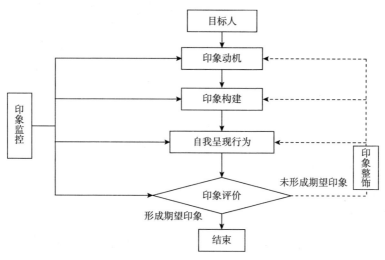

图 4 - 1　印象管理过程

机的关键因素。Leary 和 Kowalski（1990）认为自我呈现的动机主要受下
面三个因素的影响。①印象的目标相关（the goal - relevance of the impres-
sion）：他人形成对自己的印象与自己要达到的目标之间的关联；②期望结
果的价值（the value of desired outcomes）：这些目标是否对自己特别有价
值或重要；③当前形象与期望形象的差距（the discrepancy between current
and desired images）：人们期望他人形成对自己的印象，和他人实际上已经
形成的印象之间的差距。

　　但印象管理与完成任务之间的关系有时是直接、即时的，有时是间
接、延时的。所以，触发印象动机的因素是意识到任务的完成依赖他人。
分开来讲可能包括下列情况：①意识到当前任务完成依赖他人；相反，完
成当前任务不需要依赖他人，不会启动印象动机。②意识到将来任务的完
成要依赖他人；相反，没有意识到将来任务的完成须依赖他人，不会启动
印象动机。③印象动机的强度受目标价值、取得目标价值的唯一性的影
响。④对自己评价较低（自尊、自我效能低），需要他人的积极评价。
⑤人格因素。有些人比其他人更经常或更仔细地监控他人对他们的印象。
特别是，与公我意识低的人相比，公我意识高的人，倾向于对他们自己公
开的部分考虑较多，即他们对易被他人观察到的那部分考虑较多。与公我
意识低的人相比，公我意识高的人花更多的时间来考虑这样一些事：如外

表、名誉、他们处世的方式和他人对他们的印象（Carver & Scheier, 1985）。

启动印象动机后，不一定会导致良好的印象或活动任务的顺利完成。因为，表现性动机（印象动机）与活动导向动机会竞争注意资源，且他人形成印象有时基于活动效果。所以，当前活动所需的注意资源少（如熟练活动），印象动机的启动，会有助于活动效率的提高，留下良好印象。当活动不熟练或任务较难时，印象动机的启动会干扰当前活动，从而导致不良的活动结果，给他人留下不良印象。研究显示，将注意力集中于某人想要留下的印象，有时会改善，有时会破坏自我呈现行为（Schlenker & Weigold, 1992）。当所从事的活动非常熟练时，把注意放在印象管理动机上，会给对方留下好印象；如果对所从事的活动不熟练，过分关注表现性动机，可能会干扰活动完成；相反，关注活动完成，反而会有利于留下好印象。Vallacher & Wegner（1985）研究指出，社交能力强的人，当他们注意想要留下的印象时，他们的行为表现较好；而社交能力比较差的人，当他们注意能产生期望印象的特殊活动时，行为表现较好。存在两种极端情况：一是专心致志于当前行为，二是专心于要刻意留下的印象。社交焦虑个体在社交活动中，不能很好地辨别需要留下期望印象的情境与只需关注活动任务的情境，他们对评价性信息比较敏感——在任何社交情境中，都表现出印象动机（张小俊、肖崇好，2013）。

二　印象建构的自我监控

在印象建构阶段要解决的问题是传递一个什么样的印象。所谓"期望印象"就是能够使自己利益最大化的印象。多数情境下，人们期望他人形成对自己有利的印象，如诚实、有教养、诚信等（Baumeister, Bratslavsky, et al., 2001）。在这些印象中有些具有普适价值，如在人际背景中的诚实、协作、大方等，也有一些印象只在特定情境中适用，如在学习情境中，一个有能力的人很受欢迎；在家里，一个人有孝心也是受人称道的。但也有时候，我们故意留下非社会期望的印象，声称自己非理性、冲动、脾气暴躁等；如一个不愿意跟同事合作的人，会声称自己"能力低""学历不高""没有受过高等教育"等。所以，期望印象的构建，与个体活动任务和对当前情境的评价有关。

　　在确定何为"期望印象"时，需要兼顾"有利性"与"可信性"。如果一个人吹嘘自己而被别人识破，就会陷入"尴尬"境地，自己会觉得"丢面子"。

　　Schlenker（1980；1985；Pontari & Schlenker，2000）曾提出，成功的自我呈现通常要平衡两方面的考虑：①有利性（beneficiality），即尽可能呈现最有利的印象，②可信性（believability），即保证你呈现的印象是可信的。

　　一个人在自我呈现中呈现某一特征，是不是对他有利，要从两方面来判断。一方面，是个体所呈现的信息能不能在随后的互动中得到验证——即使你吹嘘自己，只要能证明，他人也会形成个体期望的印象；否则，即使自己非常谦虚地呈现自己，只要不能证实自己所说的，他人一样不会形成个体期望的印象。

　　Schlenker 和 Leary（1982）使用模拟方法，他们要被试评价一个学生有关考试的自我介绍。在有些情境中，告诉被试学生的自我介绍是否与真实情况相符（如学生说他考得很好，被试知道他考得好或不好）；在另外的情境中，被试没有得到任何有关该学生考试的信息（如那个学生说他考得很好，被试不知道他考得好还是不好）。结果显示，被试一般喜欢公开声明和行为表现之间一致的学生。与言行不一致的学生相比，行为声明与实际行为匹配的学生获得更积极的评价。被试特别不喜欢错误地认为自己有高能力的学生。研究结果还显示：在缺乏任何比较性信息时，人们采信自我呈现性声明。

　　另一方面，要考虑互动对象的特点。个体呈现信息给互动对象是要促使他形成自己期望的印象。哪些信息对期望印象形成有积极作用，既取决于个体本身，也取决于互动对象的价值标准。如学生在校学习成绩，有些招聘人员认为很重要，对有些人来说则不是很重要。这样一来，呈现与互动对象价值匹配的信息，对有利印象的形成非常重要。因此，对互动对象的了解就显得特别重要。但很多时候，个体对他人不是很了解，这时如何判断他人的价值标准呢？一般来说，一定的文化中有许多共同的文化价值观念，声称自己具有符合特定文化价值的特征，如有能力、诚实、热情等，也就是按照社会期望的方式呈现自己，也会给他人留下期望的印象。呈现符合特定文化价值的自我信息，也是为了呈现与互动对象匹配的信息。我们把二者合称为与互动对象匹配的信息。Tice，Butler，Muraven 和 Stillwell（1995）研究发现，以谦虚的方式向朋友呈现自我，以自我增强（self - enhancement）的方式向陌生人呈现自我，给人的印象都比较好。Schlenker（1975）在一个研究中，引导被试相信在即将进行的考试中他们会做得特别好或特别差，接着给他们一个机会向另一个人呈现他们自己，这个人可能知道或不知道他们在即将到来的测验中的表现。结果发现，被试唯一没有以特别积极的术语（如在任务中有较强能力）呈现他们自己的是自认为会考砸，而观众又会知道他们考得不好的时候。被试认为观众不知他们考得如何时，即使他们私下怀疑自己的能力，也会公开声称他们能力很强。所以，在自我呈现过程中，要使他人形成期望的印象，开放的信息必须与观众的价值观匹配，才可能获得观众的好评。当观众对行为人不了解时，他们倾向于相信行为人的言行，但行为人的言行要受到可信性考验。一般情况下，人们以他们认为能被观察者证实的方式来呈现他们自己（Leary & Kowalski，1990）。当他们担心不能满足较高的公开期望时，他们会用失败来降低这种期望（Baumeister & Scher，1988；Baugardner & Brownlee，1987）。

因此，要给他人留下有利的印象，必须呈现能验证的，和与互动对象价值匹配的自我信息。这两类信息在绝大多数情境下是一致的，但有时也会出现矛盾。呈现有利信息实际上是权衡这两类信息，根据对互动情境的评估，在它们之间找到一个平衡点。

另外，从可信性上来看，要使他人相信你的自我呈现，最经济的方法就是呈现真实的自我信息。这样，在日常互动过程中，我们所耗费的心理资源最少。因为，不论与谁、在何种场合来往，我们都会重复、证实我们以前的自我呈现。相反，如果一个人面对不同的人，表现不同的特征（如年龄、受教育水平等），则他以后在与此人的交往中要时刻注意自己以前呈现给对方的信息，即使这样，这种表里不一的呈现也难免败露。因为 Pontari 和 Schlenker（2000）发现认知繁忙不会影响一致性自我呈现，但会影响表里不一致的自我呈现。Schlenker 和 Trudeau（1990）的研究也发现，对自我特质有较强自信心的，自我呈现在可接受范围内，被试对他们的自我呈现负责，认为它合理。但呈现非特质性行为时，会产生消极情绪。

　　当个体呈现自认为非常重要的特征，但却有可能遭到对方的不信任，或被证伪时，就可能使用自设障碍（self-handicapping）。大量研究（Hobden & Pliner，1995）证明，如果人们不能肯定他们会取得成功时，他们就会在行为表现中有目的地自设障碍。

　　要使他人相信我们的自我呈现，除了要真实呈现之外，与他人保持良好的关系，也是他人相信我们自我呈现信息的一个重要方面。行为评价是一种判断，这种判断与认知和情感过程有关（Murphy & Cleveland，1991）。情感会直接影响评价（Cardy & Dobbins，1986），也会影响与评价有关的认知过程（Robbins & DeNisi，1994）。评价者会搜索与他对被评者情感一致的信息，不想否认基于这种情感产生的印象。与情感一致的信息被赋予更大的权重，因此也得到更好的评价（Robbins & DeNisi，1994）。Katz 和 Glass（1979）指出，当评价者对被评者有矛盾的（ambivalent）体验（feelings）时，评价者认为好的行为更好，不好的行为更不好。然而，如果评价者对被评者发展了积极的情感体验，可能对好的行为和坏的行为的评价都会好于实际水平。另一方面，负性情感有可能导致对所有行为的评价降低。

　　而要与他人建立和谐的人际关系，在人际交往中与对方在一定程度上保持一致，是人际关系非常重要的润滑剂（Cheng & Chartrand，2003；Lakin，et al.，2003）。Vorauer 和 Miller（1997）发现，在自我呈现中存在匹配效应：对方以自我增强方式呈现自我，被试也会以自我增强方式呈现自我；当对方以谦虚方式呈现自我时，被试也会以谦虚的方式呈现自我；而且，被试对这种匹配的自我呈现方式是没有意识的。Chartrand 和 Bargh（1999）要被试与一助手互动，这位助手不时地摸摸脸或晃晃脚，结果发现被试倾向于模仿这一动作。他们把这一效应称为"变色龙效应"（chameleon effect）。他们的进一步研究证实，在互动中模仿被试的助手，被试对他们更喜欢。

　　即使自我呈现者不在乎是否与他人建立良好的人际关系，在呈现自己有利特征时，最起码要注意保全他人的面子，这样互动才会顺利进行下去。不尊重他人的自我呈现不可能给他人留下期望的印象。Paulhus 和他的同事（Paulhus，et al.，1989；Paulhus，et al.，1987）的研究证明了这一观点，自动的自我呈现比控制的自我呈现形象更爱吹嘘（self - flattering）。当被试分心时，他们的自我描述比非分心情境下更积极。自我本能的反应经常是自动的，且不是控制的或设计的。许多自我呈现的讨论假定，人们以控制的方式行动时，他们试图设计一个比其真实水平更爱吹嘘的形象。但 Pauhlus 的研究结果显示，有意控制能使人们更谨慎，或许是因为他们意识到他们自我呈现的可信度，即不谦虚和不可信会带来的尴尬。Schlenker 和 Weigold（1992）认为，在交往过程，人们必须确定情境（选择相关的认知脚本）和将要扮演的角色。自我呈现所起的作用是：沟通每个人的身份和计划。一旦身份建立起来以后，每个参加者都有道德责任根据他所选择的身份来相应地行动（自尊原则：保住自己的面子）和接受并尊敬其他人所选择的身份（考虑周到原则：帮助维护他人面子）。

总之，要想使他人相信你所呈现的信息，一是要呈现真实的自我信息，二是要与他人保持良好的人际互动或人际关系，至少在自我呈现中要尊重对方。这两方面的信息大多数时间是一致的，但也有讲真话开罪人的时候。因此，要使互动对象相信你呈现的信息，同样要权衡如下两个方面：呈现真实自我信息、维系互动或人际关系的信息。

从有利性和可信性的关系来看，过分注重有利性，而忽视可信性，可能给人留下吹嘘的印象，或变色龙的形象。同样，过分强调可信性，而不重视有利性，也不会给他人留下好印象，如拘谨、内敛等。

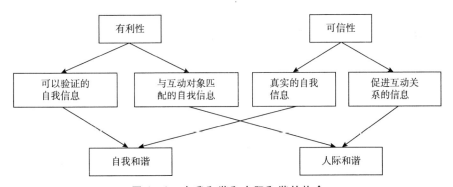

图 4 - 2 自我和谐和人际和谐的构念

综上所述，如图 4 - 2 所示，要留下期望的印象，要同时关注有利性和可信性。传递有利的印象，个体要传递可验证的信息、与互动对象匹配的信息；要使传递的印象可信，个体要呈现真实的自我信息，同时也注意使呈现的信息对维系人际互动或人际关系有利。可以把传递有利印象中的呈现可验证的自我信息与传递可信印象中的呈现真实自我信息合称为维系自我和谐。而把传递有利印象中的呈现与互动对象匹配的自我信息与传递可信印象中的呈现促进人际互动或人际关系的信息合称为维系人际和谐。这样一来，个体在自我呈现中要想给他人留下期望的印象，就必须兼顾维系自我和谐和维系人际和谐（肖崇好，2005a）。

相关的研究有，Baumeister 等（1989）提出，自我评估高的人在自我增强状态中自我表现的特点是倾向冒险，表现他们突出的好的品质，从善计谋，注意他们自己。自我评估低的人，以自我保护形式表现自我，特点是不愿冒险，注意避免他们突出的坏的品质，避开计谋，避免注意他们自己。研究发现，在自我评估受威胁的条件下，与自我评估低的人相比，自我评估高的人倾向于冒更大的危险（结果，失去的可能更多）。相似的研究发现，社会压力（获得好印象，并公诸人的压力），在归因中导致自我评估高的人更多地进行自我肯定（self‐assertive），自我评估低的人更多地进行自我保护，特别是在他们接收到失败的信息后。即自我评估高和低的人自我表现的目的不同：自我评估高的人是想通过自我表现改变自我，以获得最积极的自我评估；自我评估低的人是想通过自我呈现证明自我。故 Bunaji 和 Prentice（1994）认为，影响人们表现自己的关键因素是他们对自己的自我概念的确知性。此外，行为人的认知能力和元认知能力，对印象构建也会起到重要作用。如行为人对自己、交往情境和观众的正确评估，行为人根据不同交往情境和观众，构建不同印象，即编辑、包装自我概念中不同方面信息的能力。

Rudman（1998）的研究证明，女性在自我呈现时使用自我提升策略，给目标人可能留下好印象（如有能力），也可能留下坏印象（如太强悍）；自我提升策略使用会留下什么印象取决于目标人的动机：想雇用这名女性的人，形成的是好印象，而只是想评价和了解这位女性的人，形成的却是不好的印象。

在印象构建中，总是重视印象的有利性，会形成"获得性自我呈现"风格；总是重视印象的可信性，会形成"保护性自我呈现"风格。从自我监控研究的历史来看，现有的自我监控主要涉及个体行为是反映内在状态，还是反映环境的要求，因此，它主要涉及印象建构中的自我监控。在随后的研究里，我们所做的研究主要针对印象建构中的自我监控。

三　自我呈现行为的自我监控

自我呈现行为就是通过言语和非言语等方式，呈现自己想要传递给对方的信息。要想让对方形成期望的印象，就要按特定的方式编辑、包装、传送信息。例如，你要告诉对方你是一个人缘很好的人，你要开放哪些信息，如何组织，如何演绎，对方才会认为你是这样一个人。这主要涉及表演能力，它主要受下面两因素的影响：①沟通渠道。要选择信道，是通过言语，还是非言语沟通。言语沟通又分为口头言语和书面语言。每一种沟通渠道都有自己的优点和不足。沟通方式有直接沟通和间接沟通，它们也各有利弊。要根据传递信息的性质等因素，来决定采用什么沟通渠道和沟通方式。②沟通能力。无论是口头语言，还是书面语言，抑或是肢体语言，有些人表达准确、精练；有些人则思路不清，逻辑混乱。

人们如何控制他们的自我呈现行为呢？Tice 等（1995）研究发现，以谦虚或自我增强方式呈现自我，对不同的人有着不同的效果：对朋友以谦虚方式、对陌生人以自我增强方式呈现自我，能获得对方良好的印象；对陌生人以谦虚方式、对朋友以自我增强方式呈现，会导致对方形成不良印象。Turnley 和 Bolino（2001）在一个学期中观察自我监督高和低的人，他们一起工作，最后评价群体其他成员对他们的印象。他们发现自我监督高和低的人使用的自我呈现策略没有差异，但自我监督高的人使用奉承这一策略时，给人留下好印象，而自我监督低的人使用它时，给人留下拍马屁的印象。自我监督高的人使用自我提升（self - promotion）策略时，给人以"有能力"的形象，而自我监督低的人使用它时给人以"欺骗"的感觉。

当人们预期表现好时，注意他们的自我呈现会改善行为。自信的人比缺乏自信或不想留下特定印象的人，能更好地有意识地通过言语和非言语沟通传递期望的印象给观众（Schlenker & Weigold，1992）。自我呈现行为的改善得益于言语和非言语所传达信息的一致性、对自己和他人行为更好的监督和更加注意使自己的行为适应相应的行为标准（Schlenker & Weigold, 1992)。花时间准备和练习某种行为也有利于自我呈现行为。

相反，预期表现不佳的人，注意他们可能留下的印象，会干扰自我呈现行为（Schlenker & Weigold, 1992）。Schlenker 和 Leary（1982）提出，当人们想给他人留下期望印象而怀疑他们能否达到目的时，会体验到社会焦虑。在这种情境下，人们体验到的是窘迫、行为笨拙、与社会焦虑相联系的紧张反应、沟通困难、回避人际交往和防御性的自我呈现风格，所有这些都会给观众留下不好的印象。自我陶醉（self - preoccupation）、过分担心、心理上和情感上逃跑的倾向和焦虑，都会破坏自我呈现行为。

四　印象评估的自我监控

通过自我呈现行为后，个体要评估他人是否已经形成自己期望的印象。如果回答是肯定的，社会行为就可以按预期正常进行。如果他人没有形成期望的印象，个体会重新评价前三个阶段决策的有效性。这种评价可能是同时进行的，也可能是逐级返回式的，即先评价自我呈现行为，然后再评价印象构建，最后再评价印象动机。

评估自我呈现行为是否有效。自我呈现行为没有能让对方形成期望的印象，是因为：①信道选择不当。是选择符号化行为，还是选择特异性行为？符号化行为即时明了，风险是观众可能不相信。特异性活动或行为，可实证性强，但通常是延时的，在长期交往中，这种信道的通信方式是有效的。②开放信息不充分。自己对想要传递的印象很清楚，但对方不清楚。要控制别人形成期望的印象，信息要充分，所以，同理心很重要，只有站在对方角度来考虑他是如何根据你开放的信息形成你的印象，你才会有意识地开放相关的信息。任何时间信息不足，都会影响对方对你的印象。当然，信息冗余，也会使对方反感。③表演技能缺陷。对情感缺乏控制，不擅于用非言语行为或肢体语言来表达自己的兴趣、态度、情感、技能、能力和价值观等。④活动类型选择偏差。所选择的活动不能够充分体现个体想要传递的印象。

如何评价印象构建是否有效？构建期望印象时，出现问题可能有两方面原因：①不能很好地权衡有利性与可信性：第一，只注意有利性，而忽视可信性，结果给人以吹嘘、狂妄、自大、自以为是等印象。第二，只注意可信性而忽视有利性，给人以内敛、过分谨慎、被动、不善言辞、自怜等不良印象。②不能很好地权衡自我和谐与人际和谐：第一，只注意自我和谐，没有注意人际和谐，给人以自我中心、自私自利、锋芒毕露等印象。第二，只注意人际和谐，而忽视自我和谐，给人以没有主见、附和、拍马屁等不良印象。

印象动机有没有必要？如果活动结果因为过分重视印象动机而受影响，一方面会进行必要性评估，调整心态，降低印象动机，用平常心对待可能会传递特定印象的活动，降低印象动机。另一方面会努力改善活动技能，提高熟练程度。多次印象管理失败后，也有可能最终导致个体放弃印象管理努力，完全不在乎旁观者或互动对象对自己的印象，此时，反而可能会高质量完成活动任务。

五　小结

本章简单介绍了印象管理研究的发展历程，阐述了自我呈现行为的双重功能，对印象管理行为进行了分析，指出印象管理过程应该分为五个组成部分：印象动机、印象构建、自我呈现行为、印象评估及反馈调节，以及印象管理过程中的自我监控。深入分析了自我监控对印象动机、印象构建、自我呈现行为、印象整饰的影响。从上面的分析可以看出，Snyder（1974；1979）自我监控想解释自我呈现中的个体差异，认为高自我监控者行为具有三个明显特征：关注行为的适宜性，对情境线索敏感，并以此作为行为调节的指南。实际上，它们涉及印象动机、印象构建、自我呈现行为和印象评估及反馈调节的各个方面。但在不同阶段可能有不同的含义，如关注行为的适宜性，在印象动机阶段，它可能意味着在应该进行印象管理的情境，从事了印象管理；在印象构建阶段，它可能意味着关注了互动对象或情境的特征；在自我呈现行为阶段，它可能意味着：所表现出来的言行能较好地传递特定的印象；在印象反馈与调节阶段，它可能意味着经常反思他人对自己的印象，并采取得体的补救行为。同样，高自我监控的另外两个特征——对情境线索敏感，并以此作为行为调节的指南，也适用于印象管理的各个心理过程。

前已述及自我监控在印象管理的各心理过程的作用。每一心理过程，自我监控的作用机制不一样，起的作用也不尽相同。Snyder 的自我监控显然构念不够清晰。对一个构念不清楚的概念进行测量，肯定会出现各种问题。

所以，下面我们研究的自我监控主要涉及印象建构，探讨个体在进行印象建构中的个体差异。印象管理过程中的其他差异，不在我们的研究范围之内。

第五章　自我监控概念操作化与测量

第一节　自我监控量表初次编制

根据印象建构中自我监控的新构念，印象建构中既要维系自我和谐，又要维系人际和谐。据此，我们把人分为四类：高自我监控者，既维系人际和谐，也注重自我和谐；他人导向者，只维系人际和谐，不注重自我和谐；自我导向者，只注重自我和谐，不关心人际和谐；两者都不关心的是低自我监控者。

根据自我监控新构念，我们准备测量两个维度：维系自我和谐，维系人际和谐。用这两个维度来把人分为四类。

一　自我监控量表的题目编制

首先，根据自我和谐与人际和谐两个维度编制题目。反映"自我和谐"的题目有："我的行为是我内心思想感情的真实表露""人际交往中，我的态度和行为是一致的""与人交往，我的观点、意见必须一吐为快""在社交场合，我不会故意说出讨好别人的话，或者做出讨好别人的行为"。反映人际和谐维度的题目有："为了跟他人保持良好的人际关系，我迁就他人""为了跟他人友好相处，我经常委屈、克制自己""跟他人谈话，我尽量谈他人感兴趣的话题""我的行为取决于他人对我行为的期待"等。两个维度共38题。

其次，对38题做初步筛选。用206名大学生作为被试，通过探索性因子分析，用主成分法提取因子，用直交旋转法提取两个因子，删除在两个维度上载荷相似的题，和在两个因子上载荷都小于0.3的题。最后，得到一个16项目的新自我监控量表。

二　自我监控量表的探索性因子分析

1. 研究目的与研究假设

用另外的样本对 16 题新编自我监控量表进行因子分析，看二因子解释方案是不是最好的解决方案。其次，考察行为自我导向与行为他人导向是一个维度的两极，还是两个独立的维度。根据 Snyder 的构念，它们是一个维度的两极，因此，相关应等于或接近 - 1.00。

2. 研究方法

被试：韩山师范学院在校大学生 449 人。

量表：新编自我监控量表，16 题，用 5 点利科特方式作答，完全符合记"5"分，完全不符合记"1"分。

程序：所有量表在课堂上要求学生完成，并当场收回。

3. 研究结果

16 题新编自我监控量表进行因子分析，提取因子数的标准是：①特征值大于 1；②因子分析碎石图中陡降程度。因子分析用主成分法提取因子，作斜交旋转，结果如下。

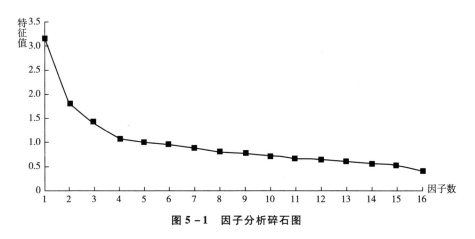

图 5 - 1　因子分析碎石图

表 5 - 1　探索性因子分析中因子个数的参数

因子个数	特征值	变异值	累加变异值
1	3. 107	19. 421	19. 421
2	1. 686	10. 534	29. 956

表5－2　各项目在二因子上的载荷

题　目	因子一	因子二
为了跟他人保持良好的人际关系，我迁就他人	0.669	
我的行为取决于他人对我行为的期待	0.612	
为了跟他人友好相处，我经常委屈、克制自己	0.605	
跟他人谈话，我尽量谈他人感兴趣的话题	0.586	
与人相处，我的言行取决于他人的言行	0.509	
为了与自己所属团体融洽相处，我的言行会与大家保持一致	0.487	
我注意别人对我行为的反应，以免举止失宜	0.448	
为了给他人留下印象，我会夸张自己的情绪体验	0.413	
在不同场合、与不同人交往，我的行为完全不同	0.342	
在社交场合，我不会故意说出讨好别人的话，或者做出讨好别人的行为		0.656
我的行为是我内心思想感情的真实表露		0.622
我不会为了取悦他人而改变观点或行为方式		0.622
人际交往中，我的态度和行为是一致的		0.572
我做事有自己的原则，不会讲人情		0.461
与人交往，我的观点、意见必须一吐为快		0.407
我说话、做事常常直来直去，不会过多地考虑后果		0.327

我们把第一个因子命名为"他人导向"，第二个因子命名为"自我导向"；两因子的相关为－0.224，说明它们之间有中等偏弱的负相关。因此，我们把它们看作两个维度，从一定程度上讲是有道理的。

三　16题自我监控量表聚敛效度的研究

1. 研究目的

前已述及，Snyder（1974）自我监控量表主要存在两方面的问题：一是存在多因子结构，二是该量表与临床量表正相关。根据自我监控新的构念，它应该克服原量表的缺点，即与临床量表应该没有正相关。本研究的目的在于考察新编自我监控量表是否达到这一目的。

他人导向者行为维系人际和谐，行为随情境变化而变化，因此，跟Snyder自我监控量表中的高自我监控者有类似之处；自我导向者社会行为只维系自我和谐，行为不会随情境而变化，它与Snyder自我监控量表的低自我监控者有相似之处。所以，研究假设一是：新量表中的他人导向量表与Snyder自我监控量表中的他人导向有正相关；新量表中的自我导向与Snyder自我监控量表中的他人导向有负相关。

新量表中，他人导向者行为随情境变化而变化，由此推断他们的情绪可能变化大，自尊低；而自我导向者之所以行为与内在状态保持一致，有可能是自尊较高，但也可能导致脾气倔强。所以，研究假设二：新量表中的自我导向会与艾森克人格量表中的精神质子量表有正相关，与自尊有正相关；他人导向会与神经质有正相关，与自尊会有负相关。

2. 研究方法

量表：①自我监控量表（区别于 Snyder 自我监控量表，简称"新量表"），16 题，用 5 点利科特方式作答，完全符合记"5"分，完全不符合记"1"分。② Marlowe - Crowne 的社会期望量表（Crowne & Marlowe，1960），共 33 题，采用"是"或"否"作答。总分越高表示该被试在填答问卷时容易受到题目的社会赞许特征的影响，而做出社会赞许的反应。③ Rosenberg 自尊量表（1965），10 题，评价总体的自我价值和能力。采用 4 点利科特方式计分，得分越高表示自尊越强。我们采用该量表是因为它广泛应用于与自我相关的研究中，且与适应和心理健康有正相关。④艾森克人格量表（龚耀先，1984），共 88 题，该量表包括四个子量表。掩饰子量表，得高分不一定就是回答不真实，它反映被试的社会朴实或幼稚水平。精神质量表，测量一个人的倔强性。得高分者可能不关心他人，难以适应环境，与他人关系不佳等。神经质量表测量情绪的稳定性。得高分者可能有强烈的情绪反应，且难以平复。外向量表测量人的外向程度。⑤ Snyder（1974）自我监控量表，该量表共 25 题，采用"是"或"否"答题方式。

被试：161 名韩山师范学院学生。

程序：所有量表均在课堂上完成，并当堂收回。

3. 研究结果

首先，看新旧量表各子量表之间的相关，看研究假设一是否得到验证。从表 5 - 3 可知，研究假设一得到验证。

表 5 - 3　新量表与 Snyder 自我监控量表的相关

新量表（16 题）	Snyder 自我监控量表		
	外　向	他人导向	表　演
他人导向	0.122	0.211 **	0.508 **
自我导向	-0.093	-0.184 *	-0.527 **

再看新、旧自我监控量表与相关量表的相关。先计算 Snyder 自我监控量表与新自我监控量表各子量表，社会赞许量表（SD），自尊量表（SE），艾森克人格量表中的掩饰（E-L）、精神质（E-P）、神经质（E-N）和外向（E-E）的得分，然后用量表分看新、旧自我监控量表与其他量表的相关。

表 5 - 4　自我监控量表与其他量表的相关

社会赞许	自　尊	掩　饰	精神质	神经质	外　向	
新量表						
他人导向	0.013	- 0.020	- 0.220 **	- 0.016	0.147	0.089
自我导向	0.132	0.064	0.287 **	0.058	- 0.079	- 0.018
Snyder 自我监控量表						
外向	0.092	0.442 **	- 0.122	- 0.020	- 0.306 **	0.587 **
表演	- 0.196 *	- 0.043	- 0.377 **	0.170 *	0.260 **	0.142
他人导向	- 0.056	0.035	- 0.207 **	- 0.086	0.022	0.111

从表 5 - 4 来看，我们的研究假设二没有得到证明。即他人导向并没有跟自尊量表有显著的负相关，与艾森克人格量表中的神经质也没有显著的正相关。自我导向与自尊没有显著的正相关，与精神质也没有显著的正相关。

4. 讨论

从上面的研究结果可以看出，研究假设一得到证明，说明 Snyder 自我监控量表中他人导向与我们定义的他人导向有相同的地方；Snyder 自我监控量表中低自我监控者与新量表中的自我导向有相似之处。

但研究假设二没有得到证明。且 Snyder 自我监控量表中他人导向因子与艾森克人格量表中精神质和神经质子量表均无显著正相关，表演却与他们有正相关。这与国外的研究有出入（Briggs，Cheek & Buss，1980；Cheek & Briggs，1981；Gangestad & Snyder，2000）。但该量表外向子量表得分总分与艾森克人格量表中的外向子量表得分确实均有显著相关。新量表中他人导向与艾森克人格量表中神经质、自我导向、精神质均无显著相关，说明我们想测量的内容与我们测到的确实存在差距。

我们也看到，新编自我导向子量表与艾森克人格量表中的掩饰子量表有显著的正相关，说明这一部分题出得不好。

四　16 题自我监控量表辨别效度研究

1. 研究目的

根据 Snyder（1974；1979）对自我监控的定义，高自我监控者应该是社会适应良好的。Snyder（1974）自我监控量表受到批评，原因之一就是它与许多临床量表正相关（肖崇好，2005a）。本研究用自我导向、他人导向两个维度把被试分为四类：两个维度上得分都高叫高自我监控者；两个维度上得分都低的叫低自我监控者；他人导向上得分高，自我导向上得分低的叫他人导向者，相反的叫自我导向者。

本研究假设：高自我监控者在自尊量表上的得分明显高于其他三组，在精神质和神经质量表上的得分明显低于其他三组，在社会期望量表的得分与其他三组无显著差异。

2. 研究方法

被试：160 名大学生。

量表：同上。

研究程序：同上。

3. 研究结果

为了进一步分析新编量表的两个维度，即自我和谐与人际和谐，我们根据两个子量表的量表分，用 K - means 分类法，把被试分为四类（分类结果如表 5 - 5 所示）。

表 5 - 5　最后的聚类中心

	第 1 组	第 2 组	第 3 组	第 4 组
他人导向	27.15	21.98	31.94	21.76
自我导向	25.68	23.63	20.82	29.95

我们把第一组命名为高自我监控组，因为该组在两个维度上得分都比较高。第二组叫低自我监控组，两个维度上得分都低。第三组叫他人导向组，第四组叫自我导向组。四组人数分布及在社会期望量表、自尊量表、艾森克人格量表上的得分比较见表 5 - 6。

表5-6　四组在社会期望量表、自尊量表、艾森克人格量表上的得分比较

组　别	人　数	社会期望	自　尊	掩　饰	精神质	神经质	外　向
高自我监控	59	19.03	29.93	11.19	3.95	12.49	11.49
低自我监控	46	18.57	29.98	11.13	3.93	11.43	10.24
他人导向	34	17.85	29.94	8.44	4.32	13.91	12.35
自我导向	21	19.71	30.10	12.05	4.19	11.90	11.00

ANOVA 分析发现，只有在艾森克掩饰子量表上，四组之间存在差异，F（$df=3$）$=7.47$，$p<0.00$。在其他维度上，各组之间均无显著差异。可以看出，我们的研究假设完全没有得到验证。

五　小结与启示

我们最初根据两个维度来重新构念自我监控，并编制出了相关的量表，但对16题新自我监控量表的聚敛效度的研究却发现，新量表中的他人导向与艾森克人格量表中的神经质、精神质没有正相关。

用 K-means 做聚类分析，结果高自我监控的人在自尊量表的得分上并没有比其他三组明显的高，在艾森克精神质和神经质量表上得分并没有显著低于其他三组。

16题自我监控量表既没有很好的聚敛效度，也没有很好的辨别效度，说明该量表没有很好地反映我们对自我监控的新构念。我们把新的自我监控构念变成操作性定义时，可能存在缺陷。第一，维系自我和谐和/或人际和谐，是个体自我呈现的动机。我们在编制新自我监控量表时，只考虑到动机本身，没有考虑到该动机对自我呈现行为的监督和控制作用。这就是说，有自我监控的人在自我呈现时，行为最终会达到自我和谐和/或人际和谐，但行为达到自我和谐和/或人际和谐人，不一定都是在自我监控其行为。一个人行为达到自我和谐与人际和谐可能都存在两种途径：有控制和无控制。通过对新编量表中自我导向量表的研究发现，一个人行为与内在状态保持一致可能存在两种情况。其一是个体没有意识到他人或所处情境对其行为规范的要求，即无控制的自我导向。其二是个体意识到外界要求，或对外界线索敏感，知道何时可以或应该反映内在状态。行为达到人际和谐，可能也存在两种情况：一是个体自尊较低，自我评价偏低，没有自信，故行为唯他人是从。二是个体主动调节自己的行为，使自己的行

为与他人保持一致，其目的是维系人际和谐。新编的自我监控量表要区分出这四类人，我们需要在自我和谐与人际和谐这一维度外，再加另外一个维度，即有、无自我控制，看能否把这四类人区分出来。

第二，人际互动中，注重自我和谐与注重人际和谐是两个有阴阳相生相克、相辅相成关系的概念，太照顾别人让自我无法发挥，太顾及自我又让他人觉得你自私自利。因此，高自我监控的人应该是根据情境，最能表达自我或增进人际关系的人。高自我监控的人能很好地根据情境要求决定自己当时是应该表达自我，还是根据情境或他人要求来克制自己，维系人际和谐。对互动情境的主动控制应该是高自我监控者的重要特征。这种控制是敏感于对方对自己的感受及反应，从而调节自己的行为，然后抉择是发挥自我，还是去迎合他人以增进或保持良好的人际关系。因此，有自我控制是高自我监控的重要特征。

第三，高自我监控者的行为特征是既注意自我和谐，也注意人际和谐。但这并不意味着他们的行为是他人导向者和自我导向者两者的简单相加。行为既注意自我和谐又注意人际和谐，其行为可能具有新的特征。

第二节　自我监控量表的再编制

一　自我监控概念的再操作化

根据一个人的行为在维系自我和谐与人际和谐时，有无自我控制，我们在操作化自我监控时加入另外一个维度——控制，即在维系自我和谐或人际和谐时有自我控制和无自我控制。

表 5－7　自我监控类型

	有控制	无控制
自我和谐	有控制自我导向	无控制自我导向
人际和谐	有控制他人导向	无控制他人导向

无控制他人导向是根据情境或他人线索，来指导他们自我呈现。在人际互动中，他们的行为被动地反映他人或情境的要求、期望、暗示等。他们重视维系人际关系，在人际互动中积极配合他人，故他们会压抑自己内

心的观念、思想或情感。在自我呈现过程中完全依赖他人或情境，一方面反映出他们过分看重他人对他们的评价，所以不轻易主动呈现，应有较强的心理防御机制和社会焦虑感；另一方面，也可能是他人导向的人，自尊比较低，他们自觉不如别人，因此，以他人的行为作为自我呈现的参照标准。如前所述，在自我呈现过程中，注意人际和谐，可以留下好的印象，但也可能使别人形成对他们不好的印象。所以，他们是既不能主导自己的行为——因为他们的行为完全取决于他人或情境，也不能控制他人对他们的印象。这类人在互动初期可能留给对方较好的第一印象，但随时间推移，当他人注意到他们行为随情境变化而变化的特征后，对他们的印象可能会打折扣。

有控制的他人导向是根据情境线索来决定是否表达自己的感受或信念。他们依据情境线索来决定自己的行为，这种行为的目的是维系或增进人际关系，表现为展现与他人相同的兴趣、爱好、价值观、附属物，甚至是本人的人口统计学特征。这类人的行为跟无控制他人导向者最大的区别在于，有控制的他人导向者能主动地根据外界线索（他人价值观、兴趣、爱好和情境要求等）来调节自己的行为，而无控制的他人导向者完全根据他人或情境要求来行动。所以，在人际互动中，前者具有主动性，后者是被动的。

无控制的自我导向，其自我呈现行为以维系自我和谐为目的。但如前所述，行为的自我导向可以使他人形成良好的印象，也可能形成非期望印象。因此，他们在自我呈现过程中能主动控制的是自我呈现行为，但对他人形成他们的印象却不能主动控制。要使观众知道其行为发自内心，需要一定时间，所以，这类人跟别人互动时，留给对方的第一印象不一定很好；但通过长期互动，他人会知道他们言为心声，表里一致，没有城府，也会逐渐认识到他们比较自我中心，比较固执。

有控制的自我导向者，其行为是根据情境线索来决定是否表露自己的内在感受或信念、观点。他们依据情境线索来决定自己的行为，这种行为是反映自己内在感受或信念的，不是迎合外界情境要求或互动对象的期望。如，跟电影发烧友在一起时谈与电影有关的话题，跟足球迷在一起时谈有关足球的话题，而不是相反。

二 自我监控量表的重新编制

1. 自我监控量表题目的编制筛选过程

根据无控制他人导向者、有控制的他人导向者、无控制的自我导向者、有控制的自我监控者的行为特征，准备编制 4 个子量表，分别用来测量相应的四种自我监控者。共编制 49 个具有表面效度的题目，每个子量表的题目数在 11 ~ 15 个。

编制出 49 个测验题后，我们先施测了 95 个被试，用下面四条标准来筛选题目：①每个测验题目的斜率（Skewness）。斜率绝对值大于 0.8 的题目删掉。②每个测验题目的区分度。4 个子量表总分在前后各 25% 的被试组成高分组和低分组，这两组在各测验题目上得分有显著差异的，该测验题保留。否则，删除。③每个测验题与该测验题所在子量表的其他项目之和之间的相关，相关不显著的项目删除。④用前 3 条标准筛选后剩下的23 题，进行探索性因子分析，其中 3 题在两个以上因子中载荷大于 0.3，被删除。最后，得到一个 20 项目的量表。

2. 自我监控量表的探索性因子分析

（1）研究目的

检验不同的被试经过上述选题过程后保留下来的题目，再次经过探索性因子分析后，是否仍保持相对不变的结构特征。

（2）研究方法

被试：韩山师范学院在校大学生 521 人。

量表：20 题新编自我监控量表。

程序：问卷在课堂上完成，当堂收回。问卷采用利科特 6 点量表，要被试评价每题符合自己的程度。问卷指导语为："指导语：下面 20 题描述了人际交往中的一些行为，请你评价每题符合你的程度。如果完全不符合，就在该题后的第一个方格上打 '√'；如果完全符合，就在该题后的第六个方格上打 '√'。依此类推。"

（3）探索性因子分析结果

首先，看数据是否适合做探索性因子分析：KMO and Bartlett's Test 指标：Kaiser – Meyer – Olkin Measure of Sampling Adequacy 为 0.716。Bartlett' Test of Sphericity：Chi – Square = 1455.075，df = 190，p < 0.000。说明适合

做探索性因子分析。

抽取因子数的标准：第一，特征值大于1；第二，由特征值大小所形成的碎石图。探索性因子分析中的碎石图见图5-2，因子个数及其特征质和方差解释累积率见表5-8。

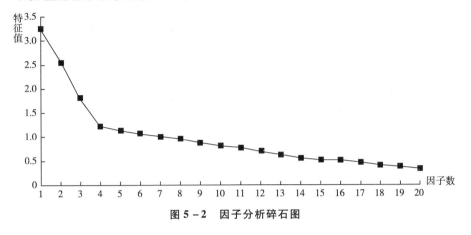

图5-2 因子分析碎石图

表5-8 探索性因子分析中因子个数的参数

因子个数	特征值	变异值	累加变异值
1	3.262	16.312	16.312
2	2.558	12.788	29.101
3	1.807	9.037	38.137
4	1.227	6.136	44.274

用主成分法提取因子，用极大似然法旋转后，各项目在四个因子上的载荷见表5-9。

表5-9 各项目在四因子上的因子载荷

项　　目	因子一	因子二	因子三	因子四
为了不让他人失望，我总是做一些我不喜欢的事	0.709			
大部分时间，我按别人的喜好来决定要说什么或做什么	0.670			
为了不扫大家兴，即使累了或不高兴，我也会勉强打起精神来	0.656			
谈话时，我总是在找别人想听的话题	0.647			
我经常在不知不觉中按别人的要求去做	0.646			
满足他人需要经常决定了我的行为	0.544			
我经常加入别人的话题，很少主动提出话题	0.480			
我会按对方的衣着举止，来选择跟他谈话的话题	0.413			

续表

项　目	因子一	因子二	因子三	因子四
我的喜怒哀乐通常都表现在脸上		0.753		
我经常因为说错话而得罪人		0.647		
对我不喜欢的人，我难以掩盖对他的厌恶		0.639		
跟人谈话，我几乎都不会有所保留		0.605		
我的言行几乎完全反映我的内心思想与情感		0.565		
感觉对方能接受我的意见，我就提出来			0.650	
一般时机允许，我才发表自己的看法			0.576	
如果我说的会得罪别人，我会考虑要不要说			0.475	
看出对方对我讲的不感兴趣，我就转变话题			0.443	
我能从对方的态度中知道他喜不喜欢我			0.434	
看到对方有优点，我会主动告诉他				0.661
与他人初次见面时，我会探求可以让我们关系更进一步的话题				0.593

因子一包含的题目是行为满足他人，有些委屈自己，把它命名为"无控制的他人导向"；因子二包含的题目是行为反映自己的内在状态，不管环境要求与他人期许，故命名为"无控制的自我导向"；因子三的题目是根据环境线索再来决定是否表达自己，命名为"有控制的自我导向"；最后一个因子命名为"有控制的他人导向"。

三　20 题自我监控量表聚敛效度的研究

1. 研究目的

根据我们对自我监控新的操作化定义，我们知道，自我监控主要涉及三个方面。一是对内在线索或情境线索的敏感性；二是在自我呈现过程中有控制，还是没有控制；三是高自我监控者一定是适应良好的人。因此我们接下来选择三类量表，来看 20 题自我监控量表与它们的相关，通过这些相关，我们可以看到两量表的优劣。

为了比较两个自我监控量表在自我监控第一个特征上的差异，选用自我意识量表（the self - consciousness scale）（Fenigstein, Scheier, & Buss, 1975）。研究假设一：在对内外线索敏感性方面，无控制的自我导向只对内在线索敏感，它与自我意识量表中的私我意识应该有正相关；无控制的他人导向，只对外在线索敏感，与公我意识应该有正相关；有控制的自我导向、他人导向应该与公我、私我意识都有正相关。

为了比较两个自我监控量表在第二个特征上的差异，我们选用内控/他控/机控（IPC）量表（Levenson，1981）。研究假设二：Snyder 的高自我监控者根据情境线索来调节自己的行为，行为受他人影响较大。应该与该量表的他控和机控有正相关，与内控应有负相关。新编自我监控量表，在行为的控制点方面，无控制的自我导向，行为完全由自己决定；无控制的他人导向，行为应该完全由他人或情境决定；有控制的自我导向与有控制的他人导向应该与自我控制有正相关，因为，他们的行为完全是自己根据情境线索来做出决定。

第三类量表是适应性量表。我们选了用得较多的自尊量表（Rosenberg，1965）、在自我监控研究领域用得较多的艾森克人格量表（龚耀先，1984）以及害怕负面评价量表（the Fear of Negative Evaluation Scale）（Leary，1983）。研究假设三：Snyder 量表中的他人导向，应该跟自尊有负相关，与自我负面评价量表有正相关，与艾森克人格量表中的神经质有正相关。新量表，在与适应性量表的相关方面，无控制的他人导向与自尊应该有负相关；与害怕负面评价量表，与艾森克人格量表中的神经质量表应该有正相关。无控制的自我导向与自尊有正相关，与害怕负面评价有正相关，与艾森克人格量表中的精神质有正相关。有控制的自我导向与有控制的他人导向与自尊量表应该有正相关，与害怕负面评价量表、艾森克人格量表中的精神质和神经质应该有负相关或无相关。

2. 研究方法

被试：韩山师范学院在校大学生 280 人。

测量工具：所用的量表有：①自编的自我监控量表，20 题。②自我意识量表共 23 题，量表包括三个分量表：公我意识、私我意识和社会焦虑。③自尊量表。④害怕负面评价量表（简缩版）共 12 题，测量他人对自己做出负面评价的焦虑和困扰。采用利科特四点计分法，得分越高表示对他人负面评价越焦虑。⑤内控/他控/机控（IPC）量表（Levenson，1981）。⑥艾森克人格量表（龚耀先，1984）。⑦Snyder 自我监控量表。

3. 研究结果

（1）新量表与 Snyder 25 题自我监控量表的相关

20 题新量表与 Snyder 25 题自我监控量表的相关见表 5 – 10。

表 5 – 10　20 题新量表与 Snyder 自我监控量表的相关

新量表	Snyder 量表		
	外　　向	他人导向	表　　演
无控他导	– 0.122 **	0.286 **	0.039
无控自导	– 0.293 **	– 0.202 **	– 0.081
有控自导	0.035	0.203 **	0.165 **
有控他导	0.234 **	0.113	0.035

从 Snyder 量表来看，他人导向因子与新量表中的无控他导和有控自导有正相关，与有控他导有正相关，与无控自导有负相关，说明该因子有两个特征：有控制、行为他人导向。表演因子主要的特点是控制，行为与我们定义的有控制自我导向有低的正相关。

新量表中无控制的他人导向与 Snyder 量表中他人导向有正相关，无控自导与 Snyder 量表中他人导向有负相关，这验证了我们的研究假设。但有控制的自我导向与有控制的他人导向均与 Snyder 量表中的他人导向有正相关，这出乎我们的意料。

（2）新旧自我监控量表与自我意识量表的相关

新旧自我监控量表与自我意识量表的相关见表 5 – 11。从表 5 – 11 可以看出，新量表与自我意识量表之间关系的研究假设基本得到验证，无控制的自我导向与公我意识有显著的正相关，与社会焦虑也有显著的正相关，说明这类人行为与内在状态保持一致，不是由于对内在线索敏感，而是由于害怕他人的负面评价。他们不是由于自尊高，而是我行我素。

表 5 – 11　新旧自我监控量表与自我意识量表的相关

	公我意识	私我意识	社会焦虑
20 题新自我监控量表			
无控他导	0.205 **	– 0.090	0.195 **
无控自导	0.136 *	– 0.021	0.329 **
有控自导	0.404 **	0.363 **	– 0.004

续表

	公我意识	私我意识	社会焦虑
有控他导	0.145 *	0.331 **	− 0.256 **
Snyder 量表			
Snyder 外向	− 0.030	0.028	− 0.610 **
Snyder 他人导向	0.260 **	0.089	− 0.045
Snyder 表演	0.190 **	0.137 *	− 0.211 **

（3）新旧自我监控量表与控制源量表的相关

表 5 – 12　新旧自我监控量表与控制源量表的相关

	自我控制	情境控制	他人控制
新量表			
无控他导	− 0.018	0.313 **	0.303 **
无控自导	0.070	0.365 **	0.303 **
有控自导	0.255 **	0.036	0.148 *
有控他导	0.287 **	− 0.107	− 0.111
Snyder 量表			
Snyder 外向	0.083	− 0.206 **	− 0.108
Snyder 他人导向	0.125 **	0.108	0.228 **
Snyder 表演	0.024	0.076	0.141 *

从上表可以看出，无控他导与情境控制、他人控制有正相关，这与研究假设一致；无控自导与情境控制、他人控制有正相关，与自我控制无关，与研究假设不一致；有控制的自我导向与有控制的他人导向和自我控制都有正相关，与研究假设一致。

Snyder 量表中他人导向与他人控制有正相关，这符合我们的假设；但该子量表同样与自我控制有正相关，这与研究假设不符。从表 5 – 10 可以看到，Snyder 量表中他人导向不仅与新量表中的无控他导有正相关，而且与有控自导有正相关，因此，Snyder 量表既与自我控制有正相关，也与他人控制有正相关就不足为奇了。

（4）新旧自我监控量表与社会适应性量表的相关

表 5 – 13　　新旧自我监控量表与社会适应性量表的相关

	害怕负面评价量表	自尊量表	艾森克人格量表			
			掩饰	精神质	神经质	外向
新量表						
无控他导	0.384 **	− 0.224 **	− 0.094	0.108	0.238 **	− 0.136 *
无控自导	0.205 **	− 0.210 **	− 0.085	0.140 *	0.394 **	− 0.156 **
有控自导	0.221 **	0.057	0.034	− 0.169 **	0.064	− 0.023
有控他导	− 0.079	0.153 **	0.140 *	− 0.177 *	− 0.068	0.280 **
Snyder 量表						
Snyder 外向	− 0.198 **	0.371 **	− 0.041	0.012	− 0.405 **	0.570 **
Snyder 他人导向	0.246 **	0.010	− 0.150 *	0.010	0.066	0.115
Snyder 表演	0.128 *	0.027	− 0.239 **	0.184 **	0.135 **	0.222 **

从上面可以看到，研究三中的大部分假设得到证实，但有控制的自我导向与害怕负面评价有显著的正相关，与自尊量表没有相关，这与假设不符。

4. 讨论

（1）新量表与 Snyder 量表的比较

跟新量表测量四个维度不同，Snyder 量表测量的只是一个方面，即自我监控。因此，三因子间应有正相关，三因子与其他量表的相关，应有相同的模式。但从上面的研究结果看，三因子间很少与效标有相同的相关模式，与适应性量表的相关甚至出现相反的相关。如，Snyder 量表他人导向子量表与自我控制和他人控制有显著的正相关。从这一点来说，它与我们定义的高自我监控一致。但外向子量表与他人控制有显著的负相关，这说明：三因子是不同质的。因此，该量表总体上测量的是什么东西，就比较难确定了。所以说，该量表没有很好的聚敛效度。而新量表因为测量的是不同维度，因此不存在这方面的问题。

即使不管 Snyder 总量表，只看它与自我监控最有关的他人导向因子，该因子与公我意识有正相关，与自我控制、他人控制有正相关，这与自我监控构念一致，但该因子与适应性量表中害怕负面评价有正相关，这也与构念不一致。

表演子量表与艾森克量表中的精神质和神经质有显著的正相关，这与前面的两个研究结果是完全相符的。

与新量表有关的大多数研究假设得到验证，说明我们总的研究方向是对的。但新量表也不是一点问题都没有，说明我们在把新自我监控构念变成操作性定义时，发展出的项目还有缺陷。

（2）新自我监控量表存在的问题

第一，无控制的自我导向子量表存在的问题。我们原来假设，我行我素的人，对内在线索比较敏感，出乎意料的是无控制的自我导向子量表与私我意识没有显著的正相关，但与公我意识和社会焦虑有着非常显著的正相关（见表5-11）。这说明行为反映自己内在状态的人，不一定就是对内在状态有强烈意识的人；他们声称呈现的是自己的真实思想、情感，可能是由于害怕他人对他们有负面评价。无控制的自我导向者有强烈的社会焦虑，因此，他们应该是在强烈的外在压力下自我呈现与内在状态保持一致，可能给人造成这么一种印象，他们是诚实可信的、言行一致的等。他们对自己保持言行一致，或者表里一致，他人会怎么看他们非常清楚（与公我意识有正相关）。

与内控/他控/机控（IPC）量表的关系，无控制的自我导向与内控无显著的正相关，却与情境控制和他人控制子量表有显著的正相关（见表5-12），说明我们编写的无控制的自我导向测验题，筛选出来的可能是这样一群人：他们言行一致，其目的是给他人造成某种印象。他们的行为完全由情境或他人控制，自己对行为没有控制感。因此，在与适应性量表的相关中（见表5-13），该量表与害怕他人的负面评价有正相关，与自尊有负相关，与精神质和神经质有正相关。这可能是我们构念时存在理解上的偏颇。在接下来的研究中，我们会把这一维度继续放在我们新的量表中，看它是否具有与该研究一样的结果。

第二，有控制的他人导向子量表存在的缺陷。该量表与他控或机控没有相关，说明他们在行动时，外界线索只是他们行动的线索，而不能决定他们的行为，即行为具有主动性。该子量表包括两个测题："看到对方有优点，我会主动告诉他""与他人初次见面时，我会探求可以让我们关系更进一步的话题"。从这两题的表面效度看不出其所测验的内容包括行为受情境或他人控制成分。这需要我们在接下来的研究中，增加这方面的测题。

第三，有控制的自我导向和有控制的他人导向与艾森克人格量表无相关或有负相关，但有控制的自我导向与害怕负面评价有正相关，与自尊无相关，这出乎我们的预期。这可能预示着，有控制的自我导向可能是由于害怕别人对自己有不好的评价，所以，才依据情境线索来决定是否表现自己。

四　小结

从自我导向与他人导向、有自我控制与没有自我控制两个维度来测量自我监控，编制出四个子量表。研究结果显示：无控制的他人导向子量表与公我意识有正相关，与情境控制和他人控制有正相关，与害怕负面评价有正相关，与自尊、神经质有正相关，与精神质相关接近临界水平。说明该子量表有较好的聚合效度。

有控制的自我导向，与公私我都有正相关，与自我控制有正相关，与神经质有负相关，这些与研究一致，但与害怕负面评价有正相关，这与构念不一致。说明观察外界情境来行动的人，比较担心别人对自己的评价。

有控制的他人导向，与公私我都有正相关，与自我控制有正相关，与适应性量表无相关，说明该量表有较好的聚敛效度。从有控制的自我导向与有控制的他人导向的聚敛效度可以看到，控制较好的人应该具有两方面的特点：对内外线索敏感，能主动控制互动情境。

无控制的自我导向子量表与私我意识无相关，却与社会焦虑有正相关，与自我控制没有正相关，却与情境控制和他人控制有正相关。这都与我们原来的假设不符。但它却与害怕负面评价有正相关，与自尊有负相关，与精神质和神经质有正相关。说明这种人言行保持一致，是害怕他人负面评价（跟社会焦虑有正相关），行为也不是自主的，而是根据社会期望来做出反应，因此有较多的适应问题（跟自尊有负相关，跟神经质、精神质有正相关）。

无控制的自我导向子量表聚敛效度欠佳，可能有两方面的原因：一是量表本身的问题，测验题没有很好地反映构念；二是我们对无控制他人导向的操作化欠准确。

从因子分析结果来看，有控制的他人导向，只有两题，肯定存在代表性的问题。题目太少，同时也会给量表的关联效度的研究带来许多偶然因素。因为，我们在编制出 49 题后，用四条标准来筛选题目，由于标准过严，导致有些维度的题目删除过多，这可能在量表编制层面影响到了因子的结构。

根据该研究结果，加入了控制这一维度后，可以帮助我们更好地认识不同类型的自我监控行为。在下面的研究中，我们会根据以上两个维度重新编题，放宽筛选题目的标准，再用社会期望量表来帮助我们甄别无控制的自我导向在该研究中出现的问题是我们的构念所致，还是量表的问题。

第三节　自我监控量表的第三次编制

在上一个研究中，存在以下一些问题，一是有些维度的测验题目太少，这与我们在预测时使用的过严的题目筛选标准有关。二是无控制自我导向子量表缺乏聚敛效度。这与我们对自我监控的重新构念有关，即我们对无控制的自我导向构念可能存在一些问题。三是高自我监控者的行为特征可能不是他人导向和自我导向的简单相加。上一个研究最后指出，在自我呈现过程中，控制较好的人应该具有两方面的特点：对内外线索敏感、能主动控制互动情境。

一　自我监控概念的第三次操作化

前已述及，在自我呈现过程中要权衡两种动机：自我和谐与人际和谐。这两种信息在绝大多数场合下是一致的，保持自我和谐也就是促进人际和谐。但它们也会出现冲突，即所谓说真话会得罪人。这就涉及自我和谐与人际和谐的权衡问题。在处理冲突情境时，有些人只注重自我和谐，有些人只注重人际和谐。我们称前一部分的人为自我导向的人，后一部分的人为他人导向的人。还有一部分人，他们在自我呈现中注意权衡自我和谐与人际和谐，我们称这种人为高自我监控的人。这样，自我监控可以根据自我呈现的动机和自我呈现过程中有无控制，把自我监控分为三种类型：自我导向、他人导向和高自我监控。

二　24 题自我监控量表的编制

1. 测验题目的编制与筛选

根据高自我监控者、他人导向自我监控者和自我导向监控者的行为特征，准备编制 3 个子量表，分别用来测量相应的三种自我监控者。共编制 57 个具有表面效度的题目，每个子量表的题目数在 13 ~ 22 个。

编制出 57 个测验题后，我们先施测了 106 个被试，用下面 2 条标准来筛选题目：①每个测验题目的斜率（Skewness）。斜率绝对值大于 0.8 的题目删掉。②对剩下的题做三因子分析，删除 communality 小于 0.3 的题。最后，得到一个 34 题的量表，作为进一步研究的量表。他人导向子量表：如“为了不让他人失望，我会附和他人提出的建议”“与他人观点不一致，我会改变自己的观点”。自我导向子量表：如“我的喜怒哀乐通常都表现在脸上”“我的言行完全反映我的内心思想和情感”。高自我监控子量表：“发现谈话不投机，我会想办法去找俩人都感兴趣的话题”“对方表现得好的话，我会主动表示赞赏”等。

2. 自我监控量表的探索性因子分析

（1）研究目的

用不同的被试，看经过上述选题过程后，保留下来的题目，再次经过探索性因子分析后，是否仍保持相对不变的结构特征，从而确定新的自我监控量表。

（2）研究方法

被试： 898 名在校大学生。其中北京理工大学 300 人，中山大学 270 人，韩山师范学院 228 人。

程序： 问卷在课堂上完成，当堂收回。问卷采用利科特 6 点量表，要被试评价每题符合自己的程度。

（3）研究结果

首先，看数据是否适合做探索性因子分析。KMO and Bartlett's Test 指标：Kaiser - Meyer - Olkin Measure of Sampling Adequacy 为 0.807。Bartlett' Test of Sphericity：Chi - Square = 4571.69，df = 276，p < 0.000。说明适合做探索性因子分析。

抽取因子数的标准：第一，特征值大于 1；第二，由特征值大小所形成的碎石图。用主成分法提取因子，用 oblique 法旋转。删除在两个或两个以上因子上载荷接近的题后，得到一个 24 题的新自我监控量表。碎石图见图 5 - 3，因子个数及其特征值和方差解释累积率见表 5 - 14。各项目在三因子上的载荷见表 5 - 15。

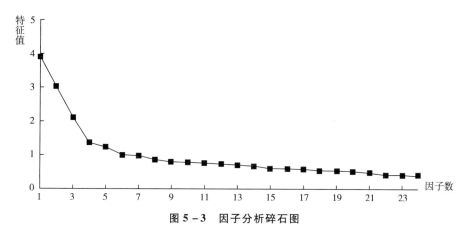

图 5 - 3　因子分析碎石图

表 5 - 14　因子个数及其特征值和方差解释累计率

因子个数	特征值	变异值	累加变异值
1	3. 993	16. 669	16. 639
2	3. 108	12. 949	29. 588
3	2. 259	10. 413	40. 002

表 5 - 15　各项目在三因子上的因子载荷

项　目	因子一	因子二	因子三
我发现自己总是跟着别人转	0. 705		
我通常很容易附和别人的建议，不去多想自己真正的感受	0. 699		
我经常在不知不觉中按别人要求去做	0. 657		
为了不让他人失望，我会附和他人提出的建议	0. 639		
与他人观点不一致，我会改变自己的观点	0. 586		
我老是感觉自己好像是为他人而活	0. 575		
满足他人需要经常决定了我的行为	0. 556		
我总是按别人的喜好来决定要说什么	0. 507		
感觉会引起他人坏评，我就不主动表现自己	0. 478		

项　目	因子一	因子二	因子三
感觉对方能接受我的意见，我才提出来	0.445		
我的喜怒哀乐通常都表现在脸上		0.716	
我怎么想的就怎么说或做		0.650	
跟人谈话，我几乎都不会有所保留		0.628	
我的言行完全反映我的内心思想和情感		0.605	
我经常因为说话直来直去而得罪人		0.592	
对我不喜欢的人，我就难以掩饰对他的厌恶		0.532	
我在外面和在家里的行为表现几乎一致		0.478	
与他人有相同的观点或看法，我会主动表露出来			0.664
对方表现好的话，我会主动表示赞赏			0.646
我会体察他人的需要，并主动询问是否需要帮助			0.615
我能从对方的神情中得知他对我讲的是否感兴趣			0.541
发现对方对我讲的感兴趣，我就会乘机多讲一点			0.511
在适当场合，我能做到无拘无束地表达自己			0.477
发现谈话不投机，我会想办法去找俩人都感兴趣的话题			0.457

　　第一个因子包含的题目是行为满足他人，受制于他人，把它命名为"他人导向"；第二个因子包含的题目是行为反映自己的内在状态，不管环境要求与他人要求，故命名为"自我导向"；第三个因子的题目是对环境线索敏感，注意增进与他人的关系，对互动情境有主动控制，命名为"高自我监控"。

表 5 – 16　三因子间的相关

	他人导向	自我导向	高自我监控
他人导向			
自我导向	0.062		
高自我监控	− 0.085	0.062	

　　量表的信度，他人导向，cronbach α = 0.83；自我导向，cronbach α = 0.81；高自我监控，cronbach α = 0.71。

3. 讨论

　　因子分析显示，量表存在三个因子，这与我们的构念是一致的。说明新编的自我监控量表有着较好的构想效度。

对 Snyder 自我监控量表的因子分析显示，该量表存在三个因子，参照相关研究（肖崇好，2005b），把这三个因子分别定义为外向、表演和他人导向。我们也没有得到他编题时的五个因素：对自我呈现社会适宜性的关注，注意社会比较信息，控制和调整自己自我呈现及表情行为的能力，在特定情境中使用这一能力，个体表情行为和自我呈现跨情境变化一致的程度。所得到的因子跟这些具体行为特征不匹配，不一定说这个量表构想效度不高。如果所得因子与行为更高层面的特质匹配，即 Snyder 构念中高自我监控者的三个特征——关注情境的适宜性、对情境线索敏感和以此作为行为调节的指南，说明该量表也有构想效度。但研究（肖崇好，2005b）显示除了他人导向与第二个特征有些相关外，外向和表演在 Snyder 构念中找不到对应的匹配特征。前已述及，这是 Snyder 量表受批评最多的地方。新量表的探索性因子分析显示，比较好地解决了 Snyder 自我监控量表存在的这一问题。

另外，从三因子的方差解释率来看，Snyder 量表的三因子方差解释率累积为 28.578%。新编自我监控量表三因子方差解释率累积为 40.002%，比前者稍高。但两个量表的方差解释率都不高，这可能与人际行为受太多因素影响有关。

三　小结

在印象构建的自我监控中，高自我监控构念化为既维系自我和谐，又维系人际和谐；自我导向被构念化为只维系自我和谐；他人导向被构念化为只维系人际和谐。在对自我监控概念进行操作化时，最开始，根据维系自我和谐与维系人际和谐两个维度，对高自我监控、他人导向和自我导向概念进行操作化。但在此基础上编制出来的量表，缺乏聚敛效度和辨别效度。在对自我监控概念重新操作化过程中，发现自我导向和他人导向都存在控制维度上的差别。根据有无控制把自我监控分为四类：有/无控制的自我导向，和有/无控制的他人导向。但效度检验仍存在问题。然后，根据对互动情境有无控制和行为的主动与被动，把自我监控操作化为三个维度——自我导向：行为反映内在状态，被动适应环境。他人导向：行为反映情境要求，被动适应环境；只有高自我监控行为既反映内在状态，又反映环境要求；在社会情境中，他们主动控制环境。最后，我们编制出了 24 题新的自我监控量表。

第六章　自我监控量表效度研究

在这一章里，我们首先对 24 题自我监控量表的效度进行评估，考察该量表的结构效度和预测效度。

第一节　自我监控量表结构效度研究

前已述及，一个测量的结构效度包括聚敛效度和辨别效度。聚敛效度是通过考察自我监控概念与特定概念之间的相关，来确定新自我监控量表是否测量到了要测的内容。

一　自我同一性对自我监控的影响

1. 研究目的

研究目的是通过考察自我同一性对自我监控的影响，来确定自我监控在印象构建中的作用。

自我是一个多维结构，在不同的情境中，个体会选择性地激活不同的方面来适应环境的变化。在社会情境中，个体行为既具有事实评价意义（如某人是否发表了意见），又具有价值评价意义（如某人发表的意见是否具有建设性）。事实评价没有好坏优劣之分，不会引起人的情绪反应；但价值评价就有好坏优劣之别，它会引起人的情绪反应，导致他人形成不同的印象。在有些社会情境中，情境规范具有明显的价值评价标准，如在公共汽车上应该为老弱病残孕让座，这样的情境称为结构性情境。在结构性情境中，行为人会根据情境要求，表现出适宜性行为（Ellis, West, Ryan & DeShon, 2002）。但有些社会情境本身没有价值评价标准，如三五朋友去吃饭，吃白菜，还是萝卜，就没有对错之分，优劣之别，这样的情境称为非结构性社会情境。在这类情境中，情境适应性行为标准来自个体内部（Verdejo - García, Vilar - López, Pérez - García, Podell & Goldberg, 2006）。如 Schlenker 和 Weigold（1990）研究认为，私我意识高的人抗拒社会压力，不是因为他们没有注意到社会环境的影响，不是他们不在乎观众的看法，而是因为他们想给观众留下自治（autonomy）的自我同一性，并监控他们的自我呈现来为观众留下这一印象。私我意识高的被试强调自治和个人身份，而公我意识高的被试强调服从、社会身份和社会弹性（trepidations）。他们进一步的实验呈现，如果能保护自治这一印象，私我意识的人也会公开地改变他们的态度。

如前所述，自我监控解释自我呈现或印象管理中的个体差异。在非结构性社会情境中，个体社会行为倾向性受自我监控的影响，但自我监控同样服务于个体的自我概念，或个体想给他人留下什么印象。例如，私我意识高的人想要表现自己独立、自治、有主见，就要尽量不受环境因素的影响；相反，公我意识高的人要表现出自己合群、服从、善解人意等品质，就要压抑自己真实的感受或想法，去跟他人保持一致。由于一个人的自我概念具有相当的稳定性，因此，在非结构性情境中，调节行为的自我监控机制也会形成固定的模型。吴文春、肖崇好（2009）用自我监控量表和自我同一性量表（Cheek，Smith & Tropp，2002）对大学生自我监控与自我同一性的关系进行探讨，结果发现，高自我监控与个人身份倾向、关系身份倾向呈显著正相关；他人导向与关系身份倾向、社会身份倾向呈显著正相关。本研究的目的在于探讨自我概念或自我同一性对自我监控的影响。本研究的假设为，自我监控中的他人导向是为了表达关系或社会自我，自我导向是为了表达个体的独立、有主见，高自我监控则兼而有之。

2. 研究方法

（1）被试

采用整群随机取样法从韩山师范学院选取生物、体育、物理、教育及外语专业的大学生进行问卷调查；有效问卷426份，其中男生163名，女生263名。

（2）量表

自我监控量表 采用肖崇好编制的自我监控量表，该量表包含3个子量表：他人导向分量表、自我导向分量表和高自我监控分量表，其信度与测量内容分别为：他人导向，cronbach $\alpha = 0.83$，测量一个人的行为随情境变化的程度；自我导向，cronbach $\alpha = 0.81$，测量一个人的行为反映自己内在状态和态度的程度；高自我监控，cronbach $\alpha = 0.71$，测量一个人的行为兼顾自我和谐与人际和谐的程度。量表共 24 个项目，其中他人导向分量表 10 个项目，自我导向分量表 6 个，高自我监控分量表 6 个；每个项目从"完全不符合"到"完全符合"，均为 6 点记分，分值越高代表具有该维度的特征越强。研究显示该量表比 Snyder 量表有较大改进（肖崇好、黄希庭，2009）。

自我同一性量表 采用 Cheek 等最新（Cheek，Smith & Tropp，2002）修订编制的自我同一性量表（第四版）（The Aspect of Identity Questionnaire，AIQ – IV）。该量表包含 4 个分量表，其测量内容与内部一致信度分别为：个人身份量表测量个体自身的特征、价值观以及特质，cronbach α = 0.73；关系身份量表测量个体与其他有直接联系的人之间的关系，cronbach α = 0.92；社会身份量表测量个体的社会角色以及名誉声望（social roles and reputation），cronbach α = 0.84；集体身份量表测量个体所属的社会类别（如民族、种族），cronbach α = 0.72。量表共有 45 个项目，其中个人身份量表 10 个项目，关系身份量表 10 个，社会身份量表 7 个，集体身份量表 8 个，另外还有 10 个特别项目（special items）在量表中不记分；每个项目从"对我是什么样的人一点都不重要"到"对我是什么样的人极端重要"，均采用 5 点记分。

（3）实验程序

所有问卷采用现场团体施测，使用统一的指导语，时间大约为 20 分钟。

3. 研究结果

（1）自我同一性对自我监控影响的回归分析

以自我同一性四个子量表为自变量，分别以自我监控量表三个子量表分为因变量进行回归分析，考察自我同一性的不同方面对自我监控的影响。回归分析方法把自我同一性量表四个子量表全部放入回归方程，作为自变量，分别以自我监控量表的他人导向、自我导向和高自我监控子量表分为因变量。各自变量的回归系数，回归方程 ANOVA 分析的 F 值，测定系数（Q^2），以及调整后的测定系数（$\triangle Q^2$），见表 6 – 1。

表 6 – 1 自我同一性对自我监控的回归分析结果

项 目	他人导向	自我导向	高自我监控
个人身份倾向	– 0.053	0.131[*]	0.234[**]
关系身份倾向	0.173	0.070	0.134[**]

续表

项 目	他人导向	自我导向	高自我监控
社会身份倾向	0.344**	− 0.052	0.004
集体身份倾向	− 0.194	− 0.091	− 0.137*
F	5.339	1.526	8.896
Q^2	0.049	0.014	0.078
$\triangle Q^2$	0.039	0.005	0.069

注:* $p < 0.05$,** $p < 0.01$,下同。

表 6 - 1 显示,社会身份倾向主要通过他人导向,即行为随情境变化而变化来实现。同时关系身份倾向达到临界显著水平（$p = 0.058$）;集体身份倾向也达到临界显著水平（$p = 0.060$）。个人身份倾向主要通过自我导向来呈现。高自我监控既表现个人身份倾向,又表现关系身份倾向。这与肖崇好自我监控新构念基本一致:他人导向维系人际和谐;自我导向维系自我和谐;高自我监控既维系自我和谐,又维系人际和谐。

（2）自我同一性各子量表得分高低组自我监控差异比较

从表 6 - 1 的分析结果可以看出,个人身份主要通过自我导向表现,社会身份和关系身份主要通过他人导向实现;高自我监控既表现个人身份,又表现关系身份。接下来,我们根据被试在自我同一性四个子量表上的得分,把他们分为高分组（得分高的27%被试）和低分组（得分低的27%被试）,通过独立样本 t 检验进一步考察自我同一性对自我监控的影响。

表 6 - 2　自我同一性子量表得分高低组自我监控各子量表得分比较 （$M \pm SD$）

自我同一性量表		人数	自我监控量表		
			他人导向	自我导向	高自我监控
个人身份倾向	高	117	30.12 ± 8.83	24.98 ± 5.91*	32.01 ± 4.22**
	低	125	28.81 ± 6.91	23.43 ± 4.71	29.00 ± 5.21
关系身份倾向	高	176	29.77 ± 8.25	24.83 ± 6.12	31.59 ± 4.37**
	低	170	28.50 ± 7.16	23.82 ± 5.12	29.10 ± 5.32
社会身份倾向	高	136	30.44 ± 8.16**	24.39 ± 6.47	30.76 ± 4.68*
	低	127	27.04 ± 6.80	24.38 ± 5.21	29.53 ± 5.32
集体身份倾向	高	193	29.27 ± 7.26	24.48 ± 5.92	30.63 ± 4.60
	低	170	28.73 ± 7.26	24.34 ± 5.43	29.75 ± 5.25

表6-2中，在自我同一性四个子量表中，只有社会身份倾向得分高低组，在自我监控中的他人导向子量表上得分存在非常显著的差异。在自我导向子量表的得分上，只有个人身份倾向得分高低组存在显著差异。而在高自我监控子量表上得分较高的，在自我同一性个人身份倾向、关系身份倾向和社会身份倾向子量表上得分也比较高。集体身份倾向得分高低组，在自我监控三个子量表上得分均无显著差异。

4. 讨论

（1）不同社会情境中的行为调控的标准

如前所述，自我监控机制是个体与环境保持平衡的一种机制。它主要是通过控制他人形成的个体印象来实现个体与环境的有效互动。在社会生活中，从动态发展角度来说，个体不可能完全不顾环境影响，也不可能完全按环境要求去做。在结构化情境中，个体应该如何表现，其行为评价标准在情境中有潜在的线索。觉察结构性情境中评价标准能力强的人，也能据此调整自己的行为（König, Melchers, Kleinmann, Richter & Klehe, 2006；Pauls & Crost, 2005），根据情境要求预测个体行为的可预测性也较高（Nicola, Douglas & Edward, 1985；Schutte, Kenrick & Sadalla, 1985）。但在非结构化情境中，如何表现才是合宜的，其行为评价标准就取决于个体内在的价值观和人格特征了。当环境中没有足够多的信息指导个体应该如何表现时，个体行为受内在因素的影响，如人格、自我概念等因素。人格测验就是一种典型的非结构性评价情境，在测验的指导语中，研究者一般会强调答案没有对错之分，通过故意模糊评价标准来测量被试的真实人格特征。但用非结构化情境中测量得到的人格特质来预测特定情境中的行为，一直存在跨情境预测效度不高的问题（Bono & Vey, 2007）。

总之，在结构化情境中，行为人的行为评价标准是清晰的，行为人按社会情境要求行动；在非结构性情境中，行为人行为评价标准是不清晰，或多元的，行为人往往根据自己的理解去表现自认为合宜的行为。

（2）非结构性情境中自我同一性的呈现机制

在非结构性情境中，个体需要借助一定的行为或行为方式来外化自己的内在特质，引导观众形成有关自己的印象。此时，个体编辑自我信息的依据就是自我概念或自我同一性。自我是一个多维结构，在不同的社会情境中，激发自我的不同方面，这一特征也称为"弹性"。自我监控的目的在于传递不同的印象（Turnley & Bolino，2001），传递不同印象所使用的印象管理策略也不同（Guadagno & Cialdini，2007；Bolino，Kacmar，Turnley & Gilstrap，2008）。不同的印象管理行为有着不同的社会期望判断，有着不同的因果解释社会功效（Dubois，2000）。

在非结构性情境中，如人格测验，为什么有人会强调个人身份倾向呢？因为，他们是想让观众知道：他们积极地忽视或拒绝外来压力，根据自我确信（conviction）来表达或行动。这样，会给观众留下诚实、可靠、直率等社会期望印象。在现实生活中，不管面对谁，在何种场合，都真实地呈现自己相关信息是一种有价值的特征。研究已经发现，观众的社会赞许与呈现者内心真实表白是成正比的（Jellison & Green，1981），面对外部压力时仍坚持其信念的人，与屈服的人相比，会得到观察者更多的喜欢（Braver，Linder & Corwin，1977）。而且，真实地呈现自己与权力感、控制感联系在一起（Schlenker & Trudeau，1990）。但是，在自我呈现中只维系自我和谐，也会给人留下非期望的印象，如自我中心、不关心人、没有同情心、冷漠、不近人情、不灵活等。在权衡利弊后，觉得利大于弊的人，在行为编辑时，会我行我素、表里如一、言行一致。这都是自我监控中自我导向的典型行为特征。

对关系身份倾向和社会身份倾向的人来说，有效的自我呈现是要让观众形成这样一种观念：他们是考虑周全的人，是一个积极的合作伙伴，是一个善解人意、替观众着想的人等。以上这些特征在许多场合不但是一个有价值的特征，而且对害怕遭受拒绝的人来说，它还起到自我保护的作用。跟他人保持一致，或附和他人，他们可以与大家一起相处，避免他人注意他们和他们的想法。按照这种推理，维系人际和谐者应该与社会焦虑和在社会互动中缺乏信心有关（Schlenker & Leary，1982）。或许，维系人际和谐者长期关注自我的社会方面，培养了他们的社会恐惧和注重人际和谐的自我形象。但是，只维系人际和谐，也容易给人留下不好的印象，如拍马屁、见风使舵、没有原则、没有主见、为人圆滑等。因此，在非结构性情境中，认为与他人维系良好关系更重要的人，在监控其行为时，会与互动对象保持一致，看对方脸色行事，迎合奉承对方。这正是典型的他人导向者的行为特征。

高自我监控者的行为主动、积极、关心他人的利益，因此，其行为既能维系自我和谐，又能维系人际和谐。他们要表达的是，他们既是有主见的人，又能维系与互动对象的关系。

二　自我监控与情境线索、控制源和社会适应性的相关研究

1. 研究目的

从以前自我监控的研究中（Gangestad & Snyder，2000；Briggs & Cheek，1988；肖崇好，2005c；Briggs，Cheek & Buss，1980；Riggio & Friedman，1982；Lennox & Wolfe，1984）可以看到，争论主要集中在三个方面：一是对内外线索的敏感方面；二是行为结果的控制；三是高自我监控者是良好的社会适应者。为此，我们相应地选用三类效标：在对内外线索敏感性方面选用自我意识量表（Fenigstein，Scheier，& Buss，1975）；在控制源方面选用 Levenson 内控/他控/机控（IPC）量表（Levenson，1981）；在社会适应性方面，选用的量表有自尊量表（Rosenberg，1965），害怕负面评价量表（Leary，1983），艾森克人格量表（龚耀先，1984）。以上量表，除了 Levenson 内控/他控/机控（IPC）量表是我们新加的，其他量表都是其他研究者在研究 Snyder 自我监控量表时常用的效标。

本研究就是要进一步考察新编自我监控量表是否符合构念，是否很好地解决了 Snyder 自我监控量表中的问题，具有较好的聚敛效度。

研究假设一： 对内外线索敏感性方面。根据构念，他人导向对外界线索非常敏感，应跟自我意识量表中的公我意识有正相关。自我导向应该对内外在线索敏感。在 Snyder 等人看来，行为只反映内在状态可能是由于对外界线索不敏感，没有意识到外界环境对自己行为的要求或他人的期待。但是，我们的研究发现，自我导向的人是因为想给他人留下期望的印象，所以，行为才跟内在状态保持一致。他们并不是不知道他人对他人行为的期望，或情境的要求，只是他们认为顶住环境压力，仍然言为心声，会得到他人期望的评价。高自我监控者应该对内在线索、外界线索都非常敏感，应与公我意识与私我意识都有正相关。因为，他们会根据情境或他人要求主动调整自己的行为来适应环境。

研究假设二： 在行为的控制源方面，自我导向与自我控制量表应该有正相关；他人导向，行为应该完全由他人或情境决定；高自我监控应该与

自我控制正相关。

研究假设三：在与适应性量表的相关方面，他人导向，与自尊应该有负相关；与害怕负面评价量表，与艾森克人格量表中的精神质和神经质量表应该有正相关。自我导向与自尊有正相关，与害怕负面评价有正相关，与艾森克人格量表中的精神质有正相关。高自我监控与自尊量表应该有正相关；与害怕负面评价量表，艾森克人格量表中的精神质和神经质应该有负相关或无相关。

2. 研究方法

被试：韩山师范学院在校大学生359人。

测量工具：所用的量表有：①新编制的自我监控量表。包括三个子量表的信度和测量内容分别是：他人导向，cronbachα = 0.83，测量一个人的行为随情境变化的程度；自我导向，cronbachα = 0.81，测量一个人的行为反映自己内在状态和态度的程度；高自我监控，cronbach α = 0.71，测量一个人的行为兼顾自我和谐与人际和谐的程度。该量表采用利科特6点评定法，分值越高代表具有该维度的特征越强。②自我意识量表（Fenigstein, Scheier, & Buss, 1975）。共23题，量表包括三个分量表：公我意识、私我意识和社会焦虑量表。公我意识是指一个人对自己外表、外在行为、对别人对自己的印象等的意识程度；私我意识是指一个人注意自己情绪、感受等内在心理历程的程度；社会焦虑是指一个人在他人在场时，害羞、不安及焦虑的程度。Fenigstein等研究发现三个子量表的重测信度均大于0.7。采用利科特6点评定法，分值越高代表具有相应维度的特征越强。③内控/他控/机控（IPC）量表（Levenson, 1981）。该量表有三个分量表，分别代表控制源构念的三个不同成分：内控（I）量表，测量人们相信自己能够控制自己生活的程度；他控（P）量表，测量人们相信他人控制自己生活中事件的程度；机控（C）量表，测量人们相信机会影响自己的经历和结果的程度。④自尊量表（Rosenberg, 1965）。10题，评价总体的自我价值和能力。采用4点利科特评定法，从"完全不符合"到"完全符合"，分值越高代表自尊越高。该量表 Cronbachα = 0.83。⑤害怕负面评价量表（简缩版）（Leary, 1983）共12题。测量他人对自己做出负面评价的焦虑和困扰。采用利科特四点计分法。得分越高表示对他人负面评价越焦虑；该量表

Cronbachα = 0.81。间隔一周后的重测信度在 0.60 – 0.79。⑥艾森克人格量表（成人版）（龚耀先，1984）。共 88 题，该量表包括四个子量表。掩饰子量表，高分不一定就是回答不真实，它反映被试的社会朴实或幼稚水平。精神质量表，测量一个人的倔强性。高分者可能不关心他人，难以适应环境，与他人关系不佳等。神经质量表测量情绪的稳定性。高分者可能有强烈的情绪反应，且难以平复。外向量表测量人的外向程度。

3. 研究结果

（1）自我监控量表与自我意识量表的相关

将新自我监控量表中三个子量表各自题目的得分加在一起，得到各子量表的量表分，新自我监控量表与自我意识量表的相关见表 6 – 3。

表 6 – 3   新自我监控量表与自我意识量表的相关

	公我意识	私我意识	社会焦虑
他人导向	0.218 *	– 0.074	0.378 **
自我导向	0.125 *	0.050	0.151 **
高自我监控	0.289 **	0.334 **	– 0.226 **

注：* $p < 0.05$；** $p < 0.01$，下同。

从表 6 – 3 可以看出，研究假设一基本得到证明。这进一步证明，自我导向者，其行为与内在状态保持一致，是因为害怕别人对他们有不好的评价，因此，行为才跟内在状态保持一致，并不是因为对外界线索不敏感。但是，自我导向与私我意识相关不显著，这与研究假设一不符。他人导向者是因为社会焦虑才总是关注外在情境或线索的要求。高自我监控者能同时关注内在和外在线索。

（2）自我监控量表与控制源量表的相关

从表 6 – 4 可以看出，他人导向与情境控制、他人控制有正相关，这与研究假设二一致；自我导向与自我控制有正相关，这与研究假设二一致，但与情境控制和他人控制也有正相关，这与研究假设二不符。高自我监控与自我控制有正相关，与情境控制和他人控制是负相关，这与研究假设二相符。

表 6 - 4 自我监控量表与控制源量表的相关

	自我控制	情境控制	他人控制
他 人 导 向	− 0.140 **	0.402 **	0.358 **
自 我 导 向	0.190 **	0.179 **	0.145 **
高自我监控	0.327 **	− 0.161 **	− 0.206 **

（3）自我监控量表与社会适应性量表的相关

新自我监控量表与社会适应性量表的相关见表 6 - 5。

表 6 - 5 新自我监控量表与社会适应性量表的相关

	害怕负面评价量表	自尊量表	艾森克人格量表			
			掩饰	精神质	神经质	外向
他 人 导 向	0.463 **	− 0.378 **	− 0.087	0.087	0.431 **	− 0.229 **
自 我 导 向	0.060	− 0.002	− 0.066	0.051	0.113 *	0.037
高自我监控	− 0.147 **	0.311 **	0.121 *	− 0.194 **	− 0.184 **	0.321 **

从表 6 - 5 可以看出，研究假设三中的大部分假设得到证实。第一，他人导向与自尊量表、害怕负面评价量表、艾森克人格量表的相关模型和研究假设完全一致。自我导向，与神经质有正相关，这与研究假设一致，但与害怕负面评价量表、与自尊量表都没有正相关，这与研究假设不符。高自我监控子量表与自尊和外向有正相关，与其他临床量表有负相关，这与研究假设完全一致。

4. 讨论

从新自我监控量表与效标的相关可以看到，他人导向和高自我监控在新量表中得到很好的定义。他人导向者是只对外界线索敏感，对内在线索不敏感，有着强烈的社会焦虑倾向，认为自己的行为完全受情境因素或重要他人决定，自信心比较低，害怕别人的负面评价，因此，与临床量表有正相关。

高自我监控对内外线索都比较敏感，在互动情境中不害怕他人对自己有负面的评价，认为自己的生活或行为完全由自己决定，不受情境或他人因素的影响。自尊比较高，与临床量表都是负相关，社会适应比较良好。在新编自我监控量表中，高自我监控也得到较好的定义。

从聚敛效度来看，自我导向定义得不太好。我们原来认为自我导向者，行为对外界线索敏感，受内在控制影响，自尊比较高，害怕别人负面评价，与神经质量表有正相关。但从上面的研究结果来看，我们测量到的自我导向是：对外界线索敏感，有强烈的社会焦虑，认为自己的行为由自己、他人或情境决定，与自尊和害怕负面评价无关，与神经质有正相关。差别在于测量到的自我导向者，其行为既有内控，也有他控和机控。原因可能出于我们测量自我导向的题目上，如"我怎么想就怎么说或怎么做""我的喜怒哀乐通常都表现在脸上""我的言行完全反映我的内心思想和情感"等，这些题目可能测量行为的自我导向，给他人留下期望（直率、真诚等）印象；也可能测量到行为无控制程度，即完全没有目的，言行皆为自然流露。自我导向者行为究竟具有什么样的特点，应该如何测量，有待进一步的研究。

三　自我监控与对面部表情线索敏感

1. 研究目的

本研究在于考察用新自我监控量表区分出来的不同类型的自我监控者，在对面部表情识别方面是否存在差异。Snyder（1979）认为高自我监控者区别于低自我监控者的一个主要指标，就是对情境线索是否敏感。他认为高自我监控者对情境线索敏感，并据此来调节自己的行为。而低自我监控者对情绪线索不敏感，因此，行为反映内在状态。在新的自我监控构念中，对情境线索敏感不是区分自我监控个体差异的指标。在互动情境中，对方的面部表情是个体用来调节自己行为非常重要的依据。本研究将面部表情识别能力，作为不同类型的自我监控者对情境线索敏感的指标，看高自我监控者、自我导向者、他人导向者和低自我监控者在面部表情识别方面是否存在差异。

因为，自我导向、他人导向和高自我监控都有控制维度，对情境线索都比较敏感。我们的假设是：这三组在面部识别能力方面没有显著差异。

2. 研究方法

被试： 韩山师范学院 215 名在校大学生。

问卷：（1）面部表情识别能力问卷，该问卷包括人类六种基本情绪：快乐、悲伤、发怒、厌恶、恐惧、惊讶。每种情绪分为三种程度，即很弱的情绪，中等的情绪，比较强的情绪。共 72 张面部表情照片，每张照片表情判断正确计"1"分，得分区间为 0-72 分。（2）24 题新编自我监控问卷。

程序：在课堂上学生当堂完成。

3. 研究结果

（1）被试分组

根据因子分析各子量表分，用 K-means 进行聚类分析，结果如表 6-6所示。

表 6-6　最后的聚类中心

因　子	分　组			
	1	2	3	4
他人导向	21.12	32.10	26.46	39.07
自我导向	26.99	29.54	18.86	22.70
高自我监控	33.20	33.09	29.10	29.42

从表 6-6 可以看出，第 1 组人在高自我监控上得分最高，在他人导向上得分最低，在自我导向上得分较高，把这组命名为"高自我监控组"。这种人的行为特点是：会根据情境线索主动调节自己的行为，控制互动情境（高自我监控得分最高），但不会被动地满足他人或互动情境的要求（他人导向得分最低），行为具有一定的我行我素的特征（自我导向得分较高）。

第 2 组在自我导向上得分最高，在他人导向、高自我监控上得分较高，故命名为"自我导向组"。自我导向组的行为特征是：行为反映内在状态（自我导向得分最高），但有时行为会迁就他人（他人导向得分较高），有时能根据情境要求主动做出调节，控制互动情境（高自我监控得分较高）。

第 3 组在自我导向、高自我监控上得分最低，在他人导向上得分也较低，故命名为"低自我监控组"。这种人可能是由于自我意识不清，或者是对情境线索不敏感，因此，在人际互动行为中没有有意识的控制行为。

第 4 组在他人导向上得分最高，在自我导向、高自我监控上得分都比较低，故命名为"他人导向组"。这一组的行为特征是：行为受他人或情境的被动影响，失去自我，自尊比较低（他人导向得分最高），不能做到无拘无束地表达（自我导向得分较低），也不能很好地根据他人或情境线索来主动控制互动情境（高自我监控得分较低），行为的被动特征非常明显。

（2）不同自我监控者面部表情识别能力比较

四组人数及其在面部表情识别能力量表上的得分，见表6-7。

表6-7   不同类型自我监控者面部表情识别能力比较

组　　别	人　数	平均分	标准差
高自我监控	74	52.01	7.58
低自我监控	11	46.04	8.57
他人导向	65	51.45	6.52
自我导向	65	50.98	5.76

经 ANOVA 分析，发现组间差异显著，F（$df = 3$）= 2.936，$p < 0.05$。独立样本 t 检验发现，只有低自我监控组，跟其他三组有显著差异，说明低自我监控者的面部表情识别能力明显比自我导向的人、他人导向的人、高自我监控者要差。这与我们的研究假设完全一致。其他三组之间 t 检验未发现显著差异。

4. 讨论

对情境线索敏感是 Snyder（1974，1979）自我监控概念的核心内容，Gangestad 和 Snyder（2000）用量化方法回顾了在美国心理学权威刊物上发表的与自我监控有关的 41 个研究，未发现有实证研究支持这一核心假设。我们对自我监控进行重新构念时，认为印象管理过程都存在自我监控，我们现在研究的自我监控主要针对印象建构。它发生于印象动机之后，也就是个体对情境评估后，觉得有必要进行印象管理（进行印象管理的情境线索已经出现），才会出现印象构建。因此，处于这一阶段的被试行为的差异，应该不是由对情境线索的敏感性决定的。

前已述及，Snodgrass 等（Snodgrass，Hecht & Snyder，1998）对角色差异敏感的测量包括一个人的表达性（expressivity）和另一个人的感知性（peceptivity）。结果显示，人际敏感更多的是与传送者的高表达性有关，而不是与感知者的感知性有关。表情在人际互动中，具有人际协调和协商关系的功能。回应是个体间协调的最低要求（Cappella，1997；Laurenceau，Barrett & Pietromonaco，1998）。无论你在谈论什么，如果对方没有做出回应，或以不相关的内容回应，这种互动都会中止。同时，表情具有协商功能，情绪表达为观察者提供了一个人的社交意图（social intentions）和他对当前关系的感受。例如，微笑意味着认可，皱眉意味着有可能发生冲突。因此，对情境线索不敏感，会严重破坏社会互换中的人际协商（Butler，et al.，2003）。

在互动中对表情线索不敏感，会破坏人际协调和关系协商，使互动双方更难完成哪怕是最简单的共同任务，也使他们之间的关系难以维系。总之，这会给双方带来相当的压力（Tomaka，Blascovich，Kelsey，& Leitten，1993）。所以，对情境线索敏感，应该是个体正常人际互动的基本要求，而不应该作为区分不同自我监控者的标准。

四　自我监控量表辨别效度的研究

1. 研究目的

本研究就是考察新编自我监控量表的辨别效度，即根据该量表把被试分成他人导向者、自我导向者和高自我监控者三类后，在相应的效标上是否存在预期的差异。

根据新的自我监控构念（肖崇好，2005c），不同类型的自我监控者应在三个方面有显著差异。一是对内外线索的敏感方面，二是行为的控制源，三是社会适应性。在对内外线索敏感性方面选用自我意识量表（Fenigstein，Scheier，& Buss，1975）；在控制源方面选用 Levenson 内控/他控/机控（IPC）量表（Levenson，1981）；在社会适应性方面，选用的量表有自尊量表（Rosenberg，1965），害怕负面评价量表（Leary，1983），艾森克人格量表（龚耀先，1984）。以上量表，除了 Levenson 内控/他控/机控（IPC）量表是我们新加的，其他量表都是其他研究者在研究 Snyder 自我监控量表时常用的效标。

研究假设一：根据新构念，自我导向者其行为反映内在状态，对内在线索应该比较敏感，故应在私我意识子量表上得分高。他人导向者对外在线索敏感，在公我意识上得分应该较高；高自我监控者对内外线索都敏感，应在公、私我意识上都有较高的得分；低自我监控者在公、私我意识上得分都最低。

　　研究假设二：在控制源量表上，自我导向者在自控量表上得分应该较高；他人导向者在情境控制或/和他人控制上得分应该较高；高自我监控者在自控量表上得分应该比较高，在机控和他控量表上得分都应该比较低；低自我监控者得分在机遇控制量表上得分应该比较高。

　　研究假设三：在社会适应性量表上，自我导向者在自尊量表上得分较高，他人导向在害怕负面评价量表上得分较高，在艾森克人格量表中神经质子量表上得分最高。他人导向者在自尊量表上得分最低，在害怕负面评价量表上得分最高，在艾森克人格量表的神经质子量表上得分最高。高自我监控者在自尊量表上得分应该比较高，在害怕负面评价，在艾森克人格量表中的精神质和神经质子量表上，得分应该较低。

2. 研究方法

　　被试：韩山师范学院 355 名大学生。

　　量表：①新编制的自我监控量表。②自我意识量表（Fenigstein, Scheier, & Buss, 1975）。③内控/他控/机控（IPC）量表（Levenson, 1981）。④自尊量表（Rosenberg, 1965）。⑤害怕负面评价量表（简缩版）（Leary, 1983）。⑥艾森克人格量表（成人版）（龚耀先, 1984），共 88 题，该量表包括四个子量表。掩饰子量表，测定被试的掩饰水平。精神质量表，测量倔强性。高分特征是可能孤独、不关心他人、难以适应外部环境、不近人情、感觉迟钝、与他人不能友好相处、固执、倔强；低分者特征是能与人相处、能较好地适应环境、态度温和、不粗暴、善从人意。神经质量表，测量情绪的稳定性。得分特别高的人的行为特征是，焦虑、紧张、易怒，往往又抑郁；得分特别低的人的行为特征是，情绪反应很缓慢、很弱，又容易平复。外向量表，测量人的外向程度。

　　程序：在课堂上要求学生完成，并当堂回收。

3. 研究结果

　　根据各子量表用 K – means 进行聚类分析，结果如下表 6 – 8 所示。

表 6 – 8　最后的聚类中心

自我监控子量表	分　组			
	1	2	3	4
他　人　导　向	21.12	32.10	26.46	39.07
自　我　导　向	26.99	29.54	18.86	22.70
高　自　我　监　控	33.20	33.09	29.10	29.42

从表 6 – 8 可以看出，第 1 组人在高自我监控上得分最高，在他人导向得分最低，在自我导向上得分较高，故把这组命名为"高自我监控组"。第 2 组在自我导向上得分最高，故命名为"自我导向组"。第 3 组在自我导向、高自我监控上得分最低，在他人导向上得分也较低，故命名为"低自我监控组"。这种人可能是由于自我意识不清，或者是对情境线索不敏感，因此，在人际互动行为中没有有意识的控制行为。第 4 组在他人导向上得分最高，在自我导向、高自我监控上得分都比较低，故命名为"他人导向组"。

（1）不同类型自我监控者对内外线索敏感性比较

不同类型被试的人数分布，及在自我意识量表上的得分比较，见表 6 – 9。

表 6 – 9　不同类型自我监控在自我意识量表上得分比较

组　别	人　数	公我意识	私我意识	社会焦虑
自我导向组	111	33.26 ± 4.88	46.72 ± 4.99	23.21 ± 5.25
低自我监控组	108	31.66 ± 4.89	45.86 ± 5.28	21.73 ± 5.68
他人导向组	49	33.86 ± 5.22	45.20 ± 5.29	25.51 ± 5.39
		ab	ab	ab**
		ac	ac*	ac
		ad	ad*	ad**
		bc*	bc	bc*
		bd	bd	bd*
		cd*	cd	cd**

注：* $p < 0.05$　** $p < 0.01$；a、b、c、d 依次代表高自我监控组、自我导向组等 4 组；ab 代表第 1、2 组的事后检验，其余同理（以下各表同）。

经 ANOVA 分析，在公我意识上，组间差异显著，$F(df = 3) = 2.969$，$p < 0.01$。他人导向组得分最高，低自我监控组得分最低。这与研

究假设一致。事后检验发现高自我监控组与自我导向组、低自我监控组差异未达到显著性水平。他人导向组与低自我监控组差异虽然显著，但与自我导向组在公我意识差异未达到显著水平，这与研究假设不一致；在私我意识上，组间差异显著，$F (df = 3) = 2.782$，$p < 0.05$。高自我监控组得分最高，自我导向居其次，他人导向组得分最低；事后检验发现高自我监控组与低自我监控组、他人导向组差异显著；但自我导向组在该维度上与低自我监控组、他人导向组无显著差异。这与研究假设不符。因此，四组在该维度上的差异与研究假设完全一致。在社会焦虑上，组间差异显著，$F (df = 3) = 10.607$，$p < 0.00$。高自我监控组得分最低，他人导向与自我导向组得分较高，与研究假设一致。

（2）不同类型自我监控者行为控制点比较

不同类型监控者在控制源量表上得分比较见表 6 – 10。

表 6 – 10   不同类型自我监控在控制源量表上得分比较

组　别	人　数	内　控	机　控	他　控
高自我监控组	87	27.46 ± 4.70	14.89 ± 5.40	11.53 ± 5.51
自我导向组	111	27.22 ± 4.36	17.32 ± 5.30	15.01 ± 7.66
低自我监控组	108	24.48 ± 5.23	15.06 ± 4.76	12.97 ± 6.29
他人导向组	49	23.18 ± 5.68	20.29 ± 5.76	17.96 ± 6.94
		ab	ab **	ab **
		ac **	ac	ac
		ad **	ad **	ad **
		bc **	bc **	bc *
		bd **	bd **	bd *
		cd	cd **	cd **

经 ANOVA 分析，在内在控制子量表上，组间差异非常显著，$F (df = 3) = 13.649$，$p < 0.000$。高自我监控组、自我导向组得分最高，低自我监控组、他人导向组得分较低。事后检验也发现，高自我监控组和自我导向组得分明显高于低自我监控组和他人导向组，这与研究假设完全一致。在机控子量表上，组间差异非常显著，$F (df = 3) = 14.916$，$p < 0.000$。他人导向组得分最高，自我导向组得分较低，这与研究假设一致；但事后检验发现，自我导向组得分要明显高于低自我监控组，这与研究假设不一

致。在他人控制子量表上，组间差异非常显著，F（$df = 3$）$= 11.486$，$p < 0.000$。他人导向组得分最高，高自我监控组得分最低，这也与研究假设一致。事后检验发现，低自我监控组得分明显低于自我导向组，这与研究假设不符。

（3）不同类型自我监控者在社会适应性量表上得分比较

不同类型的自我监控者在自尊量表、害怕负面评价量表、艾森克人格量表上的得分比较见表6–11。

表6–11　不同类型自我监控者在社会适应性量表上的得分比较

组　别	人　数	自　尊	害怕负面评价	掩　饰
高自我监控组	87	32.20 ± 4.91	26.98 ± 6.25	11.26 ± 3.56
自我导向组	111	29.73 ± 4.34	30.70 ± 6.47	11.33 ± 3.28
低自我监控组	108	29.64 ± 3.89	29.52 ± 5.55	11.42 ± 3.40
他人导向组	49	26.49 ± 4.92	35.90 ± 5.97	9.78 ± 4.06
		ab **	ab **	ab
		ac **	ac **	ac
		ad **	ad **	ad *
		bc	bc	bc
		bd **	bd **	bd **
		cd **	cd **	cd **
组　别	人　数	精神质	神经质	外向
高自我监控组	87	3.48 ± 2.56	9.84 ± 4.73	13.77 ± 4.58
自我导向组	111	3.60 ± 2.41	11.90 ± 5.17	12.43 ± 4.85
低自我监控组	108	3.51 ± 2.75	10.49 ± 5.04	11.61 ± 4.85
他人导向组	49	4.73 ± 3.46	15.16 ± 3.87	9.80 ± 5.36
		ab	ab **	ab *
		ac	ac	ac **
		ad *	ad **	ad **
		bc	bc *	bc
		bd *	bd **	bd **
		cd *	cd **	cd *

经ANOVA分析，在自尊量表上，组间差异非常显著，F（$df = 3$）$= 17.535$，$p < 0.000$。高自我监控组得分最高，他人导向组得分最低，这与

研究假设一致。在害怕负面评价子量表上，组间差异非常显著，F（$df = 3$）$= 23.195$，$p < 0.000$。他人导向组得分最高，高自我监控组得分最低，这也与研究假设一致。ANOVA 分析发现在掩饰子量表上，没有组间差异，F（$df = 3$）$= 2.856$，$p > 0.05$。他人导向组明显低于其他三组，这一现象有待进一步研究。在精神质子量表上，ANOVA 分析发现组间差异显著，F（$df = 3$）$= 2.781$，$p < 0.05$。他人导向组得分最高，高自我监控组得分最低，这与研究假设不一致。在神经质量表上，组间差异非常显著，F（$df = 3$）$= 14.425$，$p < 0.000$。他人导向组得分最高，自我导向组次之，高自我监控者得分最低，这与研究假设基本一致。在外向量表上，组间差异非常显著，F（$df = 3$）$= 7.621$，$p < 0.000$。高自我监控者得分最高，他人导向组得分最低。

4. 讨论

（1）新自我监控量表的辨别效度

从研究结果来看，绝大多数研究结果与研究假设是一致的。研究结果与研究假设的不一致主要表现在以下方面。

第一，自我意识量表中公我意识子量表的得分，应该是高自我监控者和他人导向者得分高于自我导向者与低自我监控者。但结果却是差异不显著。在私我意识子量表上，根据研究假设应该是自我导向组得分显著高于低自我监控组、他人导向组，但研究结果却不支持这一假设。这说明，自我导向量表所包含的项目跟理论假设存在一定差距。

第二，在控制源量表中，在机控子量表中，自我导向组得分比低自我监控组还要高；在他控子量表中，自我导向组得分却高于低自我监控组，说明自我导向子量表测量的内容跟构念存在一定差距。

第三，在社会适应量表中，自我导向组在自尊量表上的得分没有高于低自我监控组；在艾森克人格量表的精神质子量表中，自我导向组得分也没有高过他人导向组，这也说明自我导向子量表可能存在问题。

通过以上的研究，我们发现新自我监控量表中的自我导向量表可能存在不足。在我们看来，原来我们构念认为自我导向者行为反映内在状态和态度，不顾情境线索，我们编出来的项目包括，"我的喜怒哀乐通常都表现在脸上""我怎么想的就怎么说或做""跟人谈话，我几乎都不会有所保留""我的言行完全反映我的内心思想和情感""对我不喜欢的人，我就难以掩饰对他的厌恶"等。这些项目从表面效度来看，是行为反映内在状态和态度；但反映内在状态和态度的行为不一定是自我导向，因为这些项目不能区分出无控制的行为和自我导向行为，也就是说，无控制者的行为也是内在状态和态度的真实反映。如何区分无监控者的行为与自我导向者的行为，是我们接下来要继续研究的。

（2）高自我监控者的测量问题

在重新构念自我监控时，我们使用了完全不同于西方测量的二元思想，把高自我监控者构念成既维系自我和谐，又维系人际和谐的人。这样就带来了新的问题：如果新的自我监控量表是一个量表，得分高的是高自我监控者，得分低的是低自我监控者。这样的量表低自我监控者的辨别效度就不会很高，因为它混淆了他人导向者、自我导向者和低自我监控者。我们采用的是三个子量表测量自我监控的方案。这种方案可以比较好地把低自我监控者、自我导向者和他人导向者区分开来，但高自我监控的操作性定义就比较难把握了。我们现在的研究发现，高自我监控者能根据情境线索主动调节自己的行为来适应环境，而不是像他人导向者那样被动适应环境，也不像自我导向者那样，由于害怕他人负面评价而表里一致。高自我监控者是否还具有其他特征，还有待于进一步的研究。

五　小结

为了考察新自我监控量表的结构效度，我们分析了自我同一性与自我监控之间的关系，发现个人身份倾向可以预测自我导向，社会身份倾向可以预测他人导向，个人身份倾向和关系身份倾向都可以预测高自我监控。高自我监控者、他人导向者与自我导向者在面部表情识别能力测验中无显著差异，说明新自我监控测验到的内容与构念基本一致。

在对内外线索敏感性方面，自我导向对情境线索敏感，对内在线索不敏感；他人导向对情境线索比较敏感；高自我监控对内外线索均非常敏感。从这一结果看，他人导向和高自我监控测量到了我们要测的内容，但自我导向子量表存在缺陷，因为我们的构念是自我导向对内在线索敏感。

在行为的控制源方面，他人导向与情境控制和他人控制成正相关；自我导向与自我控制、情境控制和他人控制成正相关；高自我监控与自我控制成正相关。说明他人导向和高自我监控测量到了我们要测的内容，而自我导向与构念有一定差距。

在社会适应性方面，他人导向者害怕负面评价，情绪波动比较大；自我导向者没有表现出高的自尊和较高的神经质，而是较高的精神质；高自我监控者有较高的自尊，不害怕负面评价，有较低的神经质和精神质，但较外向。从这一结果来看，存在问题的仍然是自我导向子量表。

第二节　新自我监控量表预测效度研究

一　自我监控对自我呈现个体差异的影响

1. 研究目的

自我监控概念的出现，最初就是用来解释表情控制和自我呈现个体差异的。根据新的自我监控构念，在非结构性情境中，当外界要求与内在状态一致时，三种类型的自我监控者行为上不会有差异。因为，对自我导向者来说，真实表达自己的态度或情感，既能维系自我和谐，也不会妨碍人际和谐；对他人来说，跟他人态度保持一致，维系了人际和谐，同时也表达自己的态度，不会影响自我和谐；对高自我监控者来说，也能自我和谐与人际和谐兼顾。但当外在要求与内在状态不一致时，在非结构性情境中，这种差异就会表现出来。自我监控者我行我素，态度不会受他人影响；他人导向者会改变自己的态度，以维系人际和谐；高自我监控者会改变自己的态度，但不会像他人导向者那样大。我们研究的假设一是：在与他人态度相同和不同的情境下，被试的态度是会有变化的，而且后一种条件下，态度变化要大。

研究假设二：社会情境中，由于他人态度与自己有差异，而表现出来的向他人态度方向的变化，可以用自我监控来预测，即自我导向的人，不会改变自己的态度；他人导向的人改变自己态度的可能最大；高自我监控者态度变化居中。

2. 情境对个体自我呈现行为的影响

（1）研究目的

本研究探讨个体行为是否随情境的变化而变化。在被试显著与他人的态度不一致时，相比态度一致时，是否诱发被试较大的态度改变。

（2）研究方法

研究设计：本研究为单因素被试间设计。自变量为情境，分两种水平：与自己态度一致的情境，与自己态度不一致的情境。因变量为被试前后测态度变化量。

被试：韩山师范学院在校二年级大学生，共计 246 人，均为学习普通心理学的学生。学生参加实验是课程要求的一部分。

态度测验：自编教育改革问卷。先通过开放式问卷了解在校大学生最关心的一些话题，形成初步的问卷；经过再次调查，找出学生回答分歧比较大的 32 题，组成"自编教育改革问卷"，为 6 点利克特式问卷。内容涉及高校教学、管理和后勤等方面。如"大多数教师的教学态度非常认真""在校大学生上网应该受到限制"。目的在于考查学生对这些问题的态度。

实验过程：每个被试先单独接受 32 题的自编"教育改革问卷"调查。被试答完后，休息 5 分钟，实验助手会把他的问卷拿到另一间实验室里去；5 分钟后，拿出一份只有 8 题的"教育改革问卷"，这 8 题是前面 32 题"教育改革问卷"的一部分，且有用红笔作答，告诉被试用红笔作答的是任课老师。实际上，这些答题是按一定规则用红笔作答的。这种规则就是其中 4 题答案跟被试前面 32 题中相应题的答案完全一致；另外 4 题，答案跟被试答案差"3"，保证跟被试态度方向相反，如被试答"完全同意"（计 6 分），就用红笔在"有点不同意"上画"√"（计 3 分）；被试答"比较同意"（计 5 分），就用红笔在"比较不同意"上画"√"（计 2 分）。助手告诉被试接下来会让他跟这位任课老师一起讨论这 8 个问题。讨论前，为了相互了解对方的态度，老师的答案给被试看，也希望在老师填答的问卷上，被试重新对这 8 个题作答，给老师看。被试填答完后，实验即结束。

记录下被试在前测中 8 题的态度和后测中 8 题的态度，并用前测和后测态度相减的绝对值作为态度变化量。态度一致和不一致的态度变化量均使用 4 题变化量的总和。

（3）研究结果

因为态度改变具有反转性，如在某一题上，一个被试在前测的态度为"完全同意"（计 6 分），后测态度改变为"有点不同意"（计 3 分）；在另一题上，被试前测态度为"有点不同意"，后测态度为"完全同意"。那么，前测后测的平均数就不会有差异，但态度变化是巨大的。所以，不宜用前测后测态度作为指标来考察前后测态度是否有变化。我们现在用的是前后测态度差的绝对值作为态度变化量。

表 6 – 12　在不同情境中被试态度的变化量

情　　　境	人　　数	平均数	标准差
态 度 一 致	246	3. 32	1. 03
态 度 不 一 致	246	3. 53	1. 17

经配对样本 t 检验，$t_{(445)} = 2.02$，$p < 0.05$。说明被试在态度与自己一致和不一致的场合，态度表达是有显著变化的。

3. 自我监控对自我呈现的影响

（1）研究目的

本研究的目的在于探讨个体与他人态度不一致时，在被迫作答的条件下，被试的态度的变化，能否用自我监控类型的不同来解释。

个体表达自己的态度，实际上，一定程度上起着控制他人形成自己印象的作用（Leary，1995）。由于每个人的人际价值观不同，所以，在自己态度与他人一致时，无论是哪一种自我监控类型的人，都会把自己的真实态度呈现出来；但是，如果他人的态度跟自己的态度相左，不同自我监控类型的人，可能就有不同的行为表现。自我导向的人，会坚持呈现自己的真实态度，来给他人留下诸如有主见、独立、言行一致等社会期望的印象；他人导向的人则会改变自己的态度来跟他人的态度保持一致，给他人留下合作、重人际关系、有人情味等印象；在被动情境下，高自我监控者既要表达自己的态度，又不能破坏人际和谐，所以，他们可能改变态度，但力度不会像他人导向者那样大，但也不会像自我导向者那样缺乏灵活性。所以，我们的研究假设是在自己跟他人态度一致时，各类自我监控者都会真实表达自己的态度；在跟他人态度不一致时，不同类型的自我监控者态度改变程度是不一样的——自我导向者态度改变最少，高自我监控者改变居中，他人导向者态度改变最大。

（2）研究方法

实验设计：本研究为 3 × 2 混合实验设计。第一个变量为自我监控类型，是被试间设计；分三种水平，即高自我监控、他人导向和自我导向。

第二个变量为态度，是被试内设计，分两种水平：态度一致与不一致。因变量是学生前后测的态度变化。

被试：学习普通心理学和社会心理学的在校二年级大学生，他们参加实验是课程要求的一部分，共 123 人。

量表：①自我监控量表。采用 6 点自陈量表，该量表分为三个子量表，自我导向量表，10 题，cronbach $\alpha = 0.83$，测量个体行为受自己内在状态或情感影响的程度；他人导向量表，7 题，cronbach $\alpha = 0.81$，测量个体行为受他人或情境影响的程度；高自我监控量表，7 题，cronbach $\alpha = 0.71$，测量个体协调自我和谐与人际和谐的程度。②自编教育改革问卷，与实验一同。

实验过程：整个实验过程在计算机上进行。显示器每屏只显示一个题，在该题正下方有一个 6 点利克特量尺，该量尺每个刻度上方从左至右标有 1 – 6 阿拉伯数字。量尺下方标自左至右标有"完全不同意"到"完全同意"。

运行程序后，指导语提示，这是省高教改革委员会主持的一个调查，目的在于了解当前大学生在校学习、生活等情况。经过该调查过程筛选出本校代表参加省高教改革委员会主持的讨论会。在正式调查前，要求被试把手放在键盘 1 – 6 数字键上，左右手各三个手指，练习按键作答，如"完全同意"按"6"，"比较同意"按"5"，"有点同意"按"4"，依此类推，"完全不同意"按"1"。另一半被试完全相反，如"完全不同意"按"6"。当被试认为已经熟悉按键后，开始正式试验。

正式实验分为三部分：第一部分，是对 32 题自编教育改革问卷的回答，记录被试的答案。第二部分，施测自我监控量表。第三部分，在指导语中告诉被试，"接下来，由于时间关系，你会跟一位任课老师一起只讨论 32 题中的 8 个问题，为了便于接下来的讨论，他对这 8 个问题的回答会在接下来的 6 点量尺上用红色的圆点表示。你留给老师的印象好坏将决定你是否被录用作为代表参与省高教改革委员会的讨论会"。

这 8 题中，老师给出的答案（用红点表示）有 4 题跟被试前面的回答完全一样，另 4 题跟被试的回答差 3（与实验一同）。教师的态度是用红色的圆点表示的，这一红点出现在利克特量表的相应位置上，被试在回答每一题时，都会看到。计算机会自动记录被试对 8 个问题的前后测答案。

(3) 研究结果

被试的分类

根据被试在自我监控量表 3 个子量表上的得分，用 K – means 进行聚类分析，把被试分为三类，最后的聚类中心如表 6 – 13 所示。

表 6 – 13 最后的聚类中心

自我监控	分 类		
子量表	1	2	3
他 人 导 向	26. 44	23. 43	37. 36
自 我 导 向	18. 40	27. 65	24. 84
高自我监控	34. 60	29. 43	31. 66

根据表 6 – 13，我们称第 3 组为他人导向组，第 2 组为自我导向组，第 1 组为高自我监控组。

自我监控对自我呈现的影响

不同类型的自我监控者，在态度一致和态度不一致情境下，态度变化量见表 6 – 14。表中的态度变化量是 4 题态度变化的总和。

表 6 – 14 不同自我监控类型在不同条件下态度变化量

自我监控类型	态度一致	态度不一致
高自我监控组	4. 37 ± 3. 82	4. 87 ± 3. 83
自 我 导 向 组	4. 08 ± 2. 76	4. 18 ± 3. 27
他 人 导 向 组	4. 23 ± 4. 18	5. 56 ± 3. 69

经 MANOVA 分析发现，在态度变化中，态度条件主效应非常显著，$F_{(1, 240)} = 4.16$，$p < 0.05$；自我监控类型主效应显著，$F_{(2, 240)} = 3.88$，$p < 0.05$；交互作用效应不显著，$F_{(2, 240)} = 0.24$，$p > 0.05$。从影响态度变化的情境来看，态度一致比态度不一致情境，无论在哪种自我监控者身上，都起到了较大的态度变化；但他人导向引起的态度变化在总体上要大于高自我监控组和他人导向组。经事后检验，态度一致时，高自监控组、自我导向组和他人导向组差异不显著（$p > 0.05$）；态度不一致时，三组态度变化存在显著差异，他人导向组显著高于高自我监控组、他人导向组，高自我监控组与自我导向组存在显著（$p < 0.05$）或非常显著

（$p < 0.01$）的差异。

（4）讨论

用自我呈现解释人际行为起源于 20 世纪 50 年代，后来，研究者用自我呈现解释许多人际行为（Arkin & Hermann，2000）。

在人际交往中，与对方在一定程度上保持一致，是人际关系非常重要的润滑剂（Cheng & Chartrand，2003；Lakin，Jefferis，2003）。Vorauer，Miller（1997）发现，在自我呈现中存在匹配效应：对方以自我增强的方式呈现自我，被试也会以自我增强的方式呈现自我；当对方以谦虚方式呈现自我时，被试也会以谦虚的方式呈现自我；而且，被试对这种匹配的自我呈现方式是无意识的。匹配效应也可以说明自我呈现时除了考虑到自我特征外，也考虑到了他人的特征（Vorauer & Miller，1997）。Chartrand 和Bargh（1999）（实验1）要被试与一助手互动，这位助手不时地摸摸脸或摇摇脚，结果发现被试倾向于模仿这一动作。他们把这一效应称为"变色龙效应"（chameleon effect）。他们的进一步研究（实验2）证实：在互动中模仿被试的助手，被试对他们更喜爱。这说明至少在互动初期，与他人保持一定程度的一致，有利于人际关系的建立和发展，当然也有利于他人形成对自己良好的印象。

一般情况下，按可验证的方式呈现自我信息，即保持自我和谐，也会导致人际和谐。如在日常互动中，诚实地介绍自己的有关特征，他人也会形成对你良好的印象。但由于人们价值观不同，有时，他人或情境对个体的期望与自我会有矛盾。当自我和谐和人际和谐不一致时，有些人可能更注重自我和谐，有些人可能更注重人际和谐，有些人则能富有智慧地处理他们之间的矛盾。

为什么有人在自我和谐与人际和谐相冲突时，行为遵循自我和谐呢？因为，对维系自我和谐的人来说，有效的自我呈现是想让观众知道：他们积极地忽视或拒绝外来压力，根据自我确信（conviction）来表达或行动。这样，会给观众留下诚实、可靠、直率等社会期望的印象。在现实生活中，不管面对谁，在何种场合，都真实地呈现自己相关信息是一种有价值的特征。许多研究已经发现，观众的社会赞许与呈现者内心真实表白是成正比的（Jellison & Green，1981），面对外部压力时仍坚持其信念的人，与屈服的人相比，会得到观察者更多的喜欢（Braver，Linder & Corwin，

1977)。而且，真实地呈现自己与权力感、控制感联系在一起（Schlenker & Trudeau，1990)。很显然，保持自我和谐是维持自我和谐者着力培养期望形象的手段。但是，在自我呈现中只维系自我和谐，也会给人留下非期望的印象，如自我中心、不关心人、没有同情心、冷漠、不近人情、不灵活等，引发负面的自我评价或消极情绪，从而导致焦虑和抑郁。

对维系人际和谐者来说，有效的自我呈现是要让观众形成这样一种观念：他们是考虑周全的人，是一个积极的合作伙伴，是一个善解人意、替观众着想的人等。以上这些特征在许多场合不但是一个有价值的特征，而且对害怕遭拒绝的人来说，它还起到自我保护的作用。跟他人保持一致，或附和他人，他们可以与大家一起相处，避免他人注意自己。按照这种推理，维系人际和谐者应该与社会焦虑和在社会互动中缺乏信心有关（Schlenker & Leary，1982)。或许，维系人际和谐者长期关注自我的社会方面，培养了他们的社会恐惧和注重人际和谐的自我形象。但是，只维系人际和谐，也容易给人留下不好的印象，如拍马屁、见风使舵、没有原则、没有主见、为人圆滑等。

二　自我监控与人际关系社会地位

1. 研究目的

根据自我监控新构念，在人际关系中，不同类型的自我监控者在社会适应过程中所表现出来的人际互动和行为特征是不同的。高自我监控者兼顾人际和谐与自我和谐，人际关系会比较好，人际地位会比较高；他人导向者只维系人际和谐，会给人无原则、无主见的印象，给人以不可靠之感，所以，其人际关系不会很好；而自我导向者只维系自我和谐，容易给人自我中心的感觉，这也会影响他们在他人心目中的形象，和在人际关系中的地位。

社会适应有很多方面，其中人际关系社会地位是非常重要的维度。本研究以团体内的人际关系社会地位为指标，考察不同类型自我监控者在社会适应方面的差异。

2. 方法

（1）被试

以班级为施测单位，潮州棉德中学高一学生 54 人和韩山师院本科在校大学生 175 人，共分发问卷 229 份，有效问卷共 134 份。

（2）量表

本研究使用的量表有两个：①新编自我监控量表；②莫雷诺社会测量法自编问卷（董奇，2004）。该社会测量法能定量地提示团体（特别是小团体）内的社会结构模式，即人际相互作用的模式及各成员在团体内的人际关系状况。研究表明该测量法具有较高的同时效度（庞丽娟，1994），并能成功预测个体将来的社会适应地位（周宗奎，1996）。采用莫雷诺的社会测量法，以同伴提名法自编测量问卷，共包含2个问题，本研究选取肯定的、正向的标准（正提名法），要求被试根据问题，从班级里挑选出自己认为最为符合或喜欢的三名同学，然后按重要性程度进行排列并写下他们的学号或姓名，获得资料后第一符合或喜欢的记3分，其次记2分，第三记1分，然后建立相应的测量矩阵表，计算每个被试在该团体中的人际关系社会地位指数。人际关系社会地位指数的高低说明了个体在所处团体中的地位关系。得分越高，人际关系能力也相对越好。

3. 结果

（1）被试的分类

根据自我监控量表的各子量表得分，用 K - means 进行聚类分析。把被试分成三、四、五类三种方案中，只有把被试分成五类，才能得到比较典型的自我导向组（自我导向量表上得分最高，在他人导向和高自我监控子量表上得分较低），他人导向组（在他人导向子量表上得分最高，在另外两个子量表上得分较低），和高自我监控组（在高自我监控子量表上得分最高，在另外两个子量表上得分较低）。最后的聚类中心如表6 - 15所示。

表6 - 15　最后的聚类中心

自我监控子量表	分　组				
	1	2	3	4	5
他 人 导 向	21.52	26.29	42.31	35.30	30.97
自 我 导 向	21.33	29.11	21.85	28.10	20.00
高自我监控	33.52	31.86	30.54	32.13	29.42

从表6 - 15可以看到第1组高自我监控分量表得分最高，故称高自我监控组。第2组自我导向分量表得分最高，故称自我导向组，同理，第3

组是他人导向组，第5组是低自我监控组，第4组是混合组。在这里，我们选取三种典型的自我监控类型组（高自我监控组、自我导向组和他人导向组）作为研究对象。

（2）不同类型自我监控者在社会地位指数上得分比较

表6-16　不同类型自我监控者的社会地位指数

自我监控类型	社会地位指数	
	均值	标准差
他人导向组	9.67	4.85
自我导向组	10.00	5.80
高自我监控组	14.00	6.84

表6-17　不同类型自我监控者的社会地位的方差分析表（ANOVA）

		总平方和	自由度	均方	F	P
自我监控	组间	257.33	2	128.67	3.48	0.04*
	组内	2258.67	61	37.03		

*$p < 0.05$。

表6-17为方差分析结果。从分析结果上看，自我监控对社会地位指数影响达到显著性水平（$p < 0.05$）。通过多重检验可知，高自我监控者与自我导向监控者和他人导向监控者均达到显著性水平的差异（$p < 0.05$）。

4. 讨论与分析

莫雷诺的社会测量法认为，个体内各成员之间的选择实际上反映着他们之间的心理上的关系，一个人在积极的标准上被其他成员选择得越多，得分越高，就说明他被其他成员接纳与赞赏的程度越高。这样，通过分析成员的选择结果，就可以测量团体及其成员的人际关系状况。由表6-16可知，不同类型自我监控者在社会地位指数上存在显著性的差异 $F = 3.475$，$df = 2$，$p < 0.05$。经多重事后检验可知，高自我监控者与他人导向监控者和自我导向监控者均达到显著性水平的差异（$p < 0.05$）。同时，由表6-16可知，在人际关系社会地位指数上，高自我监控者的均值为14.00；他人导向者的均值为9.67；自我导向者的均值为10.00。因而，高自我监控者在人际关系社会地位指数的得分明显高于他人和自我导向者

且达到显著性的差异，我们的研究假设得到了验证。

从 Schlenker 和 Weigold（1989）的分析中可知，在自我呈现的过程中，适宜性行为是既保全自己面子（自尊原则），又保全他人面子的行为（考虑周到原则）。因而，个体在自我呈现中要想给他人留下期望的印象，就必须兼顾维系自我和谐和维系人际和谐。那么，不同类型自我监控者的特征又如何呢？

高自我监控者的自我呈现行为既维系自我和谐又维系人际和谐，正如 Schlenker 和 Weigold（1989）所指出的：他们在自我呈现的过程中，行为是既保全自己面子（自尊原则），又保全他人面子的行为（考虑周到原则）。特别在长期的交往过程中，能够给他人留下期望的印象。

他人导向和自我导向监控者只注重维系人际和谐或只注重维系自我和谐，前者容易给人无原则之感，对其产生"变色龙""墙头草"等印象；而后者容易给人自我中心之感，对其产生"我行我素""固执己见"等印象。而这都会影响到他们在别人心目中的形象和地位，难以建立良好的人际关系，无法给他人留下期望的印象。

三 自我监控与孤独和心理健康的关系

1. 研究目的

自我监控会影响到个体的社会行为，影响到个体与他人的人际互动与人际关系，影响到个体的社会适应，最终，也必然会影响到心理健康状况。根据自我监控构念，高自我监控者的社会行为既维系自我和谐，也维系人际和谐。因此，他们的社会行为既无社会适应不良，也不会有心理冲突。他人导向者因其社会行为只关注人际和谐，因此，他们会有强烈的焦虑感、情绪波动会较大、压抑感会很强。自我导向者因其社会行为只注意维系自我和谐，同样，也会有强烈的焦虑感，并有比较严重人际关系障碍。本研究通过自我监控与心理健康量表之间的相关，来探讨这些假设能否得到证实。

2. 研究方法

被试：韩山师范学院在校大学二年级学生 252 人。

量表：①自我监控量表。②SCL－90。采用王征宇（1984）翻译的 SCL－90 中文版，量表共 90 个条目，5 级评分（0－4）。包括（a）躯体化。该因子主要反映身体不适感，包括心血管、胃肠道、呼吸和其他系统的主诉不适，和头痛、背痛、肌肉酸痛，以及焦虑的其他躯体表现。（b）强迫症状。主要指那些明知没有必要，但又无法摆脱的无意义的思想、冲动和行为；还有一些比较一般的认知障碍的行为征象也在这一因子中反映。（c）人际关系敏感。主要指某些个人不自在与自卑，特别是与其他人相比较时更加突出。在人际交往中的自卑感，心神不安，明显不自在，以及人际交流中的自我意识，消极的期待亦是这方面症状的典型原因。（d）抑郁。苦闷的情感与心境为代表性症状，还以生活兴趣的减退，动力缺乏，活力丧失等为特征。反映失望、悲观以及与抑郁相联系的认知和躯体方面的感受。另外，还包括有关死亡的思想和自杀观念。（e）焦虑。一般指那些烦躁，坐立不安，神经过敏，紧张以及由此产生的躯体征象，如震颤等。测定游离不定的焦虑及惊恐发作是本因子的主要内容，还包括一项解体感受的项目。（f）敌对。主要从三个方面来反映敌对的表现：思想、感情及行为。其项目包括厌烦的感觉，摔物，争论直到不可控制的脾气暴发等各方面。（g）恐怖。恐惧的对象包括出门旅行、空旷场地、人群或公共场所和交通工具。此外，还有反映社交恐怖的一些项目。（h）偏执。该因子是围绕偏执性思维的基本特征而制订：主要指投射性思维，敌对、猜疑、关系观念、妄想、被动体验和夸大等。（i）精神病性。反映各式各样的急性症状和行为，有代表性地视为较隐讳、限定不严的精神病性过程的指征。此外，也可以反映精神病性行为的继发征兆和分裂性生活方式的指征。③社交回避及苦恼问卷（Watson & Friend，1969）。该量表共 28 题，各有 14 个条目用于评定社交回避和苦恼，使用利克特 5 级计分制时，分值越高 cronbach 的 α 系数越接近 0.90，并且证实了此问卷有较好的结构效度和重测信度。彭纯子等（2003）在我国进行了信效度检验，得出总量表的 cronbach α 系数为 0.85，稍差于国外的研究结果，但信度指标基本符合测量学要求，且结构效度、相容效度和区分效度良好，可作为我国大学生社交回避及苦恼评估的有效工具。

3. 研究结果

自我监控量表与 SCL - 90 量表中 9 个子量表的相关见表 6 - 18。

表6-18 自我监控量表与SCL-90量表的相关（N=252）

SCL-90量表	自我监控量表		
	他人导向	自我导向	高自我监控
总　　分	-0.055	-0.189 **	-0.065
躯 体 化	0.144 *	0.069	-0.180 **
强 迫 症	0.297 **	0.044	0.00
人际敏感	0.369 **	0.080	-0.062
抑　　郁	0.328 **	0.056	-0.060
焦　　虑	0.304 **	-0.025	-0.129 *
敌　　对	0.205 **	0.181 **	-0.006
恐　　怖	0.266 **	0.082	-0.178 **
偏　　执	0.237 **	0.104	-0.029
精 神 病	0.266 **	0.061	-0.045

* $p < 0.05$　** $p < 0.01$，下同。

表6-19 自我监控量表与孤独量表的相关关系

	自我监控量表		
	他人导向	自我导向	高自我监控
孤独量表	0.257 **	-0.025	-0.304 **

从表6-19可以看出，孤独量表的分数与他人导向分量表成正相关，而且相关非常显著 $r = 0.257$（$p < 0.01$）。孤独量表得分与自我导向分量表成负相关，可是相关不显著 $r = -0.025$（$p > 0.05$）。孤独量表分数与高自我监控分量表也是成负相关，且相关非常显著 $r = -0.304$（$p < 0.01$）。

4. 讨论

在结构效度研究中，我们发现，高自我监控与自我控制有显著相关，他人导向与情境控制和机遇控制有显著相关，而自我导向与自我控制、他人控制和情境控制均有显著相关。肖崇好等（肖崇好、谢亚兰，2007a）研究发现，自我控制与主观幸福感有非常显著的正相关，他人控制和情境控制与主观幸福感有显著的负相关；自我控制被试比他人控制和情境被试在主观幸福感上要明显的强。

在本研究中，总的来说，他人导向与SCL-90各子量表均有非常显著的正相关，高自我监控与它们之间不相关，或有显著的负相关。自我导向与敌对有显著的正相关。这些都与研究假设完全一致。但自我导向与SCL－90量表的相关，要好于预期，即它们之间多为无显著相关。这可能有两方面的原因，其一，自我导向子量表结构效度较差。正如新自我监控量表的结构效度研究中所指出的，自我导向子量表的测量与我们的构念存在一定差异。其二，与所选择的心理健康指标有关。SCL－90主要反映心理不健康的情况，且自我导向子量表可能导致的心理不健康，如适应障碍、人际关系紧张等，在该量表中没有很好地表现出来。

四 自我监控量表的比较研究

1. 研究目的

本研究的目的就是想验证新编的自我监控量表比 Snyder 的自我监控25题自我监控量表更好。比较的方式是比较用两种量表筛选出来的高自我监控者。

那么，比较高自我监控者的哪些方面呢？在自我监控研究中，主要涉及三个问题：第一个问题是对内外线索的敏感。Snyder 认为只有高自我监控者对外界线索敏感，低自我监控者只对内线索敏感；在新构念中，我们认为对外界线索敏感是人际互动的基本前提，不是区分高低自我监控者的关键因素，自我导向者和高自我监控者也对内、外线索敏感，它们行为上的差别可能是人际价值观造成的。故研究假设一是：新旧自我监控量表在对外界线索敏感性方面不会有显著差异，对内在线索敏感性方面，新量表筛选出来的高自我监控者会明显地高。对内外线索敏感的测量，我们选用 Fenigstein 等人的自我意识量表。该量表包括三个分量表：公我意识、私我意识和社会焦虑。公我意识是指一个人对自己外表、外在行为、对别人对自己的印象等的意识程度，私我意识是指一个人注意自己情绪、感受等内在心理历程的程度。在本研究中，私我和公我意识子量表上的得分，作为对内、外线索敏感的指标。研究结果应为：新量表筛选出来的高自我监控者比旧量表筛选出来的高自我监控者，在公我意识量表上没有差异，在私我意识量表上，前者高于后者。

第二个问题是行为的控制源。根据 Snyder 自我监控的构念，高自我监控者根据情境线索来调节行为，行为随情境的变化而变化是高自我监控者的典型行为特征。据此我们认为他的量表筛选出来的高自我监控者，其行为受情境控制比较大。而新构念的高自我监控者，其行为既维系自我和谐，也维系人际和谐，其行为主要受自己（内在）控制。故研究假设二是：Snyder 高自我监控者其行为受外部因素控制较大，新自我监控量表的高自我监控者受内在控制比较大。行为控制源的测量选用 Levenson 内控/他控/机控（IPC）量表（1981）。该量表有三个分量表，分别代表控制源构念的三个不同成分：内控（I）量表，测量人们相信自己能够控制自己生活的程度；他控（P）量表，测量人们相信他人控制自己生活中事件的程度；机控（C）量表，测量人们相信机会影响自己的经历和结果的程度。根据研究假设，研究结果应为：新量表筛选出来的高自我监控者在内控量表上得分应高于，在他控量表和机控量表上，应低于旧量表筛选出来的高自我监控者。

第三个问题是社会适应性。前已述及，Snyder 量表跟临床量表有正相关，新量表应该解决这个问题，也就是说在临床量表上得分应该比较低。社会适应性量表的测量选用了三个量表：① Rosenberg 的自尊量表（1965），评价总体的自我价值和能力。我们采用该量表是因为它广泛应用于与自我相关的研究中，且与适应和心理健康有正相关。② Leary 的害怕负面评价量表（简缩版）（Leary，1983），测量他人对自己做出负面评价的焦虑和困扰程度。③艾森克人格量表。根据研究假设，研究结果应为：新量表筛选出来的高自我监控者应比 Snyder 自我监控量表所筛选出来的高自我监控者，在自尊量表上得分高，在害怕负面评价量表上得分低，在艾森克人格量表的精神质和神经质子量表上得分低。

2. 研究方法

（1）测量工具：所用的量表有：①新自我监控量表，24 题。②自我意识量表（Fenigstein，Scheier，& Buss，1975）。③内控/他控/机控（IPC）量表（Levenson，1981）。④自尊量表（Rosenberg，1965）。⑤害怕负面评价量表（简缩版）（Leary，1983）。⑥艾森克人格量表（成人版）（龚耀先，1984），共 88 题。⑦Snyder 自我监控量表（1974），25 题。每题后有"是"与"否"两个备选答案。

（2）被试：韩山师范学院 360 名大学生。

（3）被试分类：所有施测 Snyder 自我监控量表的被试，选择得分在 15 以上的人作为高自我监控者，约占 21.7%，共 78 人。新自我监控量表筛选高自我监控者的方法是：根据得分从高到低排序，选择得分前 78 名（尽量保持人数相等）的作为高自我监控者。但前 78 人的得分在 37 分和 36 分之间，37 分以上的有 63 人，36 分以上的有 86 人，故选得分在 36 分的，占 23.9%。

（4）测验过程：所有测验在课堂上完成，并当堂回收。

3. 研究结果

通过比较经新旧自我监控量表筛选出来的高自我监控者，在对内外线索敏感方面、在行为的控制源方面、在社会适应性方面的差异，来看研究结果与研究假设是否一致。

（1）新旧自我监控量表中高自我监控者对内外线索敏感性的比较

经新旧自我监控量表筛选出来的高自我监控者在对内外线索敏感性方面，即在 Fenigstein 等人的自我意识量表上公我意识和私我意识得分差异比较见表 6 - 20。

表 6 - 20　新旧量表中高自我监控者对内外线索敏感的比较

组　　别	公我意识	私我意识	社会焦虑
Snyder 量表高自我监控者	33.81 ±4.98	47.20 ±5.09	20.42 ±5.87
新量表高自我监控者	34.60 ±4.68	49.07 ±4.78	19.93 ±6.12

经 ANOVA 分析，新旧量表筛选出来的高自我监控者，在自我意识量表中公我意识子量表上得分差异不显著，$F(1, 161) = 1.097$，$p > 0.05$；在私我意识子量表上得分差异显著，$F(1, 161) = 5.819$，$p < 0.05$。这一研究结果与研究假设完全一致。在社会焦虑子量表上虽然新量表的高自我监控者得分要稍低，但是差异不显著，$F(1, 161) = 0.275$，$p > 0.05$。

（2）新旧自我监控量表中高自我监控者行为控制源的比较

经新旧自我监控量表筛选出来的高自我监控者在行为控制源方面，即在 Levenson 内控/他控/机控（IPC）量表上得分差异比较见表 6 - 21。

表 6 - 21　新旧量表中高自我监控者行为控制源的比较

组　　别	自我控制	情境控制	他人控制
Snyder 量表高自我监控者	26.69 ±4.57	15.85 ±5.45	13.92 ±6.43
新量表高自我监控者	28.52 ±4.52	15.13 ±5.48	12.51 ±5.81

经 ANOVA 分析，新旧量表筛选出来的高自我监控者，在自控/他控/机控量表上差异显著性检验如下：在自我控制子量表上得分差异显著，F（1，162）=6.651，$p < 0.05$；在情境控制子量表上得分差异不显著，F（1，162）=0.707，$p > 0.05$；在他人控制子量表上得分差异不显著，F（1，162）=0.142，$p > 0.05$。这一研究结果与研究假设完全一致。

（3）新旧自我监控量表中高自我监控者社会适应性的比较

经新旧自我监控量表筛选出来的高自我监控者在社会适应性方面，即在 Rosenberg 的自尊量表，Leary 的害怕负面评价量表，和艾森克人格量表上得分差异比较见表6－22。

表 6－22　新旧自我监控量表中高自我监控者社会适应性的比较

组　别	自尊	害怕负面评价	掩饰（艾森克人格量表）
Snyder 量表高自我监控者	31.76 ± 3.93	30.12 ± 6.99	9.78 ± 3.47
新量表高自我监控者	31.98 ± 4.17	28.66 ± 6.92	11.62 ± 3.39

组　别	艾森克人格量表		
	精神质	神经质	外向
Snyder 量表高自我监控者	3.72 ± 2.45	11.18 ± 4.86	14.77 ± 3.93
新量表高自我监控者	2.83 ± 2.06	9.84 ± 4.52	14.16 ± 4.28

经 ANOVA 分析，新旧量表筛选出来的高自我监控者，在自尊量表上得分差异不显著，F（1，162）=0.120，$p > 0.05$；在害怕负面评价量表上得分差异不显著，F（1，162）=1.783，$p > 0.05$。这两个研究结果与研究假设不一致。在艾森克人格量表掩饰子量表上得分差异非常显著，F（1，162）=11.732，$p < 0.01$；在精神质子量表上得分差异显著，F（1，162）=6.402，$p < 0.05$；在神经质量表上得分差异接近临界水平，F（1，162）=3.291，$p = 0.071$。这些结果与研究假设一致。在外向量表上得分差异不显著，F（1，162）=0.888，$p > 0.05$。说明新量表的高自我监控者在接受测量时有较高的"社会期望"倾向。这是不是高自我监控者本身的特征，有待进一步的研究。

4. 结论

从研究结果可以看出，新量表比旧量表有所改进。表现在：①新量表筛选出来的高自我监控者在对内在线索敏感性方面要优于旧量表的高自我监控者；②在行为的自我控制方面得分要明显高，而行为的自我控制感是心理健康、社会适应良好的重要体现（肖崇好、谢亚兰，2012a；赵国秋、孙建胜、王义强、陈树林，2000）。③在修正 Snyder 量表中高自我监控者的情绪波动性和固执性方面也有所改善。但是在艾森克人格量表中的掩饰子量表上，新量表的高自我监控者得分要显著地高于旧量表的高自我监控者。

第三节　自我监控量表的修订

一　基于个体与社会关系的自我监控构念

之前，我们对自我监控的构念都是建立在印象管理过程中的印象建构上。实际上，个体的社会适宜性行为还涉及个体与社会的关系。接下来，我们从个体与社会关系角度，来对社会行为的自我监控做重新构念。

1. 个体与社会的关系

个人与社会的关系问题是社会学的一个基本问题，很早就已展开了讨论。有主张个人服从社会，也有主张社会服从个人的。中国古代，自西汉以后，儒学获得独尊地位，个人与社会的思想是重整体意识，忽视个体意识，个人依附于社会（郑杭生、汪立华，2004）。现代公民社会的发展，使个体与社会的关系发生了许多新的变化。①个人与社会的冲突。人与社会都经历了巨变，使各自不同的诉求得以充分展现——个人向往自由，社会需要秩序；个人要求权益自主，社会诉诸权力规范。如果个体的自主性使"秩序"成为问题，那么，在社会的秩序性面前，个人自由也难免不受质疑。个人与社会的各自诉求所表现出的一致与分歧、和谐与紧张、整合与冲突，成为现代社会的问题性、风险性和危机性的根源。以至可以说，个人与社会的关系问题浓缩聚焦了现代社会生活一切重大问题（郑杭生、杨敏，2004）。②个人与社会谐变共进。社会是由无数个人组成的，人的生存离不开社会，人的发展更需要社会提供种种条件，任何一个社会的存在和发展，都是所有的个人及其集体努力的结果，一切个人活动的总和构成社会的整体运动及其发展。在现代公民社会，各种社会制度、法律条文的建立、发展和完善，应该以充分发挥公民的创造性和积极性为目的，这样，才能促进整个社会的文明和进步。所以，从诉求上来说，社会和公民各有侧重点，但同样可以达到和谐双赢的目的。

从一般系统理论（Bertalanffy，1968）的观点来看，日常生活中，人与其环境是两个主要的系统。即它们在结构上有所分化，在功能上密切互依。它们形成圈中的两极，互为开放性系统或半开放性系统，不断产生动力性的互动。个体或自我及其与环境的关系，成为自我结构研究的热点问题。相关的自我结构包括独立与依赖（Markus & Kitayama，1991），个体化与关系（Guisinger & Blatt，1994；Imamoğlu，2003），关系自我、个体自我和集体自我（Kashima & Hardie，2000），个人主义与集体主义（Triandis，1989），自我导向与他人导向（肖崇好，2005b），个人导向自我与社会导向自我（Yang，2004；Lu，2008），自主性趋势与融合性趋势（杨国枢，2005）。

杨国枢（2005）认为处于两极的人具有方向相反的趋势或拉力，从而使人与环境之间产生紧张，导致两者间的动力关系。生活圈中的动力趋势有两种，即自主性趋势（autonomous trend）和融合趋势（homonomous trend）。自主性主要是人的一种扩展性倾向——人经由此同化（assimilating）与主宰（mastering）环境而得以扩展。在此倾向下，人努力征服与支配环境以满足其欲望与兴趣，最突出的表现是对优势（superiority）、获得（acquisition）、探索（exploration）以及成就的追求。融合性则是一种相反的动力趋势。在此倾向下，人努力使自己配合或顺从其环境，并分享及参与超越自我之较大事物或群体。此一种倾向使人与社会团体、自然或超自然建立和谐的关系，从而失去了人的个别性。融合性的倾向主要是表现在对关爱、对人际关系、对美感经验、对团体情操的追求等。

Imamoğlu（1998）认为，一个人的行为是源于内部，还是社会环境，取决于社会环境对一个人行为的控制程度。集体主义文化背景下的人，一般认为平等（equality）较好，而个人主义文化中的人一般更强调公平（equity）（Leung，1987）。

自我监控理论就是解释个体如何调节自己的行为来适应社会环境的理论。所以，用自我监控理论来解释个体与社会环境的关系问题，可能是一个比较好的研究取向。

2. 自我导向、他人导向及其相互关系

从心理学角度来研究个体与社会的关系，可以看到存在两个主体，即个体与社会环境。有关个体与社会环境的关系问题，一直是自我这一结构关注的焦点。除了意义上的细微差异外，用以指个体（如，individuality, autonomy, agency, individualism, and independence）和社会环境（e. g., connectedness, communion, collectivism, and interdependence）的术语在自我结构的文献中居核心地位（e. g., Guisinger & Blatt, 1994；Markus & Kitayama, 1991）。在自我结构中，自我导向和环境导向是两个有着密切联系的概念。

然而，心理学家对这两个导向之间的关系，却有不同的看法。一种观点认为，它们代表了对立的两极。如个人主义与集体主义（Triandis, 1988）、独立与依赖（Markus & Kitayama, 1991）。另一种观点认为它们是两个不同维度，因此，可以产生不同的组合（Imamoğlu, 2003；杨国枢, 2005；肖崇好, 2005b）。因为两个维度的相关不趋近于 - 1.0，而且呈现中等程度的正相关。所以，后一种观点已逐渐成为主流。

自我导向与环境导向可以融合，但在两种倾向如何融合的问题上，存在分歧，认为个人与社会是矛盾双方，如何调和这种矛盾有两种方式。①中庸取向（杨中芳, 2001；赵志裕, 2000；吴佳辉, 林以正, 2005）。严格来说，他们认为个体与社会环境是一个维度上的两极。中庸者是持其两端，从总体上来拿捏行为应该是偏向自我，还是社会环境。他们探讨在社会环境中，有时根据情境从内在出发，有时源于环境要求的个体具有什么样的人格特质，并编有中庸量表。②辩证思维取向（Peng & Nisbett, 1999）。这种模型不仅仅用来解释社会行为中的自我与社会环境的矛盾处理，还可以用来解释社会行为中的矛盾困境。他们认为，面对明显矛盾的信息，存在四种应对方式：第一，否认，不承认矛盾的存在。第二，对看上去相互矛盾的信息都不承认或都打折扣。他们认为这两种应对方式是不合规范的，因为这两类信息对行为都有重要意义。第三，差别化，给予矛盾的信息以不同的权重，或改变态度来减少认知不协调。第四，认识到它们是矛盾，承认矛盾存在并试图调和的倾向，就是辩证思维（dialectical thinking）。他们认为中国人在处理矛盾时，是这样一种方式，容忍矛盾，并找到一种"折中"（middle way）的方式，来发现两个矛盾的命题都是

对的。西文辩证逻辑思维的一个重要特征就是整合（integration），即从认识矛盾开始，到调和两个对立命题的基本元素。它的逻辑基础还是非矛盾法则。所以，满意地解释矛盾就是没有矛盾。他们通过实证研究发现中国人比美国人更倾向于辩证思维。辩证思维模型说明中国人比美国人更能通过"折中"的方式来解释矛盾，但它的产生机制和实现途径，并没有得到实证。

认为自我导向和社会环境导向是两个独立的维度的研究者也提出了两种整合模型：①差异整合模型（杨国枢，2005；Imamoğlu，2003；肖崇好，2005b），从理论上说明，两个不同维度可以整合，即看上去完全相反的两个维度可以同时存在于同一个体身上。但在什么组合才是良好的社会适应者上存在差异。Imamoğlu（2003）和肖崇好（2005b）认为能兼顾自我导向与他人导向的人，是良好的社会适应者，并得到实证研究的支持（Imamoğlu & Imamoğlu，2007；肖崇好，2008；肖崇好、谢亚兰，2012a；肖崇好、谢亚兰，2012b；翁圳斌、林晓博、肖崇好，2009）。而杨国枢（2005）认为自我取向和社会性取向两种类型都是比较有利的。他们都没有就如何实现提出可操作的定义。②整合模型（肖崇好，2007）认为社会行为要兼顾自我和谐与人际和谐。能兼顾的高自我监控个体不是高自我和谐与高人际和谐的简单相加，而具有一些新的人格特质。因此，虽然在自我监控概念构建时，走的是差异整合模型的取向，但测量时实际用的是整合模型，肖崇好编制出的量表分为三个子量表：高自我监控、自我导向、他人导向。但是，该量表聚敛效度还存在一些问题，主要是自我导向子量表存在缺陷（肖崇好，2012）。

为什么Imamoğlu（2003）编制的自我发展导向与关系导向子量表中两个高分段被试，具有较好的社会适应性？我们比较了她与肖崇好（2007）量表的题项，发现"积极进取影响他人"是其中最主要的差异，也可能是极端自我导向与极端他人导向，与高自我监控者的主要差别。从肖崇好的自我导向量表来看，他人导向量表包括这样一些题，如"我发现自己总是跟着别人转""与他人观点不一致，我会改变自己的观点""我老是感觉自己好像是为他人而活"等。他人导向的人在社会情境中是被社会环境所左右的，由于评价自己行为的标准掌握在他人手中，而不同环境或他人对人的要求千差万别，因此，想迎合所有情境或他人，最后却弄得自己身心疲惫，无所适从，焦虑紧张，失去独立人格。

相反自我导向的题，如"我的言行完全反映我的内心思想和情感""我在外面和家里的行为表现几乎一致""我怎么想的就怎么说或怎么做"。这些题虽然从表面效度看，是自我导向的，但它反映了个体有意控制自己的形象，来给他人留下"独立、有主见"等印象（肖崇好、黄希庭，2010；吴文春、肖崇好，2009；肖崇好、吴文春，2010），从而影响他人。所以说，行为虽然是自我导向，但它仍然发挥着人际影响功能。

3. 自我监控的个体差异

Snyder（1974；1979）认为，自我监控是一个人在自我呈现方面的心理结构，广义的自我监控是指由社会适合性的情境线索引导的个体对自己进行的自我观察、自我控制和自我调节的能力；Sanz 等（1996）认为自我监控是指人们在社会交往过程中对自己表现出的形象进行观察、调整和控制的程度。狭义的自我监控则更侧重于能力，Lennox & Wolfe（1984）认为自我监控是指个体对他人表达性行为的敏感性和调节自我表现的能力。他们都编制了自我监控量表，其中以 Snyder 的自我监控量表最为有名，由于自我监控解释了人在社会行为方面的个体差异，所以，它成为20世纪80年代使用得最广泛的量表之一。但该量表也存在诸多问题（肖崇好，2005a）。

个体与环境的关系，处在动态的平衡中。个体在调节自己与环境的关系中，存在差异。个体与环境处于良好的平衡状态中，称为高自我监控。与环境处于不平衡的状态中，就有两种极端：过分关注自我和过分关注环境或他人。

杨国枢（1982）认为社会取向主要是一种行为倾向，此种倾向使人易于表现出顺从他人的行为、不得罪人的行为、符合社会期望的行为及忧虑别人意见的行为，以便达到下列目的之一：①获得别人的奖赏或称赞；②维持自己人际关系的和谐；③使别人对自己有好印象；④保护自己的面子；⑤使别人接受自己；⑥避免他人的责罚、拒绝、讥笑或报复；⑦避免困境或尴尬；⑧避免与人发生冲突社会取向的行为特征：家族取向、关系取向、权威取向、他人取向。

自我导向以自主性为重，价值观层面强调个人或人格的独立性，行为层面表现为我行我素、独立、有主见、自我中心等。在与他人的关系中，强调的当然是个体如何经由支配、控制、权变及利用自然环境与社会环境（包括人群体系、人际体系、文化体系及超自然体系等），以满足自我的欲望、兴趣及情绪。

高自我监控能协调自我与环境，能兼顾自我和谐与人际和谐。在社会行为中，内化社会规范并作为自己的行动指南；了解自己的权利，也不回避自己的义务；行为既能反映自己的内在状态，又能维持和促进人际关系。在个体印象管理中，可信与有利并重。在可信性方面，自信而不自大、自尊而不自狂、自谦而不自卑；注重跟他人建立良好的人际关系，但有原则，即以可信、真诚为基础；行为受个人内在控制；对自己有较客观的评价，高自尊，但不自负；充分肯定自己的优点，但不回避自己的不足以及具有良好的社会适应能力。

二 自我监控量表的修订

24 题自我监控量表效度检验显示，自我导向子量表效度与研究假设不完全一致，为了完善自我监控量表，我们对自我监控量表进行修订。

1. 自我监控量表题目的编制筛选过程

根据自我导向、他人导向和高自我监控者的行为特征，参照原来的自我监控量表编制出具有表面效度 30 题的自我监控量表。每个子量表的题目数为 10～15 个。经对 60 名在职培训的中学老师的初测，删除 8 题，剩下 22 题施测。筛选题目的标准如下：第一，做三因子分析时，共通性小于 0.2。第二，做三因子分析时，在两个或两个以上因子上有相似载荷。

2. 自我监控量表的探索性因子分析

（1）研究目的

考察筛选后的题目，经过探索性因子分析后，是否仍保持相对不变的结构特征。

（2）研究方法

被试：韩山师范学院在校大学生 132 人，中学在职本科函授老师 137 人。

量表：22 题自我监控量表。

程序：问卷在课堂上完成，当堂收回。问卷采用利科特 6 点量表，要被试评价每题符合自己的程度。问卷指导语为："指导语：下面 22 题描述了人际交往中的一些行为，请你评价每题符合你的程度。如果完全不符合，就在该题后的第一个方格上打'√'；如果完全符合，就在该题后的第六个方格上打'√'。依此类推。"

（3）探索性因子分析结果

首先，看数据是否适合做探索性因子分析：KMO and Bartlett's Test 指标：Kaiser – Meyer – Olkin Measure of Sampling Adequacy 为 0. 716。Bartlett' Test of Sphericity：Chi – Square = 1455. 075，$df = 190$，$p < 0.000$。说明适合做探索性因子分析。

抽取因子数的标准：第一，特征值大于 1；第二，由特征值大小所形成的碎石图。探索性因子分析中的碎石图见图 6 – 1，因子个数及其特征值和方差解释累积率见表 6 – 23。

对测量结果做探索性因子分析，删除共通性小于 0. 2 的两个题，用主成分法提取因子，做正交旋转，提出 3 因子，结果见表 6 – 24。

表 6 – 23　探索性因子分析中因子个数的参数

因子个数	特征值	变异值	累加变异值
1	3. 975	19. 873	19. 873
2	3. 218	16. 090	35. 964
3	1. 698	8. 491	44. 455

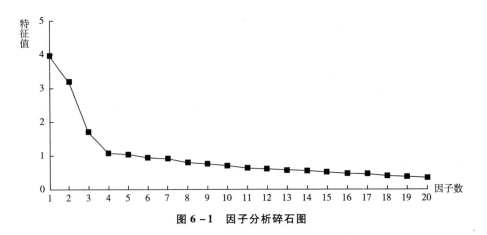

图 6 – 1　因子分析碎石图

表 6－24　各项目在三因子上的因子载荷（N＝1335）

项　　目	因子一	因子二	因子三
面对他人过分的要求，我不敢拒绝	0.726		
为了不让他人失望，我总是在做自己不喜欢的事	0.720		
为了得到他人的认同，我总是迁就他人	0.718		
为了跟他人保持良好关系，我总是委曲求全	0.705		
我感觉自己好像是为他人而活	0.684		
我总是在不知不觉中按别人要求去做	0.614		
我总是附和别人，经常说些违心的话	0.603		
我会体察他人需要，并主动询问是否需要帮助		0.690	
我是一个言行一致的人		0.678	
朋友遇到麻烦事，我会主动去帮忙		0.670	
我对自己的人际关系比较满意		0.560	
对方表现好的话，我会主动表示赞赏		0.552	
我有几个可以无话不说的知心朋友		0.552	
发现谈话不投机，我会去找双方都感兴趣的话题		0.485	
我感觉就没有我做不了的事			0.737
我要是去当领导，肯定比现任领导干得好			0.616
在公共场合，没有成为焦点人物，我会很难过			0.615
我喜欢支配他人，使别人围着我转			0.591
我是一个近乎完美的人			0.577
我完全能够独自应付任何事情			0.533

　　第一个因子包含的题目是行为满足他人，受制于他人，委屈自己，把它命名为"他人导向"，cronbach α＝0.82；第二个因子包含的题目是内外一致，主动关心他人，人际关系良好，故命名为"高自我监控"，cronbach α＝0.72；第三个因子的题目是自命不凡，自我吹嘘，我行我素，故命名为"自我导向"，cronbach α＝0.69。

三　20 题自我监控量表聚敛效度的研究

1. 研究目的与研究假设

　　根据 Snyder 对自我监控的构念，和我们对该构念及相应量表的批评，我们知道，自我监控主要涉及三个方面：一是根据内在线索或情境线索来指导自我呈现；二是在自我呈现过程中有控制，还是没有控制；三是高自我监控者一定是适应良好的人。因此我们决定从这三个方面来考察新编量表的聚敛效度。为此，我们选择三类量表，来看新自我监控量表与 Snyder 自我监控量表的优劣。

为了比较两个自我监控量表在自我监控第一个特征上的差异，选用自我意识量表（the self-consciousness scale）（Fenigstein, Scheier, & Buss, 1975）。

为了比较两个自我监控量表在第二个特征上的差异，我们选用内控/他控/机控（IPC）量表（Levenson, 1981）。该量表有三个分量表，分别代表控制源构念的三个不同成分：内控行为随情境变化而变化的人，行为受他人或情境影响较大，应该与该量表的他控和机控有正相关，与内控应有负相关。行为受自己内在状态决定的人，应该与他控和机控有负相关，与自控有正相关。

第三类量表是适应性量表。高自我监控的人，应该是社会适应良好的人。共选择了四个量表。

（1）自恋量表（Raskin & Terry, 1988）。共 40 题，每题有两个相对对立的选项 A 和 B，要被试在两个选项中选择一个比较符合自己的项目，打"√"作答。DSM - IV 手册中定义"自恋型人格障碍"为以下项目：夸大（幻想或行为）、需要他人赞扬并缺乏同感；起自早期成年，前后过程多种多样，表现为下列 5 项及以上：（a）具有自我重要的夸大感（例如，过分夸大成就和才能，在没有相应的成就时就盼望被认为是上乘）；（b）沉湎于无限成功、权力、光辉、美丽或理想爱情的幻想；（c）认为自己是"特殊"的和独一无二的，只能被其他特殊的或高地位的人们（或单位）所了解或共事；（d）要求过分的赞扬；（e）有一种荣誉感，即不合理地期望特殊的优厚待遇或自动顺从他的期望；（f）在人际关系上喜欢剥削（占便宜），即为了达到自己的目的而占有他人的利益；（g）缺乏认同感：不愿设身处地地认识或认同他人的感情和需求；（h）往往妒忌他人，或认为他人都在妒忌自己；（i）显示骄傲、傲慢的行为或态度。得分越高代表自恋倾向超强。

（2）简缩版边缘人格量表（Moran, Leese, Lee, Walters, & Thornicroft, 2003），共 8 题，要求被试："如果你觉得在大多数时候和大多数场合，下面哪个题描述符合你，就在'Y'上打'√'，否则就在'N'上打'√'。"该量表的敏感度和特异度分别为 0.94 和 0.85，具有较好的信效度（Moran, Leese, Lee, Walters, & Thornicroft, 2003）。边缘人格障碍的显著特点就是情感不稳定、冲动、自我同一性混乱和人际功能失调。得分越高代表边缘人格障碍倾向越严重。

（3）社交恐惧量表（Connor, et al., 2000）。共 17 题，被试阅读每一个问题，并判断最近一周与之匹配的情况，如果每个问题所描述的情况完全没在你身上发生，就在"1"上打"√"；有一点，就在"2"上打"√"；有一些，就在"3"上打"√"；很多，就在"4"上打"√"；非常多，就在"5"上打"√"。得分越高代表社交恐惧越严重。

（4）中国人幸福感量表（陆洛，1998）。共 20 题，每题有 4 个选项，要求被试选择最能描述其最近三个月感觉的句子。得分越高，代表主观幸福感越强。

第四类量表，单维度自我监控量表的指导语是："日常生活中，我们的行为总是在完全由自己决定和完全由他人决定两极之间。在下面的量尺上，一端是完全由他人决定（0 分），一端是完全由自己决定（100 分），50 分代表各一半。请评价日常生活中您的行为由自己或他人决定的程度。"被试在 0～100 范围内给出一个分数。

2. 研究方法

被试： 韩山师范学院在校大学生 132 人，中学本科函授老师 137 人。

测量工具： 所用的量表有：①自我监控量表，20 题。②自我意识量表共 23 题。

3. 研究结果

（1）自我监控与内外线索敏感性

研究假设一：根据构念，他人导向对外界线索非常敏感，应跟自我意识量表中的公我意识有正相关。自我导向应该对内外在线索敏感。在 Snyder 等人看来，行为只反映内在状态可能是由于对外界线索不敏感，没有意识到外界环境对自己行为的要求或他人的期待。但是，我们的研究发现，自我导向的人是因为想给他人留下期望的印象，所以，行为才跟内在状态保持一致。他们并不是不知道他人对自己行为的期望，或情境的要求，只是他们认为顶住环境压力，仍然言为心声，会得到他人期望的评价。高自我监控者应该对内在线索、外界线索都非常敏感，应与公我意识与私我意识都有正相关。因为，他们会根据情境或他人要求，主动调整自己的行为来适应环境。

表 6 - 25　自我监控量表与自我意识量表的相关 （N = 269）

自我意识量表	自我监控量表		
	公我意识	私我意识	社交焦虑
自我导向	- 0.003	0.000	- 0.301 **
他人导向	0.003	- 0.064	0.247 **
高自我监控	0.037	0.165 *	- 0.401 **

** $p < 0.01$, * $p < 0.05$, 以下同。

（2）自我监控与行为结果的控制性

研究假设二：在行为的控制源方面，自我导向与自我控制量表应该有正相关；他人导向，行为应该完全由他人或情境决定；高自我监控与自我控制和他人或环境控制应该有正相关。

表 6 - 26　自我监控量表与控制源量表的相关 （N = 269）

自我监控量表	控制源量表		
	自我控制	情境控制	他人控制
自我导向	0.224 **	0.149 *	0.125 *
他人导向	- 0.241 **	0.370 **	0.256 **
高自我监控	0.296 **	- 0.152 *	- 0.252 **

（3）自我监控与行为适宜性

研究假设三：在与适宜性量表的相关方面，他人导向者、自我导向者行为的社会适宜性比较差，高自我监控者社会行为的适宜性应该比较好。

表 6 - 27　自我监控量表与社会适应性量表的相关 （N = 269）

自我监控量表	社交恐惧症量表	幸福感量表	边缘人格量表	自恋量表
自我导向	- 0.191 **	0.160 **	- 0.064	0.571 **
他人导向	0.395 **	- 0.381 **	0.356 **	- 0.094
高自我监控	- 0.368 **	0.493 **	- 0.398 **	0.185 **

（4）自我监控与单维度自我监控量表的相关

为了考察自我监控量表是否可以用单维度（两极分别为：完全由自己

决定，完全由环境或他人决定）来测量，本研究设计了一个单维度自我监控量表。自我监控量表与单维度自我监控量表的相关见表 6 – 28。

表 6 – 28 自我监控量表与单维度自我监控量表的相关（N = 268）

	自我导向	他人导向	高自我监控
单维度自我监控量表	0.262 **	– 0.230 **	0.237 **

（5）讨论

从自我监控量表与效标的相关可以看到：他人导向对内外界线索都不敏感，有着强烈的社会焦虑倾向，认为自己的行为完全受情境因素或重要他人决定，自信心比较低，害怕别人的负面评价，与边缘人格量表有正相关。研究（Fossati，Beauchaine，et al.，2006）验证性因子分析发现，回避、依赖和强迫性人格障碍共享一个潜在的维度。

高自我监控对内在线索比较敏感，在互动情境中不害怕他人对自己有负面的评价，认为自己的生活或行为完全由自己决定，对情境或他人因素具有较强的把控性，人际自我效能较高。自尊比较高，与边缘人格量表有中等负相关；与自恋量表有低的正相关，对权力或权威的追求不如自我导向强，没有自我导向那样爱出风头和高傲。但社会适应比较良好，与幸福感有较高的相关。高自我监控也得到较好的定义。

我们原来认为自我导向者的行为对外界线索不敏感，对内在线索敏感。行为主要受内在控制影响，自尊比较高，不害怕别人的负面评价。但从上面的研究结果来看，我们测量到的自我导向者对内外界线索都不敏感，不会有社交焦虑，认为自己的行为由自己、他人或情境决定，与主观幸福感量表有低的正相关。差别在于测量到的自我导向者，其行为既有内控，也有他控和机控；对自己内在线索也不敏感。因此，他们的行为坚持反映自己的内在状态，更大的可能是由价值观和人际行为技能造成的。

对情境线索敏感是 Snyder（1974；1979）自我监控概念的核心内容，Gangestad 和 Snyder（2000）用量化方法回顾了在美国心理学权威刊物上发表的与自我监控有关的 41 个研究，未发现有实证研究支持这一核心假设。前已述及，一个人社会行为我行我素，不一定是对情境线索不敏感，可能是由他的价值观造成的。即当一个人意识到他人或环境对他期待时，仍然真实呈现自己的内在状态，其实也是一种有价值的行为，它可以表现行为的真诚、有主见、独立等品质。Ullrich，Farrington 和 Coid（2008）研究发现，对导致生活成功的因素，进行分析会得到两个存在中等相关的因素"地位和财富"（status and wealth）与"成功的亲密关系"（successful intimate relationships）。回避、强迫症和自恋维度分与"地位和财富"有正相关。依赖、分裂人格障碍、精神分裂症、反社会人格与生活成功有负相关。回避、分裂人格障碍和边缘人格障碍与"成功的亲密关系"有负相关。这些研究结果认为，大多数人格障碍与受损的心理社会功能和生活失败相关，但有些人格障碍却可以促进生活成功，获得地位和财富。

Snodgrass 等（Snodgrass，Hecht & Snyder，1998）对角色差异敏感的测量包括一个人的表达性（expressivity）和另一个人的感知性（peceptivity）。结果显示，人际敏感更多的是与传送者的高表达性有关，而不是与感知者的感知性有关。表情在人际互动中，具有人际协调和协商关系的功能。回应是个体间协调的最低要求（Cappella，1997；Laurenceau，Barrett & Pietromonaco，1998）。无论你在谈论什么，如果对方没有做出回应，或以不相关的内容回应，这种互动都会中止。同时，表情具有协商功能，情绪表达为观察者提供了一个人的社交意图（social intentions）和他对当前关系的感受。例如，微笑意味着认可，皱眉意味着有可能发生冲突。因此，对情境线索不敏感，会严重破坏社会互换中的人际协商（Butler，et al.，2003）。在互动中对表情线索不敏感，会破坏人际协调和关系协商，使互动双方更难完成哪怕是最简单的共同任务，也使他们之间的关系难以维系。总之，这会给双方带来相当的压力（Tomaka，Blascovich，Kelsey，& Leitten，1993）。所以，对情境线索敏感，应该是个体正常人际互动的基本要求，而不应该作为区分不同自我监控者的标准。在肖崇好（2011）印象管理模型的建构中，一个人的社会行为过程受自我监控多层次的影响，情绪线索对社会行为的影响主要发生在印象管理动机的启动上。自我监控量表主要反映的是在印象构建过程中，如何平衡有利性与可信性问题。因此，只注意自我和谐，只注意人际和谐，和两者兼顾，跟对内外线索的敏感性不一定有稳固的相关。

（6）小结

从聚敛效度看，自我导向人格特质同时会伴有自我评价较高，对环境线索敏感，认为行为受自控、他控和机控；在人际交往过程中，没有社交焦虑，具有较明显的自恋倾向，有一定的主观幸福感。

他人导向人格特质对环境线索敏感，有较高的社交焦虑，认为行为结果取决于他人和机遇。与边缘人格有显著的正相关，与主观幸福感有显著的负相关。

高自我监控人格结构与公我意识、私我意识都有较高的正相关，显示高自我监控对内外线索都比较敏感；认为行为结果主要取决于自己，有较强的主观幸福感，与自恋有低相关，与边缘人格量表有显著的负相关。自我导向与高自我监控和自恋子量表的相关显示，他们的区别主要在于自我导向有更强的权威感和剥削感；另外，自我导向更高傲，爱出风头，追求权力。

自我监控量表跟单一自我监控量表的相关显示，自我导向和他人导向分别位于该单一维度的两端，高自我监控位于中间但更靠近自我导向。

四　20题自我监控量表辨别效度研究

1. 研究目的与研究假设

本研究的目的是考察典型的自我导向组、他人导向组和高自我监控组，在三类效标（对内外线索的敏感性，对行为结果的控制源，行为的社会适应性）中是否存在预期的差异。

根据新的自我监控构念（肖崇好，2005b），不同类型的自我监控者应在三个方面有显著差异。

一是对内外线索的敏感方面，二是行为的控制源，三是社会适应性。在对内外线索敏感性方面选用自我意识量表（Fenigstein, Scheier, & Buss, 1975）；在控制源方面选用 Levenson 内控/他控/机控（IPC）量表（Levenson, 1981）；在社会适应性方面，选用的量表有社交恐惧量表、边缘人格量表、自恋量表和中国人幸福感量表。

研究假设一：根据新构念，自我导向者其行为反映内在状态，对内在线索应该比较敏感，故应在私我意识子量表上得分高。他人导向者对外在线索敏感，在公我意识上得分应该较高；高自我监控者对内外线索都敏感，应在公、私我意识上有较高的得分。

研究假设二：在控制源量表上，自我导向者在自控量表上得分应该较高；他人导向者在情境控制或/和他人控制上得分应该较高；高自我监控者在自控量表上得分应该比较高，在机控和他控量表上得分都应该比较低；低自我监控者得分在机遇控制量表上得分应该比较高。

研究假设三：在社会适应性量表上，自我导向者在自恋量表上得分较高，他人导向者在社交恐惧量表和边缘人格量表上得分较高，高自我监控者在中国人幸福感量表上得分应该最高，在社交恐惧量表和边缘人格量表上，得分应该较低。

2. 研究方法

被试：对 269 名韩山师范学院在读函授生和在读大学生施测以上量表，根据自我监控各子量表得分频数，划定高分段 27% 的被试为典型的自我导向者、他人导向者和高自我监控者，在相应子量表上得分分别为 17、19 和 30 分以上；人数分别为 31、48、45。

量表：同上。

程序：同上。

3. 研究结果

（1）不同类型自我监控者对内外线索敏感性差异比较

不同类型自我监控者的人数，及在自我意识量表上得分比较，见表 6 - 29。

表 6 - 29　不同类型自我监控者在自我意识量表上得分比较

组　　别	人　数	公我意识	私我意识	社会焦虑
自我导向组	31	31.52 ± 5.05	45.10 ± 5.77	22.10 ± 6.21
他人导向组	48	32.52 ± 5.55	45.21 ± 6.40	25.04 ± 7.28
高自我监控组	45	32.16 ± 5.78	46.87 ± 4.48	19.58 ± 6.29
		ab	ab	ab
		ac	ac	ac
		bc	bc	bc*

注：* $p < 0.05$ ** $p < 0.01$；a、b、c 依次代表自我导向组、他人导向组、高自我监控组；ab 代表第 1、2 组的事后检验，其余同理（以下各表同）。

以自我意识分量表得分为因变量，以自我监控组别为自变量，进行单因素方差分析，结果显示：在公我意识上，组间差异不显著，F（$df=2$）$=0.315$，$p>0.05$。他人导向组得分最高，高自我监控组次之，自我导向组得分最低。事后检验发现他们之间也不存在显著的组间差异。

在私我意识上，组间差异不显著，F（$df=2$）$=1.322$，$p>0.05$。高自我监控组得分最高，他人导向组居其次，自我导向组得分最低；事后检验发现组间差异均没有达到统计显著水平。

在社会焦虑上，组间差异显著，F（$df=2$）$=7.801$，$p<0.01$。高自我监控组得分最低，自我导向组得分较高，他人导向组得分最高。事后多重检验发现，只有他人导向组跟高自我监控组差异达到统计显著水平。

（2）不同类型自我监控者在控制源量表上得分差异比较

不同类型自我监控者的人数，及在控制源量表上得分比较，见表6－30。

表6－30　不同类型自我监控者在控制源量表上得分比较

组　　别	人　数	自我控制	情境控制	他人控制
自我导向组	31	26.29 ± 5.04	19.16 ± 3.74	16.61 ± 4.74
他人导向组	48	23.33 ± 4.01	19.33 ± 4.44	17.48 ± 6.57
高自我监控组	45	27.07 ± 4.75	15.67 ± 4.67	12.33 ± 6.62
		ab **	ab	ab
		ac	ac **	ac **
		bc **	bc **	bc **

以控制源各分量表得分为因变量，以自我监控组别为自变量，进行单因素方差分析，结果显示：在自我控制分量表得分上，组间差异非常显著，F（$df=2$）$=8.579$，$p<0.01$。高自我监控组得分最高，自我导向组次之，他人导向组得分最低。事后检验发现：自我导向组得分显著高于他人导向组（$p<0.01$）；高自我监控组与他人导向组得分也存在显著差异（$p<0.01$）；但高自我监控组与自我导向组差异没有统计学意义（$p>0.05$）。

在情境控制子量表得分上，组间差异非常显著，F（$df=2$）$=9.738$，$p<0.01$。高自我监控组得分最低，他人导向组最高，自我导向组得分居中。事后检验发现：高自我监控组得分显著低于他人导向组与自我导向组

（$p < 0.01$）；他人导向组与自我导向组之间差异不显著（$p > 0.05$）。

在他人控制子量表得分上，组间差异显著，$F_{(df=2)} = 8.904$，$p < 0.01$。高自我监控组得分最低，他人导向组最高，自我导向组得分居中。事后检验发现：高自我监控组得分显著低于他人导向组与自我导向组（$p < 0.01$）；他人导向组与自我导向组之间差异不显著（$p > 0.05$）。

（3）不同类型自我监控者社会适应性比较

不同类型自我监控者在社会适应性量表上得分比较，见表6-31。

表6-31　不同类型自我监控者在社会适应性量表上得分比较

组　　别	人　数	幸福感	边缘人格	自　恋	社交恐惧
自我导向组	31	49.74 ± 7.88	1.51 ± 1.02	14.87 ± 4.93	18.51 ± 9.84
他人导向组	48	42.21 ± 7.28	2.52 ± 1.68	9.43 ± 4.72	23.85 ± 10.47
高自我监控组	45	53.22 ± 8.07	0.91 ± 0.84	11.28 ± 4.26	13.57 ± 7.84
		ab**	ab**	ab**	ab*
		ac*	ac*	ac**	ac*
		bc**	bc**	bc*	bc**

以社会适应性各量表分为因变量，以自我监控组别为自变量，进行单因素方差分析，结果显示：在幸福感量表得分上，组间差异非常显著，$F_{(df=2)} = 24.523$，$p < 0.01$。高自我监控组得分最高，自我导向组次之，他人导向组得分最低。事后检验发现：自我导向组得分显著高于他人导向组（$p < 0.01$）；高自我监控组与他人导向组得分也存在显著差异（$p < 0.01$）；但高自我监控组得分显著高于自我导向组（$p < 0.05$）。

在边缘人格量表得分上，组间差异非常显著，$F_{(df=2)} = 18.812$，$p < 0.01$。高自我监控组得分最低，他人导向组最高，自我导向组得分居中。事后检验发现：高自我监控组得分显著低于他人导向组与自我导向组（$p < 0.01$）；他人导向组与自我导向组之间差异显著（$p < 0.05$）。

在自恋量表得分上，组间差异显著，$F_{(df=2)} = 13.090$，$p < 0.01$。自我导向组得分最高，他人导向组得分最低，高自我监控组得分居中。事后检验发现：三组得分两两之间均存在非常显著的差异（$p < 0.01$）。

在社交恐惧量表得分上，组间差异非常显著，$F_{(df=2)} = 13.797$，$p < 0.01$。高自我监控组得分最低，他人导向组最高，自我导向组得分居中。事后检验发现：高自我监控组得分显著低于他人导向组（$p < 0.01$）；

他人导向组与自我导向组之间差异显著（$p < 0.05$），自我导向组与高自我监控组差异显著（$p < 0.05$）。

（4）不同类型自我监控者在单一自我监控量表上得分比较

不同类型自我监控者在单一自我监控量表上得分比较，见表 6 - 32。

表 6 - 32 不同类型自我监控者在单一自我监控量表上得分比较

组 别	人 数	单一自我监控量表	
		平均分	标准差
自我导向组	31	73.23	15.65
他人导向组	48	60.17	17.23
高自我监控组	45	71.67	20.05

以单一自我监控量表分为因变量，以自我监控组别为自变量，进行单因素方差分析，结果显示：在幸福感量表得分上，组间差异非常显著，F（$df = 2$）$= 6.788$，$p < 0.01$。

事后检验发现：自我导向组和高自我监控组得分显著高于他人导向组（$p < 0.01$）；自我导向组与高自我监控组之间差异不显著（$p > 0.05$）。

4. 讨论

从研究结果来看，绝大多数研究结果与研究假设是一致的。研究结果与研究假设的不一致主要表现在以下方面。

第一，自我意识量表中公我意识子量表得分，应该是高自我监控者和他人导向者得分高于自我导向者，在私我意识量表得分上，应该是自我导向者和高自我监控者得分显著高于他人导向者。但结果却是差异不显著。这说明，对内外线索的敏感性不是区分社会行为个体差异的本质条件。Gangestad 和 Snyder（2000）用量化方法回顾了在美国心理学权威刊物上发表的与自我监控有关的 41 个研究后也得到同样的结论。说明社会行为的取向，至少在实验条件下，跟对内外线索的敏感性无关。

第二，在控制源量表与内控子量表中，高自我监控者得分显著高于自我导向组和他人导向组，这与研究假设一致；在他控子量表和机控子量表中，自我导向组和他人导向组得分却高于高自我监控组，这也与研究假设一致。但在内控子量表上，高自我监控与自我导向组没有差异；在他控子量表上，他人导向与自我导向差异不显著；这两点与研究假设不一致。可能说明两个问题，其一，自我导向子量表测量的内容跟构念存在一定差距；其二，自我导向者可能是外强中干的人，表面上看上去我行我素，但实际上认为"谋事在人，成事在天"。

第三，在社会适应量表中，自我导向组在自恋量表上的得分没有高于高自我监控组和他人导向组；在边缘人格量表上，他人导向组得分显著高于自我导向组和高自我监控组；高自我监控组在中国人主观幸福感量表上得分显著高于另外两组；在社交焦虑量表上得分显著低于其他两组。这说明高自我监控组社会适应最好，自我导向组的适应问题是自恋、过度自我中心；他人导向组的适应问题主要是行为变化、自尊低。Gunderson（2007）对边缘人格障碍精神病理学进行因素分析，发现三个成分：情感、行为和人际；前两个成分，情绪不稳定和冲动性是主要表型（phenotype），第三个是精神病理学部分，即扰乱的关系（disturbed relationships），传统上认为它是由环境决定，如习得行为。

从自我导向组、他人导向组和高自我监控组在单一自我监控量表上得分的比较看，高自我监控组居中，但与自我导向组差异不显著。高自我监控子量表测量到的是不是传统意义的上"中庸"，还有待进一步的研究。

五　20 题自我监控量表的预测效度研究

1. 研究目的

de Wit（2008）从认知心理学角度切入，将冲动性定义为一种易导致不恰当或适应不良行为的倾向，高冲动性者在抑制不适应行为方面有困难，还存在行为决策受损，这往往会招致不期望的行为后果。在自陈问卷中，用运动冲动性因子来研究行为抑制受损，而决策受损则包括了认知冲动性与无计划冲动性两个因子（Winstanley et al.，2010）。运动冲动性指的是缺乏考虑、一时兴起的即时行为。具有这种冲动性的人往往在抑制行为方面有困难，他们急躁、坐立不安、不圆滑、行为草率，总会尝试去做一些出乎寻常的事情。具体体现在跟人打交道时，想到什么就说什么，不做细致的思考，还常试图打断别人的话，这使得他们常常会作出不恰当甚至错误的回应；他们也容易夸大事实真相、撒谎，常轻易许下不切实际、无法实现的诺言，将自己陷入困境，在旁人看来，他们是夸夸其谈且不靠谱的人；同时，他们又有很强的时间紧迫感，往往耐不住等待，开车时速度快，闯红灯，易发生交通事故，即生活中常称的"急性子"。认知冲动性的具体含义为注意力缺乏或分散，认知不稳定。具有这种冲动性的人注意力分散，容易受无关刺激的影响，无法专心致志在当前任务上，学习工作效率低下，无法有效地完成有结构性或目标导向的任务；他们往往认知狭隘、跳跃，缺乏全面思考的能力，跟人相处时易误解对方的意图，有人际关系障碍；另外，存在认知冲动性的个体偏好参加新奇、冒险及具有挑战性的活动，并且抗诱惑和干扰的能力差，易沉溺于具有新异性、诱惑力大的网络游戏、酒精、可卡因等成瘾物质。无计划冲动性指的是一种现时取向，对将来缺乏计划。他们具有自发性的生活风格，喜好尝试一些新的不同的事情，只关注当前的自我感受及利益，不考虑行为对将来可能造成的后果。在生活中，他们常常会陷入盲目购物，而不考虑自己是否真正需要或能否支付得起，在遭受质疑后，甚至会给自己找各种借口加以解释。在工作中，稍有不如意他们便会无征兆地辞去工作，无视这是否会给生活带去更大的麻烦。更危险的是，他们通常不去思考其言论或行为可能的后果，只为了追寻此刻的愉悦，沉迷在危险行为之中，如物质成瘾、病理性赌博及不正当的性关系等。一句话，对他们而言，毫无过去或未来之说，唯有现在。

　　本研究假设他人导向者在自我呈现时只维系人际和谐，忽视自我和谐，认知狭窄，他们只关注到情境线索，可能有认知冲动性；为追求情境适宜性，他们宁愿牺牲自我的真实需求，不顾及对自身及将来的不利影响，可能存在无计划冲动性。而他人导向者的运动冲动性表现为无法控制地重复表现出随情境的变化而变化的行为。自我导向者只维系自我和谐，忽视人际和谐，这种局限的关注点使得他们认知狭窄，存在认知冲动性；与他人导向者不同的是，自我导向者的无计划冲动性和运动冲动性都指向人际和谐，他们有强烈表达自我的愿望，可能顾忌不到这种偏向会给他人及将来带去的伤害；同时，他们有可能在抑制情境不适宜行为方面存在困难。而高自我监控者既维系自我和谐，又维系人际和谐，在行为发起前能细致考虑行为可能的后果，且对自己的行为有恰当的控制，行为适宜有条理，无冲动性特征。研究还假设自我监控类型对冲动性行为的发生有影响作用。

2. 研究方法

（1）研究对象

采用整群随机取样法从惠州学院选取旅游、体育、教育、政治等文科类专业，及计算机、生物、电子等理科类专业大学生350名进行问卷调查，有效问卷334份，其中男生162名，女生172名。

（2）研究工具

自我监控量表

采用肖崇好新编制的20题自我监控量表。该量表包含3个子量表：他人导向分量表、自我导向分量表与高自我监控分量表。其信度与测量内容分别为：他人导向，cronbach α = 0.82，测量一个人的行为随情境变化的程度；自我导向，cronbach α = 0.69，测量一个人的行为反映自己内在状态和态度的程度；高自我监控，cronbach α = 0.72，测量一个人的行为兼顾自我和谐与人际和谐的程度。量表共20个项目，其中他人导向分量表7个项目，自我导向分量表6个，高自我监控分量表7个；每个项目从"完全不符"到"完全符合"，均为5点记分，分值越高代表具有该维度的特征越强。已有研究表明，该量表具有较好的结构效度（肖崇好，2005b）。

冲动性量表

采用由Patton等人（1995）编制，国内李献云等（2011）修订的Barratt冲动性量表中文修订版（BIS–11）。该量表共30个项目，包含3个分量表，各有10个项目，其信度与测量内容分别为：运动冲动性，cronbach α = 0.82，缺乏考虑的，一时兴起的即时行为；认知冲动性，cronbach α = 0.77，注意力分散或缺乏，认知不稳定；无计划冲动性，cronbach α = 0.83，现时取向，对将来缺乏规划。每个项目从"不是"到"总是"，均为5点记分。分量表得分为"［（所含条目得分之和 – 10）/40］×100"；总分为"各个分量表得分之和/3"。高分值分别代表多动、注意力不集中和缺少计划，得分越高，冲动性越强。

3. 结果与分析

（1）自我监控与冲动性之间的相关

研究使用皮尔逊系数方法对被试的自我监控与冲动性之间的相关性进行了分析。由表6–33可知，他人导向因子与冲动性三个因子存在显著正相关；自我导向与运动冲动性存在显著正相关，与认知冲动性、无计划冲动性存在显著负相关；高自我监控与冲动性三因子存在显著负相关；最后，他人导向与总冲动性存在显著正相关，越符合他人导向特征的自我监控者，冲动性更高，符合研究假设；自我导向与总冲动性存在负相关，统计显著，与研究假设相违背；高自我监控与冲动性存在显著负相关，提示高自我监控者的冲动性水平低，符合研究假设。

表 6 – 33 自我监控与冲动性的相关系数

项 目	他人导向	自我导向	高自我监控
运动冲动性	0.222 **	0.144 **	– 0.186 **
认知冲动性	0.142 **	– 0.197 **	– 0.454 **
无计划冲动性	0.144 **	– 0.251 **	– 0.407 **
总冲动性	0.221 **	– 0.125 *	– 0.443 **

$^*p < 0.05$；$^{**}p < 0.01$，下同。

（2）自我监控各子量表得分高低组的冲动性水平差异比较

为进一步考察自我监控类型对冲动性是否存在影响作用，根据自我监控各子量表上的得分，将被试划分为高分组（得分高的 27% 被试）和低分组（得分低的 27% 被试），即区分出他人导向、自我导向以及高自我监控的典型者与非典型者，进行独立样本 t 检验。表 6 – 34 显示，在自我监控子量表中，所有因子的得分高低组，在冲动性及其三个子量表的得分上都存在非常显著的差异。他人导向典型组有更高的冲动性；自我导向典型者在运动冲动性上显著高于非典型者，而在其他冲动性方面却显著低于非典型者；高自我监控典型组在所有冲动性维度上都显著低于非典型组。

表 6 –34 自我监控子量表得分高低组的冲动性各子量表的得分比较（M ± SD）

自我监控	高低组（人数）	冲动性			
		运动冲动性	认知冲动性	无计划冲动性	总冲动性
他人导向	高（100）	39.33 ± 13.63 **	39.74 ± 10.89 **	44.66 ± 15.05 **	41.24 ± 10.12 **
	低（93）	30.09 ± 15.33	34.82 ± 11.94	38.83 ± 14.48	34.58 ± 10.71
自我导向	高（111）	37.52 ± 15.54 *	34.52 ± 11.25 **	37.06 ± 14.44 **	36.37 ± 11.18 **
	低（94）	32.46 ± 15.02	40.94 ± 10.58	47.31 ± 14.76	40.24 ± 9.97

续表

自 我 监 控	高低组 （人数）	冲动性			
		运动冲动性	认知冲动性	无计划冲动性	总冲动性
高自我监控	高（96）	$30.07 \pm 13.41^{**}$	$31.50 \pm 9.84^{**}$	$34.18 \pm 14.22^{**}$	$31.92 \pm 9.26^{**}$
	低（117）	37.76 ± 13.67	42.97 ± 12.51	47.74 ± 14.57	42.83 ± 10.05

4. 讨论

以上研究结果表明，他人导向与冲动性及各因子均呈显著正相关，他人导向能显著影响到冲动性，解释了 4.6% 的运动冲动性，3.2% 的认知冲动性，1.8% 的无计划冲动性，对总冲动性的贡献达 4.6%。另外，结果还指出典型他人导向自我监控者的冲动性要显著高于非典型者。这说明他人导向自我监控者在社会行为中的冲动性特征很明显，他人导向特征能解释并显著预测冲动性行为的发生。Vitulano 等人（2010）研究指出，朋辈团体的不良行为对冲动性高的个体的影响更显著，说明人际线索是行为的指向之一。而他人导向者由于在自我呈现时只注重维系人际和谐，忽视自我和谐，他们对自己行为的初衷及后果缺乏考虑或敏感度低，其行为随情境的变化而变化，无法控制地重复依从情境及他人的行为，迫不及待地要对周边环境作出反应，是典型的冲动性行为。另外，他人导向者容易受他人与情境的暗示与干扰，提示此类自我监控者可能存在注意力缺陷，他们认知狭隘，只是一味地为迎合他人的需求而作出行为决策，不关注自我需求，从而莽撞行事，难以抑制不适宜行为，同时也可能注意力不稳定，不能持续地完成某一项任务，常有变化，给人留下不稳重踏实的印象。从长远来看，他人导向者这种委曲求全的行为往往对自身是不利的，而其自身对此却往往缺乏认识，他们的行为往往是即兴的，无计划性可言，行为决策时只在乎当下得失，不顾长远，决策受损。

研究结果显示自我导向与运动冲动性呈显著正相关，且能显著影响到运动冲动性，是符合研究假设的，这提示自我导向者在抑制行为方面存在缺陷；另外，自我导向与总冲动性、认知冲动性及无计划冲动性呈显著负相关，而其影响表现在自我导向越典型者，其认知冲动性与无计划冲动性越弱，无行为决策缺陷，这与我们的研究假设有出入。这可能是因为自我导向自我监控者在权衡行为发起时，虽更多的是指向单一狭隐的内部自我线索，但其对信息的考虑比较细致，能对行为进行缜密规划。

高自我监控者在自我呈现时既注重人际和谐，又维护自我和谐，一向被认为是社会环境的良好适应者，本研究也验证了此种构念。结果显示高自我监控与冲动性及各因子均呈显著负相关。这说明，高自我监控者的社会行为无冲动性特征，自我监控水平越高，冲动性水平越低。他们能很好地对自己的社会行为进行监控，及时抑制住不适宜的社会行为。可以说，高自我监控者的行为是社会赞许行为，高自我监控者在生活中能权衡事件对个人、他人及社会的利弊，也会考虑到对现时及将来的影响好坏，信息加工完善，能有计划地、有条不紊地作出行为决策，也能督促自己持续有效地完成既定任务，不会因外在诱惑而受到干扰。另外，高自我监控者在意识到行为的消极后果时，会即时抑制住不适宜行为，不会出现突如其来的、爆发式的行为举动。

第四节　自我监控研究展望

一　自我监控构念有待进一步发展

自我监控概念是用来解释自我呈现和表情控制中的个体差异的。正如我们的研究中所指出的，自我呈现只是印象管理中的一个部分，在印象管理的各个环节均存在自我监控。要澄清印象管理各个环节中的自我监控，需要不断积累相关的研究结果，并在理论上对自我监控做清晰的构念化，在此基础上，对印象管理中各个环节的自我监控下明确的可操作性定义，然后，才可能进行有效的测量。

在自我监控构念化过程中，需要处理好下列问题。其一，人与社会的关系问题。自我监控起着调节人与环境关系的作用，对人与社会关系的认识，必将影响到对自我监控内涵的定义。其二，社会行为的自我控制问题。自我监控无疑涉及对社会行为有意识、有目的的控制。在测量自我监控时如何区分有自我控制和无自我控制的行为，是测量中应该注意的一个问题。例如，我行我素这种行为，有些人我行我素，是缺乏对行为的自主控制；有些人的我行我素，是想表现自己的独立、不受干扰、有主见、对环境影响的蔑视等。其三，自我监控与人格特征的关系问题。为什么有些人的行为具有跨情境的一致性，有些人的行为随情境的变化而变化，而有些人能富有智慧地处理好人与环境的冲突，做到自我和谐与人际和谐兼顾。

二　自我监控的研究取向问题

前已述及，个体差异可以分为个体间差异和个体内差异。个体间差异反映人与人之间的差异；个体内差异反映的是同一个体在不同情境中的行为差异。人格心理学，特别是人格特质理论，认为人与人之间的差异主要是由于不同人具有不同特质的质与量所致，但它一个显著的缺陷就是不能解释为什么具有同一特质的人，会在不同情境中表现出不同的行为。社会心理学强调环境因素在个体行为差异中的作用，它能解释个体内差异，但它不能解释为什么在同一情境中，行为或心理存在的个体差异。自我监控理论想解释个体差异，同样存在这样的问题。我们现在的研究，是把自我监控作为一种人格特质来研究，认为个体行为的自我取向和环境取向，是由于个体内在的自我导向特质和他人导向特质所致。这种研究取向，跟传统的人格特质理论一样，存在研究方法上的缺陷。

比较理想的研究取向应该是把人格特质和情境作为两个变量，动态地考察情境要求，与包括人格特质在内的内在状态不一致时，个体处理这种矛盾信息的机制。但这又引出另外一些问题：第一，在自我呈现中涉及的内在因素，除了人格、情绪、信念、价值观，还包括些什么？第二，不同的情境对不同个体来说，要求是一样的吗？即便是每个人对不同情境要求的理解是完全一样的，我们能穷尽所有的他人或情境要求吗？

总之，自我监控是一个比较复杂的心理现象，到现在为止，心理学工作者还远没有把它研究透，笔者抛砖引玉是希望更多的心理学研究者投入这一领域的研究中来。

第七章　自我监控的应用研究

第一节　自我监控对青少年不良行为的影响

一　研究目的

青少年不良行为（juvenile delinquency）已经成为世界范围内社会学家、心理学家和犯罪学家研究的热点问题。Patterson（1988）提出，不良行为发展有一个过程，一开始的不良行为（如不服从），会导致下列行为的发展——反社会行为、学校失败（学业和社交）、结交不良伙伴，并最终导致更加严重的问题行为和犯罪行为。青少年不良行为是指青少年反社会或不法行为，国内学者一般认为青少年不良行为包括犯罪行为和违规违纪行为。

Agnew（1992）的一般紧张理论（the general strain theory）和 Gottfredson 与 Hirschi（1990）的自我控制理论是过去 20 年在解释犯罪和青少年不良行为方面最新的理论贡献。一般紧张理论认为个体的紧张和压力是犯罪和不良行为的根源。Agnew 认为紧张和压力的本质，是个体处于与他人的负性关系中，即个体在与他人的关系中，没有得到期望的对待。自我控制是指回避长期代价超过及时好处行为的一种倾向。代价包括来自学校、犯罪司法系统的惩罚，来自家庭和朋友感情的损失，失业，身体的损失和痛苦。高自我控制个体倾向于低比率的犯罪、不良行为和物质滥用，因为这些行为需要付出长期的代价。他们有相对高比率的学业工作成就和持续良好的人际关系。

是什么因素导致青少年紧张或自我控制较低呢？Dishion 等（2010）提出层叠模型（cascade model），认为问题行为引发拉帮结派，受不良朋友影响又可以预测暴力犯罪，这给我们解释青少年不良行为提供了启示。青少年的不良行为确实跟情绪紧张、自我控制低以及不良决策（Fried & Reppucci，2001）等社会适应不良有关；但上述行为只是社会适应不良的表现方式，导致青少年不良行为产生的根本原因还在于他们不能很好地适应社会环境。肖崇好（2005）提出社会适应性行为应该既注意维系自我和谐，又维系人际和谐。自我导向者的社会行为只注意维系自我和谐，关注自己的需要、兴趣、情绪体验或利益，不注意维系人际和谐；他人导向者的行为迎合他人的需要、兴趣、价值取向，注意人际和谐，而压抑自己的需要、兴趣、情绪等。研究发现（肖崇好、郑辉，2012；肖崇好、谢亚兰，2012），自我导向者和他人导向者都不是良好的社会适应者，只有高自我监控的人才是良好的社会适应者。

　　本研究拟进一步探讨自我监控对青少年不良行为的影响。喻磊和苏王清（2008）把青少年不良行为分为对内的不良行为与对外的不良行为。根据自我监控的特征，我们把青少年不良行为分为三类。第一类，危害社会的不良行为：有意损坏公物，有意扰乱课堂秩序等；第二类，危害他人的不良行为：偷窃，欺负他人，抢劫等；第三类，危害自己的不良行为：抽烟，喝酒，吸毒等。

二　研究对象与方法

1. 研究对象

　　广东潮州市城乡结合部普通中学初中一、二年级学生。发放问卷500份，剔除无效（不按要求作答，乱答）问卷，有效问卷 482 份（96.4%）；其中男生 237 人，女生 245 人；一年级 272 人，二年级 210 人。

2. 研究方法

　　自我监控量表　包括 3 个子量表，其信度和测量内容分别是：他人导向，cronbach $\alpha = 0.83$，测量一个人行为随情境变化的程度；自我导向，cronbach $\alpha = 0.81$，测量一个人行为反映自己内在状态和情感体验的程度；高自我监控，cronbach $\alpha = 0.71$，测量一个人行为兼顾自我和谐与人际和谐的程度。该量表采用利科特 5 点评定法，分值越高代表具有该维度的特征越强。前述研究发现该量表有较好的信效度。

　　不良行为调查表　参考 Cheung 等（2008）、Harden 等（2008）的研究后编制出该调查表。要求被试评价自己在过去 12 个月中这些行为的发生频率。频率分为 5 种水平，分别是 0 次、1~2 次、3~5 次、6~12 次、

13 次以上，分别计 0~4 分。18 种不良行为分为相对独立的三类。第一类，危害社会的不良行为：有意损坏公物、打架、有意扰乱课堂秩序、加入帮派活动；第二类，危害他人的不良行为：偷窃、欺负他人、抢劫、说谎、诈骗；第三类，危害自己的不良行为：抽烟、喝酒、吸毒、观看黄色视频或书刊、长时间在外上网打游戏、深夜仍在外闲荡、未经家长许可在外留宿、逃学、赌博。

3. 测验过程

所有问卷不记名，在班会课上组织学生完成，当堂回收。

三 研究结果

1. 初中一、二年级学生自我监控比较（见表 7-1）

表 7-1 初中一、二年级学生自我监控量表比较（$\bar{X} \pm s$）

年 级	他人导向	自我导向	高自我监控
一年级（n = 272）	22.71 ± 5.12	18.01 ± 3.84	22.04 ± 4.75
二年级（n = 210）	23.43 ± 6.26	18.11 ± 4.69	22.40 ± 5.16

经独立样本 t 检验，一年级和二年级学生在他人导向子量表上得分没有显著的差异（t = -1.38，$p > 0.05$）；在自我导向子量表上，也没有显著的年级差异（t = -0.24，$p > 0.05$）；在高自我监控子量表上，一、二年级学生得分差异也没有统计学意义（t = -0.80，$p > 0.05$）。

2. 初中一、二年级学生不良行为比较（见表 7-2）

表 7-2 初中一、二年级学生不良行为调查表的得分比较（$\bar{X} \pm s$）

年 级	危害社会的不良行为	危害他人的不良行为	危害自己的不良行为	总 分
一年级（n = 272）	0.80 ± 1.44	1.28 ± 1.34	1.05 ± 1.93	3.13 ± 3.69
二年级（n = 210）	1.59 ± 2.73	2.35 ± 3.13	1.86 ± 3.57	5.39 ± 6.95

经独立样本 t 检验，一年级和二年级危害社会的不良行为有非常显著的差异（t = -4.1，$p < 0.000$）；在危害他人的不良行为上，二年级学生明显多于一年级学生（t = -5.0，$p < 0.000$）；在危害自己的不良行为上，二年级学生也明显多于一年级学生（t = -3.2，$p < 0.01$）；在不良行为的

总分上，二年级学生要明显高于一年级学生（t = -4.1，$p < 0.000$）。

3. 自我监控对初中生不良行为的影响

根据被试在自我监控量表 3 个维度上的得分，进行 K - mean 聚类分析。把被试分成三类、四类，结果都不能得到清晰的分类结果。把被试分为五类，最后的聚类中心见表 7 - 3。

表 7 - 3　最后的聚类中心

自我监控量表	1 类	2 类	3 类	4 类	5 类
他 人 导 向	12	31	18	21	24
自 我 导 向	16	19	17	15	21
高 自 我 监 控	18	24	25	17	24

他人导向维度在第 2 组得分最高，相对来说，该组在自我导向维度和高自我监控维度得分不是最高，所以，把该组命名为他人导向组；同理，把第 5 组命名为自我导向组；第 3 组命名为高自我监控组。其他两组作为混合组，不参加自我监控对不良行为影响的分析。

4. 自我监控对不良行为的影响

不同类型的自我监控者，对初中生不良行为影响的比较，见表 7 - 4。

表 7 - 4　不同类型自我监控对初中生不良行为影响的比较（$\bar{X} \pm s$）

自我监控类型	危害社会的不良行为	危害他人的不良行为	危害自己的不良行为	总　分
他人导向组（n = 103）	1.51 ± 2.56	2.11 ± 2.64	1.64 ± 2.53	5.26 ± 6.72
自我导向组（n = 130）	1.11 ± 1.87	1.56 ± 1.66	0.98 ± 1.52	3.65 ± 3.96
高自我监控组（n = 105）	0.68 ± 1.24	1.53 ± 1.89	1.37 ± 3.16	3.58 ± 5.59

经 ANOVA 分析，自我监控对危害社会的不良行为有非常显著的影响（F = 4.77，$p < 0.01$）；多重比较显示，只有他人导向组与高自我监控组有显著差异（$p < 0.01$）。

在危害他人的不良行为上，自我监控的影响接近 0.05 显著水平（F = 2.59，$p = 0.076$）；多重比较显示，他人导向组与自我导向组、高自我监控组均有显著差异（$p < 0.05$），但自我导向组与高自我监控组没有差异（$p > 0.05$）。

在危害自己的不良行为上，自我监控的影响不显著（F = 2.19，$p >$ 0.05）；多重比较显示，只有他人导向与自我导向组差异显著（$p < 0.05$）。

自我监控对不良行为总分有显著影响（F = 3.29，$p < 0.05$）；多重比较显示：他人导向组与自我导向组、高自我监控组有显著差异（$p < 0.05$）。

四　讨论

根据自我监控理论，高自我监控者的社会行为，也是适宜性的社会行为，应该兼顾自我和谐与人际和谐。青少年时期是个体自我意识萌芽发展时期，比较关注自己的需要、兴趣、利益和其他关切。在社会行为中表现为自我中心、冲动、决策不成熟（Fried & Reppucci，2001）。国外有关成熟的研究主要集中在自治、独立、情绪控制、未来时间透视、对他人的看法以及反社会行为方面，发现在 15 岁社会心理不成熟达到峰值，然后日趋成熟（Cauffman & Steinberg，2000）。在该研究中也发现，自我导向的人，相对于他人导向者和高自我监控者，有更多的危害社会的不良行为；他人导向者社会行为完全取决于社会环境和互动对象，压抑自己的思想、观念、情感和兴趣，容易诱发不良情绪。Ferrer 等（2010）发现，与普通高中生相比，16 ~ 18 岁的少年犯表现出更高水平的内疚感、神经质、精神质和愤怒特质。他们也倾向于压抑他们的愤怒，并使用被动或回避的应付策略。这些负性情绪需要通过所调查的危害自己的不良行为和消极的应付策略来调节。该研究结果也显示，自我监控对危害他人的不良行为的影响达到边缘水平；多重比较显示，相对于自我导向者，他人导向者危害他人的不良行为要明显得多；这一结果可能提示，他人导向者由于社会适应不良引发紧张情绪，可能通过伤害自己的不良行为，也可能通过伤害他人的不良行为发泄出来。

从不良行为调查表的总分和 3 个子量表分来看，高自我监控者得分都是最少。特别是在危害社会行为方面，要比自我导向与他人导向者得分明显地少。国外研究也显示，从学龄前开始，儿童就需要理解他们自己和同伴对积极和负性经验的情绪体验的起因，并由此发展出与同伴适宜的沟通能力。这种理解和能力，在面对困难经历、同伴或负性环境时，构成豁达的基础（Cohen，2011）。

综上所述，自我监控对初中生不良行为确实存在影响。其中自我导向更多的影响危害社会的不良行为；他人导向者，相对自我导向者和高自我监控者，有更多的危害他人的不良行为；他人导向者相对于自我导向者有更多危害自己的不良行为。

第二节　吸毒人员自我监控研究

一　什么是吸毒

根据《中华人民共和国刑法》第 357 条的规定：毒品是指鸦片、海洛因、甲基苯丙胺（冰毒）、吗啡、大麻、可卡因以及国家规定管制的其他能够使人形成瘾癖的麻醉药品和精神药品。吸毒是我国社会学、法学等领域通俗的称谓，在医学上多称药物依赖或药物滥用，国际上通用术语则为药物滥用或药物成瘾。它指的是采取各种方式，如烫吸、溶入饮料中、肌肉/皮下注射、烟枪吸、手指粘、静脉注射、香烟吸（卷抽）、舌下含服、鼻吸等，反复大量地使用一些具有依赖性潜力的物质，这种使用与医疗目的无关，其结果是滥用者对该物质产生依赖，迫使他们无止境地追求使用，由此造成健康损害并带来严重的社会、经济甚至政治问题。

二　吸毒诱发原因的研究

药物成瘾和药物滥用是一个复杂的现象，受遗传（Freedman，2009；Vanyukov，Kirisci，Moss，Tarter，et al.，2009）和环境因素（Kendler，2001；Tomon & Ting，2010）的影响。个体从偶然的药物使用到药物依赖，人格和环境因素都起着重要作用，最终，糖皮质激素（glucocorticoids）导致大脑奖赏功能失调和药物使用的增加。在成瘾阶段，高水平的糖皮质激素和与成瘾有关的压力多肽类（stress peptides）会产生焦虑样行为的内在压力（Koob & Kreek，2007）。这种负性情感状态会进一步增加药物消费。长期吸毒会导致神经机制等发生永久的变化，导致成瘾，致使戒毒非常困难。

对吸毒的研究可以分为：①吸毒诱发因素的研究，包括环境因素（Henry，2008；Kenny，2007；Carter & Tiffany，1999；Deroche - Gamonet et al. , 2004；Vanderschuren & Everitt，2004，2005）和人格特质（Molina & Pelham， Jr，2003；Graña， Muñoz， Navas，2009）的研究。②药物成瘾机制的研究（如，Flagel， Akil， Robinson，2009；Aguilar， Rodríguez － Arias， Miñarro，2009）。③戒毒治疗研究（Greenfield， Brooks， Gordon， et al. ，2007；Fox， Hong， Siedlarz， Sinha，2008）。本研究主要从适应环境的自我监控风格来探讨药物滥用易感人格。所以，下面的文献梳理主要涉及导致药物滥用的易感人格研究。

在吸毒诱发因素的研究中，大多数研究认为，初始吸毒行为跟遗传（Kreek， et al. ，2005）、环境（Henry，2008；Kenny，2007；Tomon & Ting，2010）和人格因素（Costello & Angold，2010）有关。解释有些人为什么会吸毒的理论很多，包括生理学理论（遗传基因观、新陈代谢平衡学说），心理学理论（强化理论、不良人格理论、问题行为探测器理论），社会学理论（社会学习理论、亚文化理论、社会控制理论、选择性交互作用社会化理论）。本研究主要通过探讨吸毒人员与非吸毒人员在人格方面的差异，来发展心理学有关吸毒的不良人格理论。

心理学家把容易导致吸毒行为的人格特质，称为吸毒易感人格特质。认为成瘾主要是由个体的心理倾向和特定的心理障碍所致。尽管心理活性药物本身大多具有刺激、诱人的特性，然而，成瘾却并不是服用这些药物的必然结果。对一个心理健康的青少年来说，仅仅几次服用药物并不会导致不良的后果。但是对那些已经有情绪或其他心理问题的青少年来说，服用药物则很容易会演变成其广泛的自我毁灭行为的开始。在所有心理因素中，人格是导致药物成瘾的重要病原性因素（Andrea， Rosa， David，2001）。

对容易导致吸毒的人格因素的研究主要集中在以下四个方面：感觉寻求、冲动性、低自我监控和心理障碍。

1. 感觉寻求与吸毒

Zuckerman（1994）认为："感觉寻求（sensation seeking）是一种特质，它寻求变化、新奇、复杂及强烈的感觉和经验，而自愿从事身体上、社会的、法律的以及经济上的冒险。"感觉寻求是一种寻求变化、奇异和复杂的感觉或体验的人格特质。感觉寻求倾向较显著的人，希望使自己时刻保持较高水平的唤醒状态，并为此寻求不断变换的新异体验。当类似或相同的刺激重复出现时，这种人立刻会感到厌烦，反应速度也会大为减慢。

　　在所有影响青少年药物滥用的人格特质中，感觉寻求首当其冲（Teichman，et al.，1989）。刺激寻求的研究可以追溯到 20 世纪 50 年代 ~ 60 年代的感觉剥夺实验，该研究发现人类对环境刺激有最低的要求，适当刺激可引发"唤起最佳水平"，个体感受最佳。但个体对环境刺激最佳水平的要求有个体差异，多数人会避免过多的环境刺激和内在压力，或寻求较少的刺激经验以减少不愉快的反应，并借此获得适宜的刺激。英国心理学家 Eysenck 根据三个维度去划分人格，包括内外倾，神经质和精神质。他认为，人具有一些天生的禀赋（predispositions）或特质，对环境中的刺激会表现出特定的反应。其中，内倾者较外倾者具有较高的激发水平，对于外来刺激的敏感度较高，所以，内倾者为了避免大脑的活动超限，会产生回避刺激的现象。因此，内倾者喜欢有规律、有秩序的生活，重视道德标准，有较好的良心作用，做事有计划，不易冲动。即使有违反社会规范的意念，也容易产生焦虑和罪恶感，所以，很少有攻击性的行为产生。而外倾者，其大脑皮层兴奋不容易被激发，因此，拥有较高的感觉阈限，对外界刺激的敏感度较低，所以，会不断地参与富有新奇、刺激和冒险性的活动（如跳伞、潜水、吸毒等），以及寻求外在刺激与多变化的生活方式，即外倾者会努力避免无聊，以满足其刺激寻求，并保持个体的刺激水平在一个适度水平上。另外，大脑皮层的高度激发与个体制约行为的建立有密切关系，由于外倾者大脑皮层激发不易，对于痛觉和负面刺激也较无反应，因此，他们会积极寻求高度刺激的活动和经验以维持其愉悦状态。对高刺激寻求的外倾者而言，对行为的抑制效应不易见效，且极容易出现违反社会规范的意念，甚至于从事偏差及犯罪行为，也较不易产生焦虑和罪恶感。正因为高刺激寻求者极可能为满足内在需求动机、调适自身的唤起水平，而积极寻求外在刺激，以致他们较一般人容易产生包括吸毒在内的偏差行为。Zuckerman（1979）认为，刺激寻求是植根于适当程度的刺激与唤起的概念。感觉寻求理论是解释药物成瘾的有效理论。高感觉寻求者借助药物对神经的刺激来改变意识状态（无论这种刺激对身体是否有害），而毒品使用的非法性又满足了其对精神刺激的渴求（Van Tol，1992）。与低感觉寻求者相比，高感觉寻求者具有低估行为冒险性的特征。

患者通过使用能够唤起奇异、强烈的心理感受的药物使自己的大脑保持理想的唤醒水平。另外，感觉寻求倾向可能作用于药物成瘾的不同发展阶段。首先，对青少年服用药物的动机和人格的相关研究表明，感觉寻求特质中的去抑制、激动和冒险性寻求是促使青少年尝试使用药物的主要因素。

Amigó 及其同事（2008）认为，在服药前处于休息状态时，以外向人格特质的大脑激活作为基线，如果药物改变了大脑激活水平，且吸毒者基线激活水平不同，那么药物的激活效应和人格就可以预测特定药物对不同类型人的影响。有研究证明，在非物质滥用者中，尼古丁和安非他命的主观效应与感觉寻求相关（Kelly et al.，2006；Stoops, et al.，2007）。

用老鼠实验，发现感觉寻求或新奇寻求是药物使用的可靠指标（Cain，Saucier，& Bardo，2005）。国内外流行病学调查都发现感觉寻求是吸毒的首要原因（Terry – McElrath，et al.，2009；Sharma，2009；李骏，2009；陈玄玄等，2009）。高感觉寻求者药物滥用开始的时间更早（Ernst，et al.，2006；Wills，et al.，2006；Audrain – McGovern，et al.，2009）。在所有影响青少年药物滥用的人格特质中，感觉寻求首当其冲（Teichman，et al.，1989）。

Eysenck 等（1989）认为，外倾者较内倾者更易成为感觉寻求者。Amigó（2005）认为焦虑和冲动是外向维度上的两极，是人格特质中最基本和最基础的特质。但 Arria 及其同事的研究（2008）也发现，感觉到的危害是不同水平感觉寻求者吸毒的保护性因素，只有高感觉寻求者例外，他们感觉到的危害与吸毒无关。但外向与尼古丁主观效应在不同性别中呈完全相反的相关，在男性中呈正相关，在女性中呈负相关；外向与尼古丁的强化作用有负相关（Perkins，et al.，2008）。这说明，对初次使用者来说，尼古丁这种新异刺激，对女性来说，并没有让高感觉寻求者感觉良好。

2. 冲动性与吸毒

犯罪的自我控制理论（Gottfredson & Hirschi，1990）指出，一般犯罪理论认为不同类型的犯罪都具有共同的特质：为了追寻立即、明确、简单的利益。绝大多数会采取犯罪行为的人，只不过是想追求立即满足、不顾长远后果、行动缺乏计划的犯罪性（criminality）倾向者，或称低自我控制者。低自我控制者包含几项特征：立即满足的倾向，缺乏勤勉与毅力，冒险、体力取向，缺乏稳定的婚姻、工作与友谊，缺乏一技之长，自我中心、漠视他人，只顾眼前利益、不顾长远利益，挫折容忍度低等（Gott-fredson & Hirschi，1990）。

　　控制理论认为，有一些力量抑制和控制人们，使他们不致犯罪。这些控制力量在特定的情况下会崩溃或瓦解，会产生犯罪行为或其他失控的行为。就青少年吸毒而言，之所以吸毒，是因为抑制人们吸毒的力量薄弱。Conway，Swendsen，Rounsaville 和 Merikangas（2002）研究发现，药物滥用/依赖的个体，相对于非药物滥用个体，在约束（constraint）上得分较低。在药物选择上，也跟约束有关；所选择药物越社会异常，约束越小。

　　控制论认为吸毒人员受到两种力量的交互影响。一种是牵引他们吸毒或偏离规范的力量，另一种则是抑制他们吸毒或合乎规范的力量，这两种力量各包括许多变数。如果抑制力量强于牵引力量，则该人就不会去吸毒。牵引吸毒力包括：社会压力，如低的经济地位、恶劣的居住环境、家庭冲突、缺乏机会等；社会拉力，如坏朋友、吸毒次文化、大众传播等。此外，牵引力量还包括生物及心理的拉力，包括猎奇、寻求刺激、内在紧张、敌对意识、侵略性、对于需求希望立即得到满足、反抗权威等。与牵引力量相抗衡的是个人的内在与外在的控制力量，抑制个人往吸毒方向走。外在控制包括：美满的家庭生活、合理的规范、与社会的凝聚力、有效的监督与纪律、归属感与认同感等。内在控制包括：良好的自我约束、社会规范的内化、有挫折的忍耐力、责任感、生活有目标、有能力寻找替代满足等。同时他认为青少年良好的自我观念，是抗拒吸毒的绝缘体。个体与环境，特别是社会环境，究竟应该是一种什么关系呢？

　　研究发现（Henry，2008；Mellin & Fang，2010），与亲社会团体（如家庭、社会）脱离，且同时或随后与反社会实体（如吸毒的朋友）混在一起，是青少年吸毒和不良行为的关键因素。

　　研究结果显示（Lin，Lin，Wu，2009），休闲厌倦，上网和社交活动，增加了网络成瘾，而家庭和户外活动，以及参与性和支持性的父母监督，减少了网络成瘾。

　　张光群等（2009）采用由 Grasmick 等（1993）编制、屈智勇等修订的自我控制量表对 360 名男性青少年戒毒人员进行调查。结果发现，低自我控制的男性青少年戒毒者具有冲动冒险性高、自我情绪性高和简单化倾向高的特点。

研究综述（Sharma，2009）发现，吸食麻古的几个决定因素包括感觉寻求行为、使用烟草等其他药物、强烈的同伴凝聚力、破裂的家庭、吸毒的父母、儿童的问题行为、较差的父母监督、儿童期创伤、行为不良与看暴力电视节目。而宗教信仰、父母监督和热情，以及成人监管是保护性因子。

冲动性（impulsivity）是指从事不适当或适应不良行为的倾向。长期处在可接触成瘾药物的环境中，人和动物都会出现冲动性药物寻求和药物吸食行为（Deroche – Gamonet et al.，2004；Vanderschuren & Everitt，2005）。在吸毒人员中，冲动性行为的特征就是顽固地指向一种药物，而不顾过去认为重要的活动（如吃东西和社会关系）。而且，不顾因这些活动减少而带来的消极后果和身体问题的出现，如体重减轻和胃溃疡（American Psychiatric Association，1994）。

冲动性既是吸毒的决定因素，又是吸毒的结果。作为一个决定因素，特质性冲动是吸毒体验、吸毒和不能放弃吸毒的危险因素（Tarter et al.，2007）。另外，在冲动行为中短暂的状态依赖（state – dependant）的增加，也可能增加吸毒行为。在冲动行为中这些短暂的状态依赖的增加可能破坏那些想要戒毒人的戒断。决策或抑制短暂的波动，对吸毒者来说会产生特别负面的后果，因为控制或抑制短暂的失效可能增加吸毒的危险。

反过来，吸毒本身也会增加适应不良行为；这种影响有即时的，也有长期的。Perry 和 Carroll（2008）研究显示，冲动性表现为冲动选择或抑制失败，有证据显示，冲动性增加会导致药物滥用，以及随后药物摄食量的增加或调节异常。药物滥用又可以增加冲动性，反过来，又会增加摄食量/调节异常。

一般认为冲动性包括行为去抑制和决策受损。de Wit（2008）认为冲动过程还包括疏忽（lapses of attention）或没有注意（inattention）。（1）决策受损。延迟折扣（delay discounting）用来评估冲动决策。延迟折扣测量的操作性定义是：相对喜欢较小但较即时的奖赏，而不选择较大、较延迟的奖赏（Rachlin，Raineri & Cross，1991）。虽然，所有有机体都对延迟后果，相对于直接的后果打折扣，但这一倾向在冲动个体中更明显。Kirby

和 Petry（2003）证明了冲动的折扣模式，折扣率与成瘾有正相关；总的来说，可卡因和海洛因成瘾者，相对于控制组，有较高的折扣率。延迟折扣是指奖赏增加，但时间延迟，这种奖赏当前的价值就会减少。将来的奖赏时间越远，当前的价值就越小。因此，如果当前有多种选择，这种奖赏就不太可能被选。一个人对未来奖赏折扣率越大，这种奖赏当前的价值就越低，在当前决策中，这些奖赏的权重就越小。Schilt 等（2009）研究发现决策受损是第一次使用毒品的预测指标。（2）疏忽。注意缺陷多动症（ADHD）和物质滥用有高共病率（11% ~ 35%）（Kalbag & Levin，2005）。青少年在表现出包括吸毒在内的不良行为之前，由于没有注意到它可能带来的负面影响，减少了行为抑制力，从而导致吸毒或其他不良行为。因此，注意缺陷是吸毒的基础条件之一。Dawes，Tarter 和 Kirisci（1997）研究发现父亲吸毒，其长子（180 人）倾向于药物滥用的行为管理结构，与控制组（200 人）的相比，在注意缺陷，冲动/多动症和攻击三个维度上存在显著差异。Molina 和 Pelham，Jr（2003）对 142 名有多动症的青少年，在他们 13 ~ 18 岁时进行监控，来评估相对于没有多动症的 100 名青少年来说，会不会提高他们药物使用的风险。研究发现，与控制组相比，他们有更高水平的喝酒、抽烟和非法药物使用。儿童期注意缺陷的严重程度，预测了多种药物的使用结果。儿童期对立的挑衅障碍/品行障碍症状预测了非法药物使用和品行障碍。相对于控制组，持续的注意缺陷和品行障碍都与较多的药物使用行为有关。

　　有越来越多的证据显示，延迟折扣过程、行为抑制过程和疏忽是相互独立的（Sonuga-Barke，2002；Swann et al.，2002；de Wit & Richards，2004；Castellanos，et al.，2006；Reynolds，et al.，2006）。

　　与冲动性相关的人格特征包括疏忽、冒险、外向、刺激寻求、注意缺陷多动症（Perkins，et al.，2008）。Schilt 等（2009）研究发现决策受损是第一次使用毒品的预测指标。药物依赖的严重性与延迟折扣量相关（Reynolds，et al.，2006）。

　　Crone 及其同事（2008）也发现，相对帮助他人决策，在为自己做风险决策时更加冒险，在这一点上，高感觉寻求者与低感觉寻求者没有差异；这说明青少年的冲动性更像是一种决策缺陷，而不是人格特质。从青少年初期到晚期，青少年风险决策从情绪化、冲动发展成为理性，至少部分反映了在决策中更加充分地整合了他人的观点（Crone，et al.，2008），这可能反映青少年的决策行为越来越多地反映了包括他人在内的环境要求。

冲动性吸毒是成瘾的一个标志，然而，对这一过程的机制还很难理解。药物使用最初从偶然到冲动性使用，主要是为了获得成瘾药物对大脑奖赏系统所产生的刺激性行动，并伴有对吸食毒品量的控制（American Psychiatric Association，1994）。然而，出乎意料的是，过度的药物摄入会降低奖赏系统的活动，在老鼠身上，可能通过对戒毒药物效果的补偿机制，反映为提高了的颅内自我刺激阈限。最近的研究证据显示，冲动性吸毒会随着大脑奖赏系统的适应性减少而发展。大多数成瘾药物都以取代诸如食品和水这样的日常强化物的作用，人为地激活大脑奖赏系统，使获取和消费成瘾药物成为一个重要的动机源。然而，是什么机制导致对药物摄入和冲动性药物寻求的发展失去控制，目前还不清楚（Kenny，2007）。而且，成瘾性药物对奖赏系统的影响，可以用经典性条件加工来解释，通过这一机制，跟药物匹配的刺激可以诱导强烈的渴求，并在戒断者中迅速复发（Kenny，2007）。

3. 低自我控制与吸毒

自我控制是指回避长期代价超过及时好处行为的一种倾向。高自我控制个体倾向于有低比率的犯罪、不良行为和物质滥用，因为这些行为需要付出长期的代价。他们有相对高比率的学业工作成就和持续的良好的人际关系。

Conway 及其同事（2002）研究发现，药物滥用/依赖的个体，相对于非药物滥用个体，在约束（constraint）上得分较低。在药物选择上，也跟约束有关：个体所选择药物越社会异常，约束力越小。张佳（2009）研究发现，不同成瘾程度的吸毒者自我控制能力不同。研究（Nation & He-flinger，2006；Henry，2008；Mellin & Fang，2010）还发现，与亲社会团体（如家庭、社会）脱离（Thompson，et al.，2009），且同时或随后与反社会实体（如吸毒的朋友）混在一起，是青少年吸毒和不良行为的关键指标；遭受社会排斥是吸毒人员成瘾的社会根源（韩丹，2009）。但正如前所述，我们只能得出这样的结论，即吸毒者的自我控制低于非吸毒者。根据上面的研究结果，还不能完全得出这样的结论：低自我控制导致吸毒。

4. 心理障碍与吸毒

30 年前，把青少年药物滥用当作一种偏差行为（Jessor, et al., 1968），最近十年来，已经开始研究药物滥用的心理病理学（psychopathology）。

吸毒与心理障碍有高共病性。根据美国药物使用和健康调查，年满 18 岁患严重心理疾病的人（如根据 DSM - IV 标准，诊断为非物质依赖外的其他心理障碍），与没有心理疾病的人相比，在过去的一年里，更可能使用非处方药物（30.3% vs. 12.9%）（SAMHSA, 2009）；另外，有心理障碍的药物依赖人数比例也要高（25.2% vs. 8.3%）（SAMHSA, 2009）。

品行障碍（conduct disorder），注意缺陷多动症障碍，反抗挑衅障碍（oppositional defiant），抑郁障碍都可以预测吸毒行为的出现（Sihvola, et al., 2008；Munafò, et al., 2008；Elkins, et al., 2007；Cohen, et al., 2007）。初始吸毒行为，也可以用边缘人格障碍来预测（Cohen, et al., 2007）。

（1）品行障碍

品行障碍与药物使用和滥用之间的关系，已经得到许多确认（Brennan, 2005）。大量研究证明：品行问题引发药物使用和滥用。

品行障碍是儿童和青少年表现出来的损害他人权利或社会规范的问题行为，包括：言语和肢体攻击、残酷对待他人或宠物、破坏性行为、撒谎、逃学、恃强凌弱、纵火、在商店偷东西、违纪等（Loeber, et al., 1998）。青少年的药物滥用问题，实际上，经常起始于儿童期的破坏性行为问题（Tarter, et al., 2007；Zucker, 2006）。儿童高水平的多动、攻击和不良行为经常会演变成为青少年的药物滥用（Jester, et al., 2008）。Fergusson 等（2007），Costello 等（2007）和 Gibbons 等（2007）研究指出早期品行障碍与各种药物滥用之间存在关联。成人物质滥用 ADHD 组在儿童期共患对立反抗障碍（ODD）、品行障碍（CD），在成人期共患反社会人格障碍（ASPD）的比例明显高于对照组（李荔、丁颖、王玉凤，2009）。

在 7 岁到青少年期间，行为障碍是吸烟（Fergusson, et al. 2007）、酗酒（Costello, et al., 2007；Schneier, et al., 2010）、吸食大麻（Cohen, et al., 2007）和其他非法药物使用（Fergusson, Horwood, et al., 2007）的重要预测指标。研究（Martel, et al., 2007；Wong, et al., 2006）显

示，儿童期较低的个性反应控制和低弹性，与青少年的破坏性行为和药物滥用有关系。这些研究大都消除了顺序效应：品行障碍先于药物使用和滥用。Martel 及其同事（2009）提出一个青少年吸毒特质取向的串联模式（cascade model）。该模式的假设有：①适应不良的特质增加了注意缺陷/多动的风险，②注意缺陷/多动增加了破坏性行为，③破坏性行为导致青少年药物滥用。如果该模式成立，那么，适应不良特质应该是吸毒的根源。这些研究对预防和干预药物使用和滥用有重要意义。如果这些研究结果成立，预防吸毒的最好方式就是防止品行障碍。

然而，这些研究也指出，品行障碍与物质滥用障碍之间的关系，在不同发展阶段、在不同性别中，甚至在不同民族中，是不一样的。年龄越小，越能根据品行障碍预测物质滥用障碍（Gibbons, et al., 2007）。但在 Fergusson, Horwood 等（2007）的研究中发现，早期的行为障碍就不能预测 17~25 岁酗酒/精神药物依赖，以及大麻和其他非法药物的使用（Sung, et al., 2004）。行为不良对酒精使用有直接和间接影响，但控制了家庭、学校和同伴变量后，行为不良直接影响就很少，间接影响也不显著（Mason, et al., 2007）。这样，就不能说，品行障碍可以预测药物滥用。但是，如果年龄小的时候，品行障碍可以预测青少年早期的药物滥用，那么，为什么年龄大了以后，却不能预测了呢？

（2）注意缺陷多动障碍

注意缺陷多动症与药物滥用有高共病率（11% ~ 35%）（Kalbag & Levin, 2005）。青少年在表现出吸毒行为之前，由于没有注意到它可能带来的负面影响，减少了行为抑制力，从而导致吸毒或其他不良行为。因此，注意缺陷是吸毒的基础条件之一（Molina & Pelham Jr, 2003；Cumyn, French & Hechtman, 2009）。青少年的药物使用问题，实际上，经常起始于儿童期的破坏性行为问题，以及注意缺陷/多动（Tarter et al., 2007；Zucker, 2006）。儿童高水平的多动、攻击和不良行为经常会继续演变成为青少年的药物滥用（Jester, et al., 2008）。

有研究（Katusic, et al., 2005）发现治疗注意缺陷多动症可能会减少随后的物质使用障碍；但也有研究（Wilens & Biederman, 2006）指出，用精神病药物治疗注意缺陷多动症，在随后的生活中，会增加自我服药（self - medication）的风险。使用共病性样本，在控制了注意缺陷多动症与品行障碍之间的高共病性后，发现注意缺陷/多动症与药物使用和滥用有非常弱且统计上不显著的相关（Fergusson，Horwood，et al.，2007；Pardini，et al.，2007；Costello，et al.，2007；Wittchen，et al.，2007）。文献也发现，注意缺陷多动症预测药物滥用，一般是在临床样本或其他高危样本中（Putninš，2006；Wilens & Biederman，2006）。

（3）情绪障碍

Wittchen 等（2007）用德国青少年到成年初期的被试，在控制了品行障碍后，横向研究仍发现，抑郁、躁狂、惊恐症，与大麻使用和大麻使用障碍之间有显著相关。研究（Shaw & Black，2008；庞海波等，2010）还发现，网络成瘾和药物使用障碍都与抑郁、社会孤独相关，精神病学共病性是一样的，即存在特定的情绪障碍等。Saban 和 Flisher（2010）回顾了1990 ~ 2008 年 93 篇相关的英文文献，它们涉及物质滥用与情绪障碍；结果发现抑郁、焦虑与吸烟有关联，焦虑与酗酒有关联；这种相关随物质滥用的频率和数量的增加而增强。

但用情绪障碍来预测药物滥用，研究结果不完全一致（Fergusson et al.，2007；Pardini et al.，2007；Costello et al.，2007；Wittchen et al.，2007）。有人认为是个体发展过程起到了很大的作用（Costello & Angold，2010）；也有人（Costello，et al.，2007）认为是这些研究没有控制品行障碍（Arseneault，et al.，2002；Bovasso，2001；Chen，et al.，2002；Rey，et al.，2002）。Pardini 等（2007）发现只有存在严重品行问题的青少年的抑郁才可以预测成年初期物质使用障碍。Costello 等（2007）也发现，在控制了品行障碍后，不能用抑郁来预测物质使用障碍。Ratanasiripong，Burkey（2009）用 347 名亚裔美国人，346 名拉丁美洲人，776 名白人大学生研究，没有发现压力能预测药物使用。Okamoto，Ritt - Olson，Soto，Baezconde - Garbanati，Unger（2009）研究发现，较高自感被歧视的拉丁美洲青少年更可能药物滥用（吸烟，酒精，麻古，吸入剂）。急性和慢性压力和有害刺激会引起身体的、情绪的，或社交痛苦。而阿片系统会调节急性和慢性压力和有害刺激的反应（如，Stanley & Siever，2010）。

所以，还不清楚在临床研究中物质滥用和情绪障碍（特别是抑郁和躁狂障碍）之间的关联在一般人群中是否也存在；即使是有关联，是药物滥用导致抑郁，还是抑郁导致药物滥用，仍需深入研究（Costello，et al.，2007）。

（4）边缘人格障碍

边缘人格障碍患者被描述成"社会乖张（social contrariness）"和"始终使用他人作为自己的终极目标"（DSM‑Ⅲ，p. 322）。在临床背景中，边缘人格障碍患者的刻板印象是愤青、反复无常的病人，倾向于拒绝接受帮助、责怪他人，和以自我毁灭方式行动。Levy（2005）指出，边缘人格是一种高发的、慢性的和衰弱性的精神问题，它的特点就是混乱的和自我挫败性的人际关系、情绪不稳定、不良的冲动控制、愤怒暴发、频发的自杀和自伤（self‑mutlation）。最近精神病研究者和理论家已经开始认为边缘人格障碍的基本方面包括不稳定的、紧张的人际关系，空虚感、暴脾气、对抛弃的慢性恐惧，以及不能容忍孤独、缺乏稳定的自我感。研究者已经注意到，冲动、情感不稳定性和自我损害性行为是边缘人格障碍的标志性行为，它们发生在人际背景中，被关系中真实或想象的事件所触发。

Stepp，Trull 和 Sher（2005）发现边缘人格障碍特征，可以显著地预测 2 年后的酒精使用。研究（Bornstein，et al.，2010）还发现，高水平的特质性依赖需要出现在被诊断为边缘人格的住院病人中；边缘人格障碍与物质滥用的提高有关（Bateman & Fonagy，2004；Paris，2005）。但也有研究指出是药物滥用（Zanarini，et al.，2004；Widom，et al.，2009）和冲动性（Tragesser，et al.，2007）导致了边缘人格障碍。

研究结果（Rentrop，Backenstrass，Jaentsch，et al.，2008）显示，边缘人格障碍在 Nogo task 表现要差些，但在 Go task 中不会差。在 Nogo task 中，当必要抑制反应时，有边缘人格障碍的人犯错更多，提示抑制占优势反应存在问题。另外，与非临床控制组相比，边缘人格组的一个特点是显著短的反应时。在控制了反应时后，在 Nogo task 任务中的错误，仍然显著。该研究说明，在这一反应抑制任务中有双重损害。第一，边缘人格障碍病人有着不恰当的快速反应时和速度—准确性折中方案。第二，他们有着显著的真实的反应抑制缺陷。

如前所述，研究者认为感觉寻求、冲动、品行障碍、低自我监控、心理障碍等是导致吸毒的危险性因素。但在边缘人格障碍的研究中，却发现边缘人格障碍拥有几乎所有的这些吸毒易感人格特质。Meyer，Ajchenbrenner 和 Bowles（2005）发现，边缘人格障碍与感觉寻求有正相关；边缘人格障碍更具有冲动性（Stanley & Siever, 2010；de Wit, 2008），冲动性可以预测边缘人格障碍（Tragesser, et al., 2007）。边缘人格障碍也具备冲动性的特征，即边缘人格障碍存在行为去抑制（Rentrop, et al., 2008；Nigg, et al., 2005）、决策受损（Domes, et al., 2006；Hanson, Luciana, Sullwold, 2008；Haaland & Landrø, 2007）和注意缺陷（Wupperman, et al., 2008）。同时，边缘人格障碍与自恋（Clemence, et al., 2009）、自我同一性混乱（Jrgensen, 2006）、自他关系困扰（Bender & Skodol, 2007）、社会关系网络中缺乏核心成员（Clifton, et al, 2007），和情绪不稳定（Ebner - Priener, et al., 2007）、情绪压抑（Chapman, et al., 2009；Sauer & Baer, 2009）等有关。

脑机制的研究文献综述（Li & Sinha, 2008）发现，压力/情感管理，压力相关寻求或冲动性药物寻求和抑制控制，这些过程的神经基础明显重叠；特别是，腹正中前额区，包括前扣带回、杏仁核和纹状体都与精神兴奋药物依赖有关。因易感人格居于人格特质与人格障碍之间（Costello & Angold, 2010），据此，推断边缘人格障碍可能是吸毒的易感人格特质。

无论是感觉寻求、冲动，还是低自我控制，都是健康个体人格的组成部分，但当它们发展到极端时，就可能成为边缘人格障碍，出现社会适应不良。前已述及，Bornstein 及其同事（2010）研究指出，被诊断为边缘人格的住院病人，才会出现高水平的特质性依赖需要，但在门诊边缘人格病人中没有发现。冲动性是正常行为的一个维度，非常高水平的冲动性却是许多精神障碍的症状，包括注意缺陷多动症，或边缘人格障碍（de Wit, 2008）。

Martel, Peirce, Nigg 等（2009）提出一个青少年吸毒的特质取向的串联模式（cascade model）。该模式的假设有：①适应不良的特质增加了不注意/多动的风险，②不注意/多动增加了破坏性行为，③破坏性行为导致青少年药物滥用。对 321 个家庭中 674 个孩子（486 个男孩）从小孩 3 岁时，就从事横向和纵向研究。被评估的人格特质包括反应控制（reactive control），负性情绪性，用 California Q - Sort 通过评价者评价。不注意/多动、破坏性行为和药物滥用通过父母、老师和自我评价获得。儿童期反应控制的低水平，而不是弹性（resiliency）或负性情绪，与青少年药物滥用有关，破坏性行为起中介作用。使用串联模式，药物滥用的家庭风险部分以反应控制，不注意/多动和破坏性行为为中介。儿童期有些人格特质（不是全部）与青少年药物滥用有关；这些效应以不注意/多动和破坏性行为为中介。

那么，边缘人格障碍是相对稳定的、特质样的（traitlike）或持续的，还是一个可塑的人格结构？

Gottfredson 和 Hirschi（1990）收集了 19 世纪中期至 20 世纪末不同国家、不同种族的犯罪年龄分布，发现 20 岁左右是犯罪高发年龄，30 岁以后明显降低，50 岁以后几乎消失。Ceballos 和他的同事（2006）使用社区被试研究边缘人格障碍与脑成熟的关系，将被试分四组，分别是只有品行障碍，只有边缘人格障碍，共患品行和边缘人格障碍，以及没有品行障碍和边缘人格障碍的控制组。脑成熟使用的是小于与大于 17 岁被试 P300 脑电波幅差异。他们发现，随着年龄的增加，控制组和只有边缘人格障碍组的 P300 波幅降低，但患品行障碍、共患品行障碍和边缘人格障碍组 P300 波幅没有降低；把边缘人格障碍病人分为两组，分别进行为期一年和二年的治疗，结果发现，一般症状分在第一年治疗中有的，随着时间推移，在第二年有明显改善；而抑郁在第一年有的，在第二年仍然有，没有显著变化（Korner，et al.，2008）。Lenzenweger 和 Castro（2005）在文献综述中回顾了这样的纵向研究，它们涉及青少年和成人边缘人格障碍的稳定性问题，被试包括接受治疗和没有接受治疗的人，也支持边缘人格是一个可塑的人格障碍，它随时间推移而自愈。这说明部分边缘人格障碍在青少年后期可以自愈。

既然，边缘人格障碍产生于青少年时期，且具有可塑性和自愈性，那么它的发病和自愈机理是什么呢？Gunderson（2007）对边缘人格障碍精神病理学进行因素分析，发现了三个成分：情感、行为和人际；前两个成分，情绪不稳定和冲动性是主要表型（phenotype），第三个精神病理学部分，扰乱的关系（disturbed relationships），传统上认为它是由环境决定。也有研究者（Fonagy & Bateman，2008；也见，Livesley，2008）认为，受损的心理能力，即理解自我和他人心理状态的能力，是边缘人格障碍的核心特征。

如前所述，边缘人格障碍始发于青少年，随着时间推移，大部分成年人这些症状会逐渐消失。这样，我们可以通过研究青少年与成年人社会行为决策过程中的差异；通过探讨这种差异及其所引发的个人和社会后果，找到边缘人格障碍的致病心理机制，从根本上理解吸毒的易感人格特质。

三 小结

注意作为一种心理状态，在心理活动中起基础性的作用；同时，它也受到心理活动过程的反作用。注意缺陷多动症与药物依赖有着较高的共病率。

冲动性、感觉寻求、低自我控制以及心理障碍都与药物依赖有关。把这些人格特征放在个体社会适应中去看，就会发现，冲动性、感觉寻求和低自我控制都会导致社会适应不良，而各种心理障碍只是这些人格特质在适应不良中的行为或情绪反应。

良好的社会适应要关注自己和他人或情境要求（肖崇好，2005b）。注意缺陷，如只对自己内部状态敏感，或只关注他人或情境要求，都会产生冲动性行为。而感觉寻求、低自我控制，很可能是只关注自己内在状态诱发的。Martel 等（2009）提出了一个青少年吸毒的特质取向的串联模式（cascade model）。该模式的假设有：（1）适应不良的特质增加了不注意/多动的风险；（2）不注意/多动增加了破坏性行为；（3）破坏性行为导致青少年药物滥用。自我监控可以用来解释个体的社会适应，因此，我们进一步提出青少年适应环境的内在机制，即自我监控，是诱发吸毒的根本原因。

四 吸毒与非吸毒人员自我监控的研究

从三类典型的社会行为自我监控来看，高自我监控者是良好的社会适应者，他们适应良好，应该有积极的认知模式和良好的情绪调节机制。认为行为后果完全由他们自己决定，是典型的内控型人。他们的主观幸福感很强。

极端自我导向者和极端的他人导向者容易走上吸毒道路，因为他们会存在社会适应障碍。自我导向者注重展示自己积极的品质，否认自己存在不足，有完美主义人格倾向，在人际交往中不顾及他人感受、利益，有自恋倾向。行为我行我素，不害怕他人负面评价，社交焦虑低。

其我行我素的行为产生机制可能跟三个方面的因素有关：价值观层面强调独立性、自主性。在认知机制上，跟注意缺陷有关：只加工自己内在信息，不加工环境或互动对象信息；注意分配缺陷：不能同时加工自己内在信息与外界信息；注意稳定性缺陷：开始能兼顾，但不能持续太长时间。导致他们吸毒的原因可能有两个方面：①过高的自我评价。认为别人做不到的事，他们可以做到。即尝试吸毒后，别人会上瘾，他们不会。所以，他们更可能比其他人初次尝试吸毒。②社会适应性障碍会产生焦虑、抑郁或压力。为了排解压力和紧张、焦虑情绪，他们也可能去吸毒。

极端的他人导向者为了保持人际和谐，附和他人，委屈自己。自尊低，只看到自己的不足，缺乏主见。焦虑程度较高，害怕负面评价较高，情绪波动较大。与边缘人格量表应该有较高相关。在行为发生机制上，可能的原因有：过低的自我评价，即低自尊。在注意上，跟注意对象的选择性、稳定性和分配缺陷有关。在人际交往中无原则附和他人，给人无原则感。他们吸毒可能有两个方面的原因，一是同伴压力，二是调节因社会适应障碍带来的情绪紧张、焦虑等。研究（Fossati, Beauchaine, et al., 2006）验证性因子分析发现，回避、依赖和强迫性人格障碍共享一个潜在的维度。

自我导向和他人导向应该还有一个共同点，就是行为抑制功能缺陷。在社会交往活动中，他们体验到不同的行为模式带来的负面影响，但找不到有效的协调自我与环境的行为方式，或不能有效抑制习惯化的无效行为方式。

1. 研究目的与研究假设

根据我们自我监控构念，他人导向者与自我导向者社会适应性较差，更容易出现社会适应不良。他人导向者在社会适应过程中，行为选择没有原则、底线，行为完全受环境和他人控制，行为带有明显的冲动性，稳定的变化是他们行为的特点；自我导向者行为完全受内在态度或情绪体验的影响，缺乏灵活性，自恋，自我中心，也不是很好的社会适应者。高自我监控者行为既注意自我和谐，又兼顾人际和谐，是良好的社会适应者。所以，相比非吸毒人员，吸毒人员在自我导向和他人导向子量表上得分会明显高，在高自我监控子量表上得分会明显低。

2. 研究方法

（1）被试

非吸毒人员269人，其中韩山师范学院在校大学生132人，中学本科函授老师137人。吸毒人员共686人，来自重庆北碚戒毒所、四川眉山监狱、云南芒市戒毒所、贵州贵阳市公安局戒毒中心，人数和百分比分别为194人（28.3%），143人（20.8%），292人（42.6%）和57人（8.3%）。年龄，最小17岁，最大53岁，平均年龄33.21岁，全部为男性。开始吸毒年龄为12～54岁，平均开始吸毒年龄为23.27岁。吸毒时间在1～30年，平均吸毒时间9.93年。吸毒者其他资料见下面各表。

表7-5　吸毒人员受教育程度

	小学	初中	高中	大中专	本科	其他
人数	153	407	95	24	1	6
占总被试比例（%）	22.3	59.3	13.8	3.5	0.1	0.9

表7-6　吸毒人员婚姻状态

	未婚	已婚	离婚	离异再婚
人数	304	228	142	12
比例（%）	44.3	33.2	20.7	1.7

表7-7　第一次吸食毒品

	海洛因	大麻	鸦片	吗啡	可卡因	冰毒	摇头丸	K粉	杜冷丁	其他
人数	506	11	106	4	1	32	2	22	0	2
比例（%）	73.8	1.6	15.5	0.6	0.1	4.7	0.3	3.2	0	0.3

第一次吸食毒品，最多的是海洛因，其次是鸦片，再次是冰毒、K粉。

表7-8　经常吸食毒品

	海洛因	大麻	鸦片	吗啡	可卡因	冰毒	摇头丸	K粉	杜冷丁	其他
人数	593	90	231	19	15	236	114	183	49	12
比例（%）	86.4	13.1	33.7	2.8	2.2	33.4	16.6	26.7	7.2	1.8

吸食较多的毒品依次是海洛因、鸦片、冰毒、K粉；吸食比较少的分别是大麻、杜冷丁、吗啡、可卡因。

表7-9 吸毒方式

	人 数	占总人数的比例（%）
烫吸（踏食）	432	63.1
溶入饮料中	13	1.9
肌肉/皮下注射	60	8.8
烟枪吸	102	14.9
口服（手指粘）	20	2.9
静脉注射	181	26.4
香烟吸（卷抽）	54	7.9
舌下含服	4	0.6
鼻吸	28	4.1

表7-10 初次吸毒场所

	私人住所	娱乐场所	宾馆酒店	其他地方
人 数	235	240	57	41
比例（%）	34.3	35.0	8.3	6.0

表7-11 经常吸毒场所

	私人住所	娱乐场所	宾馆酒店	其他地方
人 数	447	101	71	95
比例（%）	65.1	14.7	10.3	13.8

（2）量表

量表中基本项包括性别、年龄、受教育程度等，20题自我监控量表、单一维度自我监控量表。要求被试回答自己的社会行为由自己或他人/情境决定的程度。完全由他人决定计"0"分，完全由自己决定计"100"分。被试根据自己的实际情况在0～100分给一个分数作为自己社会行为被自己或他人决定的程度。

（3）测试过程

非吸毒人员测试在课堂上完成，当堂回收。吸毒人员在集中开会前完成问卷，并由管理人员回收。所有问卷不要求写姓名，并在指导语中承诺，问卷中涉及的内容不会外泄，"更不会移作法律证据或其他用途，绝不会作为您在监狱或戒毒所的记录"。

3. 研究结果

（1）吸毒人员与非吸毒人员在单一维度自我监控量表上得分比较

我们设计了一个单一维度的自我监控量表，一极是行为完全由他人决定（0分），一极是行为完全由自己决定（100分），50分代表各一半。吸毒人员与非吸毒人员在单一维度自我监控量表上的平均分数与标准差见表7－12。

表7－12　吸毒人员与非吸毒人员在单一自我监控量表上得分比较

组　　别	人　数	平均分	标准差
非吸毒人员	268	68.56	17.82
吸毒人员	645	70.30	25.88

独立样本 t 检验，t（$df=911$）$=-1.00$，$p>0.05$。即吸毒人员与非吸毒人员在单一自我监控量表上得分差异不显著。

（2）吸毒人员与非吸毒人员在自我监控量表上得分比较

下面考察吸毒人员与非吸毒人员在自我监控量表各分量表得分上的差异。对吸毒人员与非吸毒人员在自我监控量表三维度上得分进行比较，结果如下。

表7－13　吸毒人员与非吸毒人员在自我监控量表上得分比较

组　　别	人　数	自我导向	他人导向	高自我监控
非吸毒人员	268	15.04±3.78	16.38±4.66	27.68±3.69
吸毒人员	683	16.39±4.31	18.30±5.11	23.82±4.93

独立样本 t 检验，t（$df=950$）$=-4.51$，$p<0.01$，显示吸毒人员在自我导向子量表上得分显著高于非吸毒人员。

在他人导向子量表得分上，独立样本 t 检验，t（$df=950$）$=-5.34$，$p<0.01$，显示吸毒人员在他人导向子量表上得分显著高于非吸毒人员。

在高自我监控子量表得分上，独立样本 t 检验，t（$df=950$）$=11.59$，$p<0.01$，显示非吸毒人员在高自我监控子量表上得分显著高于吸毒人员。

（3）青少年吸毒人员与非吸毒人员自我监控的比较

如前所述，吸毒起始于青少年，而本研究吸毒人员年龄分布较广，为了比较青少年自我监控的差异，控制年龄因素，我们对吸毒人员进行分类，抽取25岁以下的吸毒人员和非吸毒人员，就自我监控量表得分进行比较。青少年吸毒人员与非吸毒人员在自我监控三维度上的差异见

表 7 - 14。

表 7 - 14　青少年吸毒人员与非吸毒人员在自我监控量表上得分比较

组　　　别	人　数	自我导向	他人导向	高自我监控
非吸毒人员	173	15.05 ± 3.77	16.76 ± 4.54	27.12 ± 3.65
吸 毒 人 员	96	18.30 ± 4.06	18.17 ± 5.20	24.05 ± 4.62

独立样本 t 检验，t（$df = 367$）= - 2.560，$p < 0.05$，显示青少年吸毒人员在自我导向子量表上得分显著高于非吸毒人员。

在他人导向子量表得分上，独立样本 t 检验，t（$df = 367$）= - 2.319，$p < 0.05$，显示青少年吸毒人员在他人导向子量表上得分显著高于非吸毒人员。

在高自我监控子量表得分上，独立样本 t 检验，t（$df = 367$）= 5.984，$p < 0.01$，显示青少年非吸毒人员在高自我监控子量表上得分显著高于吸毒人员。

（4）把年龄、性别和受教育程度作为协变量的分析结果

以前的研究显示，受教育程度是影响药物滥用的重要因素。本研究的目的在于：控制了受教育程度、年龄和性别等因素后，考察吸毒人员与非吸毒人员自我监控是否存在差异。

吸毒与否，年龄，性别和受教育程度对自我导向的影响

以自我导向子量表分为因变量，以是否吸毒为自变量，以年龄、性别和受教育程度为协变量，进行多因素方差分析，结果如表 7 - 15、表 7 - 16 所示。

表 7 - 15　吸毒人员与非吸毒人员自我导向子量表得分比较

组　　　别	人　数	平均分	标准差
非吸毒人员	267	15.01	3.77
吸 毒 人 员	282	16.34	4.10

表 7 - 16　以自我导向得分为因变量的协方差分析结果

变异来源	平方和	自由度	均方	F	P
年龄	6.89	1	6.89	0.446	0.504
性别	95.05	1	95.05	6.150	0.013

续表

变异来源	平方和	自由度	均方	F	P
受教育程度	0.27	1	0.27	0.018	0.893
是否吸毒	0.24	1	0.24	0.016	0.900
误差	8407.48	544	15.45		

从表7-15、表7-16可以看出控制了受教育程度与年龄后，吸毒人员与非吸毒人员在自我导向子量表得分上无显著差异，性别对自我导向的影响达到显著水平。

吸毒与否，年龄和受教育程度对他人导向的影响

以他人导向子量表分为因变量，以是否吸毒为自变量，以年龄和受教育程度为协变量，进行多因素方差分析，结果如下。

表7-17　吸毒人员与非吸毒人员他人导向子量表得分比较

组　　别	人　数	平均分	标准差
非吸毒人员	267	16.39	4.68
吸毒人员	282	18.54	5.00

表7-18　以他人导向子量表得分为因变量的协方差分析结果

变异来源	平方和	自由度	均方	F	P
年龄	0.18	1	0.18	0.008	0.929
性别	1.76	1	1.76	0.074	0.785
受教育程度	5.23	1	5.23	0.221	0.638
是否吸毒	137.65	1	137.65	5.818	0.016
误差	12869.23	544	23.65		

从上表可以看出控制了受教育程度、性别、年龄后，吸毒人员与非吸毒人员在他人导向子量表得分上差异显著（$p = 0.016$）。

吸毒与否，年龄和受教育程度对高自我监控的影响

以高自我监控子量表分为因变量，以是否吸毒为自变量，以年龄和受教育程度为协变量，进行多因素方差分析，结果如下。

表 7 – 19　吸毒人员与非吸毒人员在高自我监控子量表上得分比较

组　　别	人数	平均分	标准差
非吸毒人员	267	27.67	3.70
吸毒人员	282	23.82	5.16

表 7 – 20　以高自我监控子量表得分为因变量的协方差分析结果

变异来源	平方和	自由度	均方	F	P
年龄	0.45	1	0.45	0.023	0.881
性别	34.18	1	34.18	1.684	0.195
受教育程度	53.44	1	53.44	2.632	0.105
是否吸毒	167.03	1	167.03	8.227	0.004
误差	11044.78	544	20.30		

从上表可以看出控制了性别、受教育程度和年龄后，在高自我监控子量表上，吸毒人员得分要显著高于非吸毒人员（$p = 0.004$）。

4. 讨论

（1）自我监控与不良行为、吸毒之间的关系

从上面的研究结果看，所有研究假设都得到证实。说明吸毒人员就是社会适应不良者，其行为要么过度社会化，导致他人导向；要么社会化未完成，产生自我导向。这两类人都有社会适应障碍，会产生挫败感和情绪障碍，为了缓解这种紧张焦虑情绪，他们有可能通过非正常途径或方法，表现出不良行为。肖崇好（2012b）对中学生的调查发现，自我监控对不良行为有显著影响，高自我监控的学生不良行为最少，他人导向学生不良行为最多，自我导向学生得分居中；他人导向学生不良行为明显多于高自我监控学生。

就自我导向者来说，①他们喜欢标新立异，喜欢冒险，寻求刺激，愿意尝试毒品。陈玄玄等（2009）研究发现，与正常对照组相比，海洛因成瘾者在探求新奇性和伤害回避得分上高于对照组，而在合作性等维度上得分低于对照组。②自我导向者我行我素，容易对禁毒宣传、他人劝说产生阻抗作用，听不进他人的建议和意见，高估自己，总认为自己不会像成瘾者那样，长期沉溺于毒品，自己只是尝试一下，不会成瘾。本研究发现，自我导向与自恋有较高的相关，以前的研究（肖崇好，2006）也发现自我

导向与自尊有高相关；同时本研究却发现自我导向者认为行为后果由自我、情境和机遇控制，说明他们缺乏人际自我效能感。Verdejo－García 等（2006）的研究证明，吸毒者行为在结构性情境中（行为标准存在于情境之中），与健康的对照组相比，行为决策没有显著差异；但在非结构化情境中（行为取决于内在状态），吸毒者行为表现出明显的背景独立决策策略。相关研究发现，自尊水平高的吸毒者表现出更消极的应对方式和更强的感情与社会孤独感（杨玲、樊召锋，2009）。研究（Freeman，Gittins，Pugh，Antley，Slater，Dunn，2008）发现出现感知异常（the presence of perceptual anomalies）增加了偏执反应（paranoid reactions）的危险，但减少了社会焦虑的危险。

　　他人导向者缺乏明确的自我概念，行为稳定的变化性和冲动性是他们显著的特点，社会行为缺少主见和明确的方向，不仅影响他们与他人的长期的、稳定的、安全的社会支持系统的建立，而且他们常常病态地体验到委屈、受到不公正对待。他们有强烈的社交焦虑，在不良环境或同伴的影响下，很容易走上吸毒的道路。Nation 和 Heflinger（2006）研究发现，反社会同伴（Antisocial peers）和不良行为是药物使用的最好指标。边缘人格与青少年犯罪有正相关（Whisman & Schonbrun，2009）。研究者（Fonagy & Bateman，2008；也见 Livesley，2008）认为，受损的心理能力，即理解自我和他人心理状态的能力，是边缘人格障碍的核心特征。Leung & Leung（2009）研究发现，边缘人格障碍在香港青少年中的发病率为 2%；其主要特征是情感调节异常、冲动、人际困扰和自我/认知困扰。被动攻击型人格障碍（passive aggressive personality disorder）与边缘性人格障碍、自恋人格障碍和物质滥用障碍有系统相关（Hopwood，Morey，Markowitz，Pinto，et al.，2009）。

　　可能正如 Martel、Peirce、Nigg 等（2009）所提出来的青少年吸毒的特质取向的串联模式（cascade model）所述，青少年适应不良的特质增加了不注意/多动的风险，不注意/多动增加了破坏性行为，破坏性行为导致青少年药物滥用。

　　如前所述，自我导向者和他人导向者都存在社会适应障碍。Ford（2008）研究显示，非医用处方药的使用，与自我报告的行为不良有显著相关。Canivez 和 Sprouls（2010）对调节量表（the adjustment scales for children and adolescents）（McDermott，Marston，& Stott，1993）进行因子结构分析，得到两个因子，据此认为调节量表测量了心理病理（psychopathology）两个独立维度：活动过度和活动低下（overactivity and underactivity），类似于行为问题/外向和退缩/内化维度。总之，身处吸毒亚文化群体中不能自拔、自身生活方式定型化、遭受社会排斥是吸毒人员成瘾的社会根源（韩丹，2009）。

（2）自我监控与负性情绪、吸毒行为之间的关系

在与环境互动时，社会行为自我监控固化为自我导向和他人导向的人，会在与他人的互动中体验到挫败感，为了应付挫败带来的负性情绪，毒品作为调节情绪的诱因，有可能成为他们调节情绪的一种选择。

本研究发现他人导向与边缘人格有显著的正相关，在他人导向子量表上，吸毒组得分也显著高于非吸毒组。Stiglmary 等（2008）用 30 个边缘人格障碍被试，30 个抑郁被试和 27 个焦虑障碍被试，30 个健康被试研究内在的紧张度。所有三组内在紧张都表征为一种唤起的不愉快状态。然而，在所有临床被试中，紧张体验由内在无助和怠惰触发，而健康控制组体验的是要表现好的压力。

Rohrbach，Grana，Vernberg，Sussman，Sun（2009）研究了创伤性事件——飓风对青少年药物滥用（酗酒、吸食大麻、吸烟）的影响。被试是 280 名西南路易斯安那州高中生。研究发现，灾后七个月的创伤后症状与酒精和大麻的使用有正相关。但与其他因素综合考虑的多元回归显示，创伤后压力症状不能预测药物作用的增加。然而，客观上遭受飓风预测了麻古使用的增加，创伤后的负性生活事件预测 3 类药物使用的增加。这些研究结果显示，增加药物使用可能只是青少年表现出来的应对遭受飓风的行为之一。

Schneier 等（2010）在 2001~2002 对 43093 名美国居住在家的成年人面对面访谈，结果也发现，酒精使用障碍（包括酒精滥用和依赖）与社交焦虑障碍的共病率是 2.4%。社会焦虑障碍中，酒精依赖和酒精滥用者的比例要明显地高（4.0%）。在酒精依赖被试中，社交焦虑障碍与情绪、焦虑、精神和人格障碍有显著相关。而在社交焦虑障碍中，酒精依赖和滥用，与药物使用障碍、病理学投机和反社会人格障碍相关最大。在共病案例中，社交焦虑障碍发生在酒精依赖之前，为 79.7%。共病的社交焦虑障

碍有更严重的酒精依赖和滥用。在全美国的高中高年级中抽样，调查了 9 种物质 ［alcohol, marijuana or hashish, amphetamines, cocaine, LSD, Narcotics other than heroin（非海洛因麻醉剂），tranquilizers（镇静剂），barbiturates（巴比妥酸盐），heroin］ 使用的原因（Terry - McElrath, O'Malley, Johnston, 2009）。总的来说，使用大多数药物是出于社交/休闲。然而，对精神类药物来说，最主要的原因是应付负性情绪和生理需要。Levy, Edell, McGlashan（2007）研究了抑郁、抑郁边缘和边缘非抑郁病人的独立和自我批评性抑郁体验（dependent and self-critical depressive experiences），结果发现，三组在抑郁损伤或严重程度上没有差异，然而，在抑郁体验完成不同。边缘人格障碍被试，无论是被诊断为有和没有边缘人格障碍的病人，只有在情感依恋需要（anaclitic neediness）测量上，比抑郁病人得分要高；进一步的分析显示，依恋需要与人际困扰、自我毁灭行为和冲突有显著相关。

Zeigler - Hill 和 Abraham（2006）研究发现，有边缘人格特征的个体拥有不稳定的低自尊和高而不稳定的负性情感；同时发现拥有边缘人格特征的个体对日常人际压力有着不稳定的自尊和拒绝情感。边缘人格障碍与气质敏感性（temperamental sensitivity）相关，与测量对心理和情绪刺激敏感的子量表相关；边缘人格更多的与负性情绪（焦虑，生气，悲伤）有较强的相关，与父母有不安全的依恋（Meyer, Ajchenbrenner, Bowles, 2005）。

跟其他人格障碍相比，边缘人格障碍显示更加焦虑和害羞（Drapeau, et al., 2009）。用叙事描述法研究（Drapeau & Perry, 2009）发现，与非边缘人格障碍病人相比，边缘人格障碍病人更希望远离他人，更希望像他人，更希望被伤害和伤害他人，把他人看作是可控制的和坏的；边缘人格障碍病人不太开放、不爱助人和缺乏自信。与控制组和患有其他人格障碍的抑郁症患者相比，边缘人格障碍患者在人际互动中不太相信人（Unoka, et al., 2009）。Stanley 和 Siever（2010）研究指出，边缘人格障碍的特征就是情感不稳定、冲动、同一性混乱和人际功能障碍。感受到拒绝和损失是冲动、自杀和自我损伤行为的情感反应，以及愤怒暴发的触发器，并指出依恋和亲和系统跟这一障碍有关。神经肽，包括阿片类（opioids），催产素（oxytocin）和后叶加压素（vasopressin）在亲和行为的管理中起关键作用，在边缘人格障碍中可能已经发生改变。

吸毒者他人导向或自我导向的形成，跟家庭环境可能存在密切关系。易春丽等（2009）研究发现，吸毒患者家庭环境中的亲密度与抑郁呈非常显著和显著的负相关，与自尊呈非常显著的正相关；矛盾性与抑郁呈非常显著的正相关，与自尊呈非常显著的负相关。

第三节　总的讨论

一　自我监控与社会适应

Payton（2009）研究指出，心理健康、心理困扰、心理疾病，不是连续而是离散的现象。也就是说它们不是量的差别，而是质的不同。吸毒人员与非吸毒人员在单一自我监控量表上得分没有差异，以及自我导向和他人导向不同的行为方式，都说明适应障碍不是量上的区别，而有着完全不同的内在心理动力和外在行为模式。

社会行为过分的自我取向与过分的他人取向，都是适应不良好的行为（Miller & Thayer，1988；Schlenker & Leary，1982）。研究（如，Ingram，1990）显示，自我关注注意与抑郁有着稳定的正相关。自我导向与社交焦虑有显著负相关（Cho，Jung，Kim，Hwang，et al.，2009）。Schwartz - Mette 和 Rose（2009）提出对话自我关注（conversational self - focus），它是一种只关注自我谈话而不谈及他人的倾向。研究认为，自恋跟年轻人的行为问题（Barry，et al.，2003）和攻击与内化综合征（internalizing symptoms）（Washburn，et al.，2004）有关。现有的自恋，与反社会和行为不良有关。消极的自恋跟适应不良、不良的社会调节相关（Emmons，1984；Raskin & Terry，1988）。积极的自恋是适应良好的，跟自信有关，跟社交失调无关（Raskin & Terry，1988）。Ogunyimi，Musa（2009）研究发现，只有感受到的自我效能才会影响药物滥用；高自我效能感的运动员药物滥用倾向明显低于低自我效能感的运动员。在该研究中也显示，自我导向者虽然我行我素，但认为行为结果由自己、他人、机遇控制。说明自我导向者确实具有 Russ，Shedler，Bradley，Westen（2008）自恋人格的三个特征：浮夸/恶毒（Grandiose/malignant），脆弱（fragile），高功能/表现癖

（high – functioning/exhibitionistic）。Barry，Frick，Adler，Grafeman（2007）考察了自恋在预测儿童到青少年群体样本中的预测功效。研究发现，适应不良的自恋（利用，权力，喜欢出风头），可以非常显著地预测一年、两年和三年后的自我报告行为不良。这一模型在考虑了其他内在危险因素，仍然可以预测行为问题（麻木无情特质，冲动），教育实践，当控制了早期行为问题后，也仍然有效。另外，适应性的自恋（权威，自负）在没有积极父母养育时，可以预测行为不良。而适应不良特别能够在有消极父母养育时预测行为不良。自我导向者在自我概念上存在的缺陷就是高自尊或高自我评价，与低的自我人际效能之间的冲突。Klonsky（2008）研究显示，空虚与倦怠存在微不足道的相关，与感到无助、孤独和被孤立存在密切的相关；它也能预测抑郁和自杀意念。

自我导向者虽然认为行为结果受自己、他人和机遇的控制，但他们在社会行为中并不担心他人的负面评价。研究也显示（Atlas & Them，2008）高自恋的被试倾向于寻求（而不是回避）反馈，而高敏感被试倾向于拒绝反馈机会；高特质性自恋者倾向于对批评不敏感，寻求而不是回避反馈机会，对"极端"反馈条件做反应时，体验到很少的内化负性情绪，但不期望反思他们的行为表现。

他人导向跟调节（adjustment）困难和人际功能困难有关。他人导向与害怕负面评价、自尊有显著的正相关，与神经质有显著的负相关（肖崇好，2012a）。该研究发现，他人导向者有着强烈的社会焦虑倾向，认为行为结果完全取决于他人或机遇，在社会互动中，人际自我效能感很低，他们常常病态地体验到委屈、压抑、被虐待。研究发现被虐待组的人更可能报告临床症状不明显的妄想、自恋、边缘、反社会、强迫、被动攻击和抑郁障碍（Grover, et al. , 2007）。

兼顾自我和谐与人际和谐的人，才是良好的社会适应者。Imamoğlu 和 Imamoğlu（2007）用平衡整合—差异化模式（the balanced integration – differentiation model, Imamoğlu, 2003），研究依恋与自我结构导向的关系，结果发现，依恋安全性跟关系自我导向相关。然而，当关系导向补充了自我导向后，依恋安全性增强，达到显著水平。高自我监控者能较好地处理自我与环境的关系，达到自我和谐与人际和谐（肖崇好，2005b）及较少的情绪障碍和临床心理症状（舒晓丽、肖崇好，2010）。

二　社会适应与不良行为

不良行为（delinquency），特别是青少年不良行为已经成为世界范围内社会学家、心理学家和犯罪学家研究的热点问题。Patterson 等（1988）提出，不良行为发展有一个过程，从一开始的不良行为，如不服从，会导致下列行为的发展——反社会行为、学校失败（学业和社交）、结交不良伙伴，并最终导致更加严重的问题行为和犯罪行为。国内学者一般认为青少年不良行为包括不良行为和违规违纪行为。对青少年不良行为研究的文献回顾（Coie & Miller - Johnson，2001）表明，导致青少年行为的危险因子可以分为两大类：第一类是环境因素更容易诱发青少年犯罪或不良行为的早期危险因子，包括社区，如易结交不良伙伴、同伴拒绝；家庭，如父母反社会或犯罪行为、药物滥用、不良的育儿习惯、家庭暴力等。第二类是个体人格特征，如自我控制差、冲动、自尊低、多动症、感觉寻求、气质障碍。从人格特殊上来看，不良行为者与吸毒者非常相似，由此可以推断，网络成瘾者、青少年犯罪人员等社会适应不良的人，都可能具有相似的人格特征；这些人格特征可能是他们长期与环境不适当的互动的结果。

日常生活中经常需要进行重复决策，过去的决策结果会用以预测当前决策的得失，但当前决策的得失可能与过去的不同。被试么么看到每次选择后的结果，要么给一个总结过去实验结果的"历史"。被试能很快适应新问题，但对报酬变化适应较慢。提供历史改善了初始选择，但对后面的选择没有或有负面影响（Rakow & Miler，2009）。

三　本研究存在的不足及今后的研究方向

1. 研究方法上的不足

研究方法不足主要表现在两方面。第一，本研究采用回溯比较研究的方法，来研究吸毒者与非吸毒者自我监控的差异。在该方法中，自我监控差异既可能是吸毒的原因，也可能是吸毒的结果。所以，进一步的研究中，要在吸毒高危人群或环境中，筛选出不同类型的自我监控者，采用追踪研究的方法，来验证如下假设：高自我监控者不会吸毒，他人导向者和自我导向者吸毒人数比较多。第二，抽样问题。本研究中，只在男性戒毒所或监狱选取被试，吸毒人员中没有女性被试，可能不能反映吸毒人员的全貌。接下来的研究中，可能要考虑男女被试的平衡问题。第三，个案研究。本研究深入访谈的吸毒人员有限，在讨论吸毒与自我监控关系时，可能存在偏颇，需要更多的个案研究和深度访谈来验证和弥补。

2. 今后的研究方向

第一，不同的监控类型与注意缺陷之间的关系。注意作为一种心理状态，它是一切心理活动的基础。注意缺陷多动症的研究发现，它跟很多心理缺陷或障碍有着密切的关系。Cumyn，French，Hechtman（2009）把多动症分为三类：注意缺陷型（inattentive subtype），活动过度—冲动型（hyperactive-impulsive subtype）和合并型（combined ADHD subtype）。研究发现合并型成人更有可能有情绪障碍、焦虑、品行障碍和物质滥用障碍，以及强迫型人格障碍、被动攻击型人格障碍、抑郁人格障碍、自恋人格障碍和边缘性人格障碍。据此推断，社会行为自我监控的不同，可能与以下因素有关：（1）跟注意的选择性有关。自我导向的人是不是对跟自己有关的信息特别敏感，进行自动加工；对他人或环境信息不敏感，或进行控制加工。（2）跟注意稳定性有关。在交往初始阶段，自我导向、他人导向和高自我监控的人注意没有差异；在持续的互动中，才表现出对自己信息、对他人信息的特别敏感。（3）跟注意分配有关。良好的社会行为需要维系自我和谐与人际和谐。需要同时关注自我和环境信息，并寻找到自我跟环境期望共同的内容。注意分配能力的缺陷，有可能导致不能兼顾自我与环境信息，也有可能导致自我导向和他人导向。

第二，探讨高自我监控者在社会行为中实现自我和谐与人际和谐的机制。社会或他人期望跟自我存在诸多冲突和矛盾，高自我监控的人是如何调和或解决的？对这种机制的研究有助于解决青少年社会适应不良问题，对防止青少年误入歧途，和吸毒、网络成瘾、青少年犯罪、不良行为青少年的行为矫治，并为积极心理学的发展做出贡献。

第三，探讨社会适应不良的他人导向者和自我导向者的行为特征。验证他们是否具有吸毒的易感人格特征，如冲动性、低自我控制、感觉寻求、人格障碍。

第四，探讨社会行为自我监控发展的年龄特点及其影响因素。本研究的基本内容包括三个方面：（1）自我监控发生发展的年龄特征：主要探讨不同类型自我监控发生和发展的年龄特征。（2）影响自我监控的主要因素：①探讨家庭教育方式在个体自我监控形成中的作用。②探讨不同的生活经历对自我监控的影响。③探讨学校情境中，学习成绩、评价标准等因素对个体自我监控的影响等。（3）探讨自我监控与社会适应的关系。（4）自我监控的教育干预研究。在前期研究的基础上，针对不同类型的自我监控者的行为调节机制，编制出教育干预计划，针对不同类型的自我监控者，如何从认知层面改变他们自我呈现行为调控的标准？如何通过行为层面训练帮助其构建相应的行为调控机制？有针对性地开展实验研究，观察干预研究效果。

第五，探讨社会行为不同自我监控者的脑机制。从脑机制方面探讨不同类型自我监控者在社会互动中，在采集、加工信息，做出决策方面存在的差异。LeGris & van Reekum（2006）用边缘人格障碍、自杀等关键词搜索 1985～2006 年 Medline，PsycINFO，EMBASE，Biosos Reviews 和 Cinhal 数据库，得到 29 篇用英语发表的跟边缘人格障碍有关的文章，和 7 篇自杀者的神经心理学研究。在所有边缘人格研究中，无论是否抑郁，83% 的研究发现在一个或多个领域的神经认知损伤，跟背侧前额皮层和眼窝前额皮层（the dorsolateral prefrontal and orbitofrontal regions）（Berlin，Roll，Iversen，2005）有关，报告最多的功能（86% 边缘人格研究中有 71%）是影响执行功能的反应抑制过程，它要求快速注意和视觉运动技能；决策和视觉记忆损害也是受影响最常见的；67% 的边缘人格研究中有 60% 的研究报告了注意损伤、言语记忆损伤和视空组织损伤。边缘人格障碍影响最小的是空间工作记忆、计划和智力。

参考文献

陈启山、年承涛、温忠麟，2005，《印象整饰与内隐态度效应》，《心理科学》第 3 期。

陈玄玄、陈晗晖、杜江、范成路、赵敏，2009，《海洛因依赖者人格特征分析及与首次吸毒年龄的关系》，《国际精神病学杂志》第 3 期。

董奇，2004，《心理与教育研究方法》，北京师范大学出版社。

龚耀先，1984，《艾森克个性问卷》，湖南地图出版社。

韩丹，2008，《城市吸毒人群吸毒行为成因的个案研究》，《中国青年研究》第 12 期。

胡竹菁、徐淑媛，2001，《影响大学生自我监控能力的情境因素的实验研究》，《心理科学探新》第 4 期。

胡金生、杨丽珠，2009，《高低自我监控者在不同互动情境中的被洞悉错觉》，《心理学报》第 1 期。

李朝旭等，2005，《自我监控性作为性别助长效应的干涉变量》，《心理学探新》第 2 期。

李琼、郭德俊，1999，《中国人的印象整饰特征及其影响因素的初探》，《心理科学》第 6 期。

李峰、张德、张宇莲，1992，《心理控制源与自我监控在预测中的交互作用》，《心理学报》第 3 期。

李荔、丁颖、王玉凤，2009，《物质滥用共患成人注意缺陷多动障碍者的共患病及社会功能》，《中国药物依赖性杂志》第 6 期。

李骏，2009，《吸毒人员的群体特征：海洛因和新型品的比较分析》，《青年研究》第 1 期。

刘晓军，2008，《海洛因成瘾者吸毒动机及其特点的研究》，西南大学应用心理学专业硕士学位论文。

李献云、费立鹏、徐东、张亚利、杨少杰、童永胜等，2011，《Barratt冲动性量表中文修订版在社区和大学人群中的应用的信效度》，《中国心理

《卫生杂志》第 8 期。

陆洛，1998，《中国人幸福感之内涵、测量及相关因素探讨》，《国家科学委员会研究会刊：人文社会科学》第 1 期。

庞海波、吴一智、曾永锋、彭姝丽、陈寿隆，2010，《青少年网络成瘾人格特征研究》，《心理科学》第 1 期。

庞丽娟，1994，《同伴提名法与幼儿同伴交往研究》，《心理与发展教育》第 1 期。

彭纯子、范晓玲、李罗，2003，《社交回避与苦恼量表在学生群体中的信效度研究》，《中国临床心理学杂志》第 4 期。

舒晓丽、肖崇好，2010，《自我监控对大学生社会回避及苦恼的影响》，《社会心理科学》第 1 期。

宋广文、陈启山，2003，《印象整饰对强迫服从后态度改变的影响》，《心理学报》第 3 期。

王征宇，1984，《症状自评量表（SCL–90）》，《上海精神医学》第 2 期。

翁圳斌、林晓博、肖崇好，2009，《自我监控对人际关系社会地位的影响》，《韩山师范学院学报》第 4 期。

吴佳辉、林以正，2005，《中庸思维量表的编制》，《本土心理学研究》第 24 期。

吴文春、肖崇好，2009，《大学生自我监控与自我同一性的相关研究》，《韶关学院学报》（社会科学）第 11 期。

肖崇好，2001，《印象整饰研究》，《怀化师专学报》第 1 期。

肖崇好，2005b，《自我监控概念的重构》，《心理科学进展》第 2 期。

肖崇好，2005a，《自我监控理论评价》，《心理科学》第 4 期。

肖崇好，2007，《自我监控量表的探索性和验证性因素分析》，《韩山师范学院学报》第 2 期。

肖崇好，2008，《自我监控量表辨别效度的研究》，《韩山师范学院学报》第 2 期。

肖崇好，2012，《自我监控与社会行为的线索、控制和适宜性的相关研究》，《惠州学院学报》第 4 期。

肖崇好、黄希庭，2009，《自我监控量表的比较研究》，《心理科学》

第 1 期。

肖崇好、黄希庭，2010，《自我呈现个体差异的实验研究》，《西南大学学报》第 2 期。

肖崇好、吴文春，2010，《自我同一性对自我监控的影响》，《衡阳师范学院学报》第 4 期。

肖崇好、张义泉、舒晓丽，2011，《印象管理模型的建构》，《惠州学院学报》第 2 期。

肖崇好、谢亚兰，2012a，《自我监控与心理健康的相关研究》，《衡阳师范学院学报》第 2 期。

肖崇好、谢亚兰，2012b，《自我监控对青少年不良行为的影响》，《中国健康心理学杂志》第 11 期。

肖崇好、郑辉，2012，《自我监控对失败后自尊变化的调节作用》，《中国健康心理学杂志》第 4 期。

杨玲、樊召锋，2009，《吸毒者自尊、应对方式和社交自我知觉的关系研究》，《西北师大学报》（社会科学版）第 3 期。

易春丽、陈凌隽、魏依、周婷，2009，《吸毒患者家庭环境与抑郁等关系研究及其对未来心理干预的启示》，《中国药物依赖性杂志》第 5 期。

杨国枢，2005，《中国人的社会取向：社会互动的观点》，载杨宜音主编《中国社会心理学评论》第 1 辑，社会科学文献出版社。

张光群、朱千、刘艳、谢琴红、宴勋，2009，《男性青少年戒毒者自我控制的相关特征分析》，《中国药物滥用防治杂志》第 4 期。

赵国秋、孙建胜、王义强、陈树林，2000，《心理控制感对心理健康水平的影响》，《中国心理卫生杂志》第 6 期。

赵志裕，2000，《中庸思维的测量》，《香港社会科学学报》第 18 期。

杨中芳，2001，《中国人的世界观：中庸实践思维初探》，《如何理解中国人》，远流出版事业股份有限公司。

张小俊、肖崇好，2013，《社交焦虑大学生对评价性信息的敏感性》，《湖南社会科学》第 1 期。

周宗奎，1996，《儿童社会技能的测评方法》，《心理发展与教育》第 3 期。

郑杭生、江立华，2004，《论中国古代个人与社会关系的思想》，《中南民族大学学报》（人文社会科学版）第 4 期。

郑杭生、杨敏，2003，《个人与社会的关系——从前现代到现代的社会学考察》，《江苏社会科学》第 1 期。

Adlaf, E. M. , & Paglia – Boak, A. 2007. *Drug Use Among Ontario Students*: *Detailed OSDUS Findings.* Toronto: Centre for Addiction and Mental Health.

Aguilar, M. A. , Rodríguez – Arias, M. , Miñarro, J. , "Neurobiological Mechanisms of the Reinstatement of Drug – conditioned Place Preference," *Brain Research Reviews* 59 （2009）: 253 – 277.

Ajzen, I. , Timko, S. , White, J. B. , "Self – Monitoring and the Attitude – Behavior Relation," *Journal of Personality and Social Psychology* 42 （1982）: 426 – 435.

American Psychiatric Association. 1994. *Diagnostic and Statistical Manual of Mental Disorders （DSM – IV）*, 4*th ed.* American Psychiatric Association, Washington DC.

Amigó, S. 2005. *La teoría del rasgo único de personalidad. Hacia una teoría unifcada del cerebro y la conducta （The unique – trait personality theory. Towards a unifed theory of brain and conduct）.* Valencia: Editorial de la Universidad Politécnica de Valencia.

Amigó, S. , Caselles, A. , Micó, J. C. , "A Dynamic Extraversion Model: The Brain's Response to a Single Dose of a Stimulant Drug," *British Journal of Mathematical and Statistical Psychology* 61 （2008）: 211 – 231.

Anderson, N. , Silvester, J. , Cunningham – Snell, N. , Haddleton, E. , "Relationships Between Candidate Self – Monitoring, Perceived Personality, and Selection Interview Outcomes," *Human Relations* 52 （1999）: 73 – 84.

Anderson, L. R. , Tolson, J. , "Group Members' Self – monitoring as a Possible Neutralizer of Leadership," *Small Group Behavior* 20 （1989）: 24 – 36.

Andrea, N. K. , Rosa, M. C. , David, D. C. , "Sensation Seeking Needs among 8th and 11th Graders: Characteristics Associated with Cigarette and Marijuana Use," *Drug and Alcohol Dependence* 62 （2001）: 195 – 203.

Arkin, R. M. 1981. Self – presentation style. In Tedeschi, J. T. (Eds.). *Impression Management Theory and Social Psychological Research.* New York: Academic Press.

Arkin, R. M., Gabrenya, W. K., Appelman, A. J., Cochran, S., "Self – presentation, Self – monitoring, and the Self – serving Bias in Causal Attribution," *Personality and Social Psychology Bulletin* 5 (1979): 73 – 76.

Arkin, R. M., Hermann, A. D., "Constructing Desirable Identities—Self – Presentation in Psychotherapy and Daily life: Comment on Kelly," *Psychological Bulletin* 126 (2000): 501 – 504.

Arria, A. M., Caldeira, K. M., Vincent, K. B., O' Grady, K. E., Wish, E. D., "Perceived Harmfulness Predicts Nonmedical Use of Prescription Drugs among College Students: Interactions with Sensation – seeking," *Prevention science* 9 (2008): 191 – 201.

Arseneault, L., Cannon, M., Poulton, R., Murray, R., Caspi, A., Mofftt, T. E., "Cannabis Use in Sdolescence and Tisk for Sdult Psychosis: Longitudinal Prospective Study," *British Medical Journal* 325 (2002): 1212 – 1213.

Atlas, G. D., Them, M. A., "Narcissism and Sensitivity to Criticism: A Preliminary Investigation," *Current Psychology* 27 (2008): 62 – 76.

Audrain – McGovern, J., Rodriguez, D., Epstein, L. H., Cuevas, J., Rodgers, K., Wileyto, E. P., "Does Delay Discounting Play an Etiological Role in Smoking or is it a Consequence of Smoking?" *Drug and Alcohol Dependence* 103 (2009): 99 – 106.

Baize, H. R., Tetlock, P. E., "Self – monitoring and the Attitude—behavior Relationship: A Closer Look at the Ajzen, Timko, and White Study," *Representative Research in Social Psychology* 15 (1985): 36 – 41.

Barr, L. K., Kahn, J. H., Schneider, W. J., "Individual Differences in Emotion Expression: Hierarchical Structure and Relations with Psychological Distress," *Journal of Social and Clinical Psychology* 27 (2008): 1045 – 1078.

Barry, C. T., Frick, P. J., Adler, K. K., Grafeman, S. J., "The Predictive Utility of Narcissism among Children and Adolescents: Evidence for a

Distinction between Adaptive and Maladaptive Narcissism," *Journal of Child and Family Studies* 16 （2007）: 508 – 521.

Barry, C. T. , Frick, P. J. , & Killian, A. L. , "The Relation of Narcissism and Self – esteem to Conduct Problems in Children: A Preliminary Investigation," *Journal of Clinical Child and Adolescent Psychology* 32 （2003）: 139 – 152.

Bateman, A. W. , & Fonagy, P. , "Metalization – based Treatment of Borderline Personality Disorder," *Journal of Personality Disorders* 18 （2004）: 36 – 51.

Baugardner, A. H. , Brownlee, E. A. , "Strategic Failure in Social Interaction: Evidence for Expectancy Disconfirmation Processes," *Journal of Personality and Social Psychology* 52 （1987）: 525 – 535.

Baumeister, R. F. , Scher, S. J. , "Self – defeating Behavior Patterns among Normal Individuals: Review and Analysis of Common Self – destructive Tendencies," *Psychology Bulletin* 104 （1988）: 3 – 22.

Baumeister, R. F. , Bratslavsky, E. , Finkenauer, C. , Vohs, K. D. , "Bad Is Stronger Than Good," *Review of General Psychology* 5 （2001）: 323 – 370.

Bender, D. S. , Skodol, A. E. , "Borderline Personality as a Self – other Representational Disturbance," *Journal of Personality Disorders* 21 （2007）: 500 – 517.

Berlin, H. A. , Roll, E. T. , Iversen, S. D. , "Borderline Personality Disorder, Impulsivity, and the Orbitofrontal Cortex," *The American Journal of Psychiatry* 162 （2005）: 2360 – 2373.

Bertalanffy, L. 1968. *Gerneral System Theory: Foundations, Development, and Application.* New York: Springer – Verlag.

Block, J. , Palo, A. , "The Q – sort Method in Personality Assessment and Psychiatric Research," *Consulting Psychologists Press* 161 （1978） .

Bolino, M. C. , Kacmar, K. M. , Turnley, W. H. , Gilstrap, J. B. , "A Multi – Level Review of Impression Management Motives and Behaviors," *Journal of Management* 34 （2008）: 1080 – 1109.

Bond, M. H. , Hwang, K. K. 1986. The Social Psychology of Chinese People. In Bond M. H. （Ed. ）, *The Psychology of the Chinese People.* Hong

Kong: Oxford University Press.

Bono, J. E. , Vey, M. A. , "Personality and Emotional Performance: Extraversion, Neuroticism, and Self – monitoring," *Journal of Occupational Health Psychology* 12 (2007): 177 – 192.

Bornstein, R. F. , Becker – Matero, N. , Winarick, D. J. , Reichman, A. , "Interpersonal Dependency in Borderline Personality Disorder: Clinical Context and Empirical Evidence," *Journal of Personality Disorders* 4 (2010): 109 – 127.

Bovasso, G. , "Cannabis Abuse as a Risk Factor for Depressive Symptoms," *The American Journal of Psychiatry* 158 (2001): 2033 – 2037.

Braver, S. L. , Linder, D. E. , Corwin, T. T. , "Some Conditions That Affect Admissions of Attitude Change," *Journal of Experimental Social Psychology* 13 (1977): 565 – 576.

Brennan, P. 2005. Tobacco Consumption During Pregnancy and Its Impact On Psychosocial Child Development. Rev ed. In Tremblay R. E, Barr, R. G. , Peters, R. D. ,(eds.). *Encyclopedia on Early Childhood Development* (pp. 1 – 5). Montreal, Quebec: Centre of Excellence for Early Childhood Development.

Briggs, S. R. , Cheek, J. M. , "On the Nature of Self – monitoring: Problems with Assessment, Problems with Validity," *Journal of Personality and Social Psychology* 54 (1988): 663 – 678.

Briggs, S. R. , Cheek, J. M . , "The Role of Factor Analysis in the Development and Evaluation of Personality Scales," *Journal of Personality* 54 (1986): 106 – 148.

Briggs, S. R. , Cheek, J. M. , Buss, A. H. , "An Analysis of the Self-Monitoring Scale," J*ournal of Personality and Social Psychology* 38 (1980): 679 – 686.

Brown, J. D. 1998. *The self.* New York: McGraw – Hill.

Brown, A. D. , "A Narrative Approach to Collective Identities," *Journal of Management Studies* 43 (2006): 731 – 753.

Brown, M. T. , White, M. J. , Gerstein, L. H. , "Self – Monitoring Processes and Holland Vocational Preferences Among College Students," *Jour-*

nal of Counseling Psychology 36 (1989): 183 – 188.

Bush, L. K., Barr, C. L., Mchugo, G. J., Lanzetta, J. T., " The Effects of Facial Control and Facial Mimicry on Subjective Reaction to Comedy Routines," *Motivation and Emotion* 13 (1989): 31 – 52.

Butler, E. A., Egloff, B., Wlhelm, F. H., Smith, N. C., Erickson, E. A., & Gross, J. J., " The Social Consequences of Expressive Suppression," *Emotion* 3 (2003): 48 – 67.

Cain, M. E., Saucier, D. A., Bardo, M. T., " Novelty Seeking and Drug Use: Contribution of an Animal Model," *Experimental and Clinical Psychopharmacology* 13 (2005): 367 – 375.

Cappella, J. N., "Behavioral and Judged Coordination in Adult Informal Social Interactions: Vocal and Kinesic Indicators," *Journal of Personality and Social Psychology* 72 (1997): 119 – 131.

Chapman, A. L., Rosethal, Z., Leung, D. W., "Emotion Suppression in Borderline Personality Disorder: an Experience Sampling Study," *Journal of Personality Disorders* 23 (2009): 29 – 47.

Cardy, R. L., Dobbins, G. H., " Affect and Appraisal A Accuracy: Liking as an Integral Dimension in Evaluating Performance," *Journal of Applied Psychology* 71 (1986): 672 – 678.

Carnivez, G. L., Beran, T. N., " Adjustment Scales for Children and Adolescents: Factorial Validity in a Canadian Sample," *Canadian Journal of School Psychology* 24 (2009): 284 – 302.

Carter, B. L, & Tiffany, S. T., " Meta – analysis of Cue – reactivity in Addiction," *Addiction* 94 (1999): 327 – 340.

Carver, C. S., "How should Multifaceted Personality Constructs be Tested? Issues Illustrated by Self – monitoring, Attributional Style, and Hardiness," *Journal of Personality and Social Psychology* 56 (1989): 577 – 585.

Carver, C. S., Scheier, M, F., "Aspects of the Self and Control of Behavior." In B. R. Schlenker (Ed.), *The Self and Social life*, New York: McGraw – Hill (1985): 146 – 174.

Castellanos, F. X., Sonuga – Barke, E. J., Milham, M. P, Tannock,

R. , "Characterizing Cognition in ADHD: Beyond Executive Dysfunction," *Trends in Cognitive Sciences* 10 (2006): 117 – 123.

Ceballos, N. A. , Houston, R. J. , Hesselbrock, V. M. , Bauer, L. O. , "Brain Maturation in Conduct Disorder versus Borderline Personality Disorder," *Neuropsychobiology* 53 (2006): 94 – 100.

Chartrand, T. L. , Bargh, J. A. , "The Chameleon Effect: The Perception – behavior Link and Social Interaction," *Journal of Personality and Social Psychology* 76 (1999): 893 – 910.

Cheek, J. M. , "Aggregation, Moderator Variables, and the Validity of Personality Tests: A Peer Tating Study," *Journal of Personality and Social Psychology* 43 (1982): 1254 – 1269.

Cheek, J. M. , Briggs, S. R. 1981. Self – consciousness, Self – monitoring, and Aspects of identity. (Paper presented at the meeting of the American Psychological Association, Los Angeles). (August) .

Cheek, J. M. , Smith, S. M, Tropp, L. R. 2002. Relational Identity Orientation: A Fourth Scale for the AIQ. (Paper presented at the meeting of the Society for Personality and Social Psychology, Savannah, GA. , 2.)

Chen, C. , Wagner, F. A. , Anthony, J. C. , "Marijuana Use and the Risk of Major Depressive Episode: Epidemiological Evidence from the United States National Comorbidity Survey," *Social Psychiatry and Psychiatric Epidemiology* 37 (2002): 199 – 206.

Cheng, C. M. , Chartrand, T. L. , "Self – Monitoring Without Awareness Using Mimicry as a Nonconscious Affiliation Strategy," *Journal of Personality and Social Psychology* 85 (2003): 1170 – 1179.

Cho, S. – C. , Jung, S. – W. , Kim, B. – N. , Hwang, J. – W. , Shin, M. – S. , Kim, J. – W. , Chungh, D. – S. , Kim, H. – W. , "Temperament and Character among Korean Children and Adolescents with Anxiety Disorders," *European Child and Adolescent Psychiatry* 18 (2009): 60 – 64.

Clemence, A. J. , Perry, J. C. , Plakun, E. M. , "Narcissistic and Borderline Personality Disorders in a Sample of Treatment Refractory Patients," *Psychiatric Annals* 39 (2009): 175 – 184.

Clifton, A., Pilkonis, P. A., McCarty, C., "Social Networks in Borderline Personality Disorder," *Journal of Personality Disorders* 21 (2007): 434 – 441.

Coie, J. D., Miller – Johnson, S. 2001. "Peer Factors and Interventions," In R. Loeber and D. P. Farrington (Ed.). *Serious and Violent Juvenile Offenders: Risk Factors and Successful Interventions*. Thousand Oaks, CA: Sage Publications, Inc., 191 – 209.

Cohen, P., Chen, H., Crawford, T., Brook, J., Gordon, K., "Personality Disorders in Early Adolescence and the Development of Later Substanceuse Disorders in the General Population," *Drug Alcohol Dependence* 88S (2007): S71 – S84.

Connor K., Davidson J., Churchill L., Sherwood A., Foa E., Weisler R., "Psychometric properties of the Social Phobia Inventory," *British Journal of Psychiatry* 176 (2000): 379 – 86.

Conway, K. P., Swendsen, J. D., Rounsaville, B. J., Merikangas, K. R., "Personality, Drug of Choice, and Comorbid Psychopathology among Substance Abusers," *Drug and Alcohol Dependence* 65 (2002): 225 – 234.

Costanzo, M., Archer, D., "Interpreting the Expressive Behavior of Others: The Interpersonal Perception Task," *Journal of Nonverbal Behavior* 13 (1989): 225 – 245.

Costello, E. J., Angold, A., "Developmental Transitions to Psychopathology: Are There Prodromes of Substance Use Disorders?" *Journal of Child Psychology and Psychiatry* 51 (2010): 526 – 532.

Costello, E. J., Sung, M., Worthman, C., & Angold, A., "Pubertal Maturation and the Development of Alcohol Use and Abuse," *Drug and Alcohol Dependence* 88 (2007) S50 – 59.

Cramer, K. M., Gruman, J. A., "The Lennox and Wolfe Revised Self-Monitoring Scale: Latent Structure and Gender Variance," *Personality & Individual Differences* 32 (2002): 627 – 637.

Crano, W. D., Siegel, J. T., Alvaro, E. M., Lac, A., Hemovich, V., "The At – risk Adolescent Marijuana Nonuser: Expanding the Standard

Distinction," *Prevention Science* 9 (2008): 129 – 137.

Crone, E. A., Bullens, L., van Derplas, E. A. A., Kijkuit, E. J., Zelazo, P. D., "Developmental Changes and Individual Differences in Risk and Perspective Taking," *Development and Psychopathology* 20 (2008): 1213 – 1229.

Crosby, F., Bromley, S., Saxe, L., "Recent Unobtrusive Studies of Black and White Discrimination and Prejudice: a Literature Review," *Psychological Bulletin* 87 (1980): 546 – 563.

Crowne, D. P., Marlowe, D., "A New Scale of Social Desirability Independent of Psychopathology," *Journal of Consulting Psychology* 24 (1960): 349 – 354.

Cumyn, L., French, L., Hechtman, L., "Comorbidity in Adults With Attention – Deficit Hyperactivity Disorder," *Canadian Journal of Psychiatry* 54 (2009) 673 – 683.

Davis, J. A. 1971. *Elementary Survey Analysis*. Englewood Cliffs, N. J.: Prentice_ Hall.

Davis, D. L. 2005. *Business Research for Decision Making*. Cincinnati: South-Western College Pub.

Deroche – Gamonet, V., Belin, D., Piazza, P. V., "Evidence for Addiction – like Behavior in the Rat," *Science* 305 (2004): 1014 – 1017.

Dawes, M. A., Tarter, R. E., Kirisci, L, "Behavioral Self – regulation: Correlates and 2 Year Follow – ups for Boys at Risk for Substance Abuse," *Drug and Alcohol Dependence* 45 (1997): 165 – 176.

Domes, G., Winter, B., Schnell, K., Vohs, K., Fast, K., Herpertz, S., "The Influence of Emotions on Inhibitory Functioning in Borderline Personality Disorder," *Psychological Medicine* 36 (2006): 1163 – 1172.

Dornbusch, S. M., Hickman, L. C., "Other – directedness in Consumer-goods Advertising: A Test of Riesman's Historical Theory," *Social Forces* 38 (1959): 99 – 102.

Drapeau, M., Perry, J. C., Koerner, A., "An Empirical Examination of Three Models of the Interpersonal Functioning of Patients with Borderline Personality Disorder," *Psychiatry* 72 (2009): 143 – 153.

Dubois, N. , "Self – presentation Strategies and Social Judgments – desirability and Social Utility of Causal Explanations," *Swiss Journal of Psychology* 59 (2000): 170 – 182.

Duval, S. , Wicklund, R. A. 1972. *A Theory of Objective Self – awareness.* New York: Academic Press.

Ebner – Priener, U. , Kuo, J. , Kleindienst, N. , Welch, S. S. , Reisch, T. , Reinhard, I. , Lieb, K. , Lineham, M. , Bohus, M. , "State Affective Instability in Borderline Personality Disorder Assessed by Ambulatory Monitoring," *Psychological Medicine* 37 (2007): 961 – 970.

Elkins, I. J. , McGue, M. , Iacono, W. G. , "Prospective Effects of Attention – deficit/hyperactivity Disorder, Conduct Disorder, and Sex on Adolescent Substance Use and Abuse," *Archives of General Psychiatry* 64 (2007): 1145 – 1152.

Ellis, A. P. J. , West, B. J. , Ryan, A. M. , DeShon, R. P. , " The Use of Impression Management Tactics in Structured Interviews: A Function of Question Type?" *Journal of Applied Psychology* 87 (2002): 1200 – 1208.

Emmons, R. A. , "Factor Analysis and Construct Validation of the Narcissistic Personality Inventory," *Journal of Personality Assessment* 48 (1984): 291 – 300.

Ernst, M. , Luckenbaugh, D. A. , Moolchan, E. T. , Leff, M. K. , Allen. R. , Eshel, N. , London, E. D. , Kimes, A. , "Behavioral Predictors of Substance – use Initiation in Adolescents with and without Attention – deficit/hyperactivity Disorder," *Pediatrics* 117 (2006): 2030 – 2039.

Eysenck, H. J. , & Gudjonsson, G. H. 1989. *The Causes and Cures of Criminality.* New York: Plenum Press.

Fenigstein, A. , Scheier, M. F. , Buss, A. H. , " Public and Private Self-consciousness: Assessment and Theory," *Journal of Consulting & Clinical Psychology* 43 (1975): 522 – 527.

Fergusson, D. M. , Horwood, J. , Ridder, E. M. , "Conduct and Attentional Problems in Childhood and Adolescence and Later Substance Use, Abuse and Dependence: Results of a 25 Year Longitudinal Study," *Drug Alcohol Dependence* 88S (2007): S14 – S26.

Flagel, S. B., Akil, H., Robinson, T. E., "Individual Differences in the Attribution of Incentive Salience to Reward – related Cues: Implications For Addiction," *Neuropharmacology* 56 (2009): 139 – 148.

Fonagy, P., Bateman, A., "The Development of Borderline Personality Disorder – A mentalizing Model," *Journal of Personality Disorders* 22 (2008): 4 – 21.

Ford, J. A. "Delinquency: An Analysis with a National Sample," *Journal of Drug Issues* 38 (2008): 493 – 516.

Fossati, A., Beauchaine, T. P., Grazioli, F., Borroni, S., Carretta, I., De Vecchi, C., Cortinovis, F., Danelli, E., Maffei, C., "Confirmatory Factor Analyses of DSM – IV Cluster C Personality Disorder Criteria," *Journal of Personality Disorders* 20 (2006): 186 – 203.

Fox, H. C., Hong, K. A., Siedlarz, K., Sinha, R., "Enhanced Sensitivity to Stress and Drug/Alcohol Craving in Abstinent Cocaine – Dependent Individuals Compared to Social Drinkers," *Neuropsychopharmacology* 33 (2008): 796 – 805.

Freeman, D., Gittins, M., Pugh, K., Antley, A., Slater, M., Dunn, G., "What Makes One Person Paranoid and Another Person Anxious? The Differential Prediction of Social Anxiety and Persecutory Ideation in an Experimental Situation," *Psychological Medicine* 38 (2008): 1121 – 1132.

Freedman, R., "Genetic Investigation of Race and Addiction," *The American Journal of Psychiatry* 166 (2009): 967 – 968.

Fried, C, S., Reppucci, N, N., "Criminal Decision Makeing: The Developmenl of Adolescent Judgment, Criminal Responsibility, and Culpability," *Law and Human Behavior* 25 (2001): 45 – 61.

Friedman, H. S., Miller – Herringer, T., "Nonverbal Display of Emotion in Pubic and Private: Self – monitoring, Personality, and Expressive Cues," *Journal of Personality and Social Psychology* 61 (1991): 766 – 775.

Funder, D. C., Harris, M. J., "On the Several Facets of Personality Assessment: The Case of Social Acuity," *Journal of Personality* 54 (1986): 528 – 550.

Furnham, A., "Personality Correlates of Self – monitoring: The Relationship between Extraversion, Neuroticism, Type A Behaviour and Snyder's Self – monitoring Construct," *Personality & Individual Differences* 10 (1989): 35 – 42.

Gabrenya, W. K., Arkin, R. M., "Self – Monitoring Scale: Factor Structure and Correlates," *Personality & Social Psychology Bulletin* 6 (1980): 13 – 22.

Gangestad, S. W., Snyder, M., "Self – Monitoring: Appraisal and Reappraisal," *Psychological Bulletin* 126 (2000): 530 – 555.

Gangestad, S. W., Snyder, M., "To Carve Nature at its Joints: On the Existence of Discrete Classes in Personality," *Psychological Review* 92 (1985): 317 – 349.

Gangestad, S. W., Snyder, M., "Taxonomic Analysis Redux: Some Statistical and Conceptual Considerations for Testing a Latent Class Model," *Journal of Personality and Social Psychology* 61 (1991): 141 – 146.

Gibbons, F. X., Yeh, H., Gerrard, M., Cleveland, M., Cutrona, C., Simons, R. L., Brody, G., "Early Experience with Racial Discrimination and Conduct Disorder as Predictors of Subsequent Drug Use: a Critial Period Hypothesis," *Drug Alcohol Dependence* 88S (2007): S27 – S37.

Goodwin, R., Soon, A. P., "Self – monitoring and Relationship Adjustment: A Cross – cultural Analysis," *The Journal of Social Psychology* 134 (1994): 35 – 39.

Gottfredson, M. R., & Hirschi, T. 1990. *A General Theory of Crime*. Palo Alto, CA: Stanford University Press.

Graña, J. L., Muñoz, J. J., Navas, E., "Normal and Pathological Personality Characteristics in Subtypes of Drug Addicts Undergoing Treatment," *Personality and Individual Differences* 46 (2009): 418 – 423.

Grant, A. M., Parker, S., Collins, C., "Getting Credit for Proactive Behavior: Supervisor Reactions Depend on What you Value and How you

Feel," *Personnel Psychology* 62（2009）：31 –55.

Grasmick, H. G. , Charles. R. T. , Robert, J. B. Jr. , Bruce, J. A. , "Testing the Core Implications of Gettfredson and Hirschi's General Theory of Crime," *Journal of Research in Crime and Delinquency* 30（1993）：5 –29.

Graziano, W. G. , Bryant, W. H. M. , "Self –monitoring and the Self-attribution of Positive Emotions," *Journal of Personality and Social Psychology* 74（1998）：250 –261.

Greenfeld, S. F. , Brooks, A. J. , Gordon, S. M. , Green, C. A. , Kropp, F. , McHugh, R. K. , Lincoln, M. , Hien, D. , Miele, G. M. , "Substance Abuse Treatment Entry, Retention, and Outcome In Women: A Review of the Literature," *Drug and Alcohol Dependence* 86（2007）：1 –21.

Gross, *J. J.* , "Emotion Regulation: Affective, Cognitive, and Social Consequences," *Psychophysiology* 39（2002）：281 –291.

Gross, J. J. , "The Emerging Field of Emotion Regulation: An Integrative Review," *Review of General Psychology* 2（1988b）：271 –299.

Gross, J. J. , "Antecedent and Response – focused Emotion Regulation: Divergent Consequences for Experience and Physiology," *Journal of Personality and Social Psychology* 74（1988a）：224 –237.

Gross, J. J. 1999a. Motion and Emotion Regulation. In Pervin, L. A, John, O. P. （Eds.）. *Handbook of personality: Theory and research*（2nded）. New York Guilford Press.

Gross, J. J. , "Emotion Regulation: Past, Present, Future," *Cognition and Emotion* 13（1999b）：551 –573.

Grover, K. E. , Carpenter, L. L. , Price, L. H. , Gagne, G. G. , Mello, A. F. , Mello, M. F. , Tyrka, A. R. , "The Relationship Between Childhood Abuse and Adult Personality Disorder Symptoms," *Journal of Personality Disorder* 21（2007）：442 –447.

Guadagno, R. E. , Cialdini, R. B. , "Gender Differences in Impression Management in Organizations: A Qualitative Review," *Sex Roles* 56（2007）：483 –494.

Guisinger, S. , & Blatt, S. J. , "Individuality and Relatedness: Evolution of a Fundamental Dialectic," *American Psychologist* 49 (1994): 104 – 111.

Gunderson, J. G. , "Disturbed Relationships as a Phenotype for Borderline Personality Disorder," *The American Journal of Psychiatry* 164 (2007): 1637 – 1639.

Gundykunst, W. B. , Gao, G. , Nishida, T. , Bond, M. H. , Leung, K. , Wang, G. , Barraclough, R. A. , "A Cross – cultural Comparison of Self – monitoring," *Communication Research Reports* 6 (1989): 7 – 12.

Haaland, V. Ø. , Landrø, N. I. , "Decision Making as Measured with the Low a Gambling Task in Patients with Borderline Personality Disorder," *Journal of the International Neuropsychological Society* 13 (2007):699 – 703.

Hamid, P. N. , "Self – monitoring and Locus of Control as Determinants of Social Interaction: A Preliminary Investigation," *Social Behavior & Personality* 17 (1989): 125 – 134.

Hamid, P. N. , "Self – monitoring and Ethnic Group Membership," *Psychological Reports* 72 (1992): 1347 – 1350.

Hanson, K. L. , Luciana, M. , Sullwold, K. , "Reward – related Decision – making Defcits and Elevated Impulsivity Among MDMA and other Drug Users," *Drug and Alcohol Dependence* 96 (2008): 99 – 110.

Harris, M. J. , Rosenthal, R. , "Counselor and Client Personality as Determinants of Counselor Expectancy Effects," *Journal of Personality and Social Psychology* 50 (1986): 362 – 369.

Harris, C. R. , "Cardiovascular Responses of Embarrassment and Effects of Emotional Suppression in aSocial Setting," *Journal of Personality and Social Psychology* 81 (2001): 886 – 897.

Haverkamp, B. E. , "Using Assessment in Counseling Supervision: Individual Differences in Self – monitoring," *Measurement & Evaluation in Counseling & Development* 27 (1994): 316 – 324.

Henry, K. L. , "Low Prosocial Attachment, Involvement with Drug – using Peers, and Adolescent Drug Use: A Longitudinal Examination of Meditational Mechanisms," *Psychology of Addictive Behaviors* 22 (2008): 302 – 308.

Hobden, K. , Pliner, P. , "Self – Handicapping and Dimension of Perfectionism: Self – Presentation VS Self – Protection," *Journal of Research in Personality* 29 (1995): 461 – 474.

Hopwood, C. J. , Morey, L. C. , Markowitz, J. C. , Pinto, A. , Skodol, A. E, Gunderson, J. G, Zanarini, M. C, Shea, M. T, Yen, S. , McGlashan, T. H. , Ansell, E. B, Grilo, C. M, Sanislow, C. A. , " The Construct Validity of Passive – aggressive Personality Disorder," *Psychiatry* 72 (2009): 256 – 267.

Hoyle, R. H. , Lennox, R. D. , "Latent Structure of Self – monitoring," *Multivariate Behavioral Research* 26 (1991): 511 – 540.

Hull, J. G. , Lehn, D. A. , Tedlie, J. C. , " A General Approach to Testing Multifaceted Personality Constructs," *Journal of Personality and Social Psychology* 61 (1991): 932 – 945.

Ickes, W. , Stinson, L. , Bissonette, V. , Garcia, S. , " Naturalistic Social Cognition: Empathic Accuracy in Mixed – sex Dyads," *Journal of Personality and Social Psychology* 59 (1990): 730 – 742.

Imamoğlu, E. O. , "Individualism and Collectivism in A Model and Scale of Balanced Differentiation and Integration," *The Journal of Psychology* 132 (1998):95 – 105.

Imamoğlu, E. O. , " Individuation and Relatedness: Not Opposing but Distinct and Complementary," *Genetic, Social, and General Psychology Monographs* 129 (2003): 367 – 402.

Imamoğlu, E. O. , Imamoğlu, S. , "Relationships Between Attachment Security and Self – Construal Orientations," *The Journal of Psychology* 141 (2007): 539 – 558.

Ingram, R. E. , "Self – focus Attention in Clinical Disorders: Reviews and A Conceptual Model," *Psychological Bulletin* 107 (1990): 156 – 176.

Jawahar, I. M. , "Attitudes, Self – Monitoring, and Appraisal Behaviors," *Journal of Applied Psychology* 86 (2001): 875 – 883.

Jellison, J. M. , Green, J. , "A Self – presentation Approach to the Fundamental Attribution Error: The Norm of Internality," *Journal of Personality and Social Psychology* 40 (1981): 643 – 649.

Jessor, R. , Graves, T. , Hanson, R. , Jessor, S. 1968. *Society, Personality, and Deviant Behavior.* New York : Holt, Rinehart & Winston.

Jester, J. M. , Nigg, J. T. , Buu, A. , Puttler, L. I. , Glass, J. M. , Heitzeg, M. M. , Fitzgerald, H. E, Zucker, R. A. , "Trajectories of Childhood Aggression and Inattention/Hyperactivity: Differential Effects on Substance Abuse in Adolescence," *Journal of the American Academy of Child and Adolescent Psychiatry* 47 (2008): 1 – 8.

John, O. P. , Cheek, J. M. , Klohnen, E. C. , "On the Nature of Self-Monitoring Construct Explication With Q – Sort Ratings," *Journal of Personality and Social Psychology* 71 (1996): 763 – 776.

Johnson, M. B. , "The Relationship between Self – monitoring and Successful Ingratiation," *The Sciences & Engineering* 63 (2003): 55 – 68.

Jørgensen, C. R. , "Disturbed Sense of Identity in Borderline Personality Disorder," *Journal of Personality Disorders* 20 (2006): 618 – 644.

Kalbag, A. S. , Levin, F. R. , "Adult ADHD and Substance Abuse: Diagnostic and Treatment Issues," *Substance Use and Misuse* 40 (2005):1955 – 1981.

Kardes, F. R. , Sanbonmatsu, D. M. , Voss, R. T. , Fazio, R. H. , "Self – monitoring and Attitude Accessibility," *Personality and Social Psychology Bulletin* 12 (1986): 468 – 474.

Kashima, E. S. , &Hardie, E. A. , "The Development and Validation of the Relational, Individual, and Collective Self – Aspects (RIC) Scale," *Asian Journal of Social Psychology* 3 (2000): 19 – 48.

Katusic, S. K. , Barbaresi, W. J. , Colligan, R. C. , Weaver, A. L. , Leibson, C. L. Jacobsen, S. J. , "Psychostimulant Treatment and Risk for Substance Abuse Among Young Adults with A History of Attention – defcit/Hyperactivity Disorder: A Population – based, Birth Cohort Study," *Journal of Child Adolescent Psychopharmacology* 15 (2005): 764 – 776.

Katz, I. , Glass, D. C. 1979. An Ambivalence – amplification Theory of Behavior Toward the Stigmatized. (In Austin, W. G. , Worschel, S. (Eds.), *The Social Psychology of Intergroup Relations*, Monterey, CA: Brooks/Cole.

Kelly, T. H. , Robbins, G. , Martin, C. A. , Fillmore, M. T. , Lane, S. D. , Harrington, N. G. , Rush, C. R. , "Individual Differences in Drug A- buse Vulnerability: D – amphetamine and Sensation – seeking Status," *Psycho- pharmacology* 189 (2006): 17 – 25.

Kenny, P. J. , "Brain Reward Systems and Compulsive Drug Use," *Trends in Pharmacological Sciences* 28 (2007):135 – 141.

Kilduff, M. , "The Friendship Network as ADecision – making Resource: Dispositional Moderators of Social Influences on Organization Choice," *Journal of Personality and Social Psychology* 62 (1992): 168 – 180.

Kirby, K. N. , Petry, N. M. , "Heroin and Cocaine Abusers Have Higher Discount Rates for Delayed Rewards than Alcoholics or Non – drug – using Con- trols," *Addiction* 99 (2003): 461 – 471.

Klonsky, E. D. , "What is Emptiness? Clarifying the 7th Criterion for Bor- derline Personality Disorder," *Journal of Personality Disorders* 22 (2008): 418 – 426.

König, C. J. , Melchers, K. G. , Kleinmann, M. , Richter, G. M. , Klehe, U. , "The Relationship between the Ability to Identify Evaluation Crite- ria and Integrity Test Scores," *Psychology Science* 48 (2006): 369 – 377.

Kreek, M. J. , Bart, G. , Lilly, C. , LaForge, K. S. & Nielsen, D. A. , "Pharmacogenetics and Human Molecular Genetics of Opiate and Co- caine Addictions and Their Treatments," *Pharmacological Reviews* 57 (2005): 1 – 26.

Koob, G. , Kreek, M. J. , "Stress, Dysregulation of Drug Reward Path- ways, and the Transition to Drug Dependence," *American Journal of Psychiatry* 164 (2007):1149 – 1159.

Korner, A. , Gerull, F. , Meares, R. , Stevenson, J. S. , "The Noth- ing That is Something: Core Dysphoria as the Central Feature of Borderline Per- sonality Disorder. Implications for Treatment," *American Journal of Psychothera- py* 62 (2008): 377 – 394.

Kulik, J. A. , Taylor, S. E. , "Self – monitoring and the Use of Consen- sus Information," *Journal of Personality* 49 (1981): 75 – 84.

Lakin, J. L., Jefferis, V. E., Cheng, C. M., Chartrand, T. L., "The Chameleon Effect as Social Glue: Evidence for the Evolutionary Significance of Nonconscious Mimicry," *Journal of Nonverbal Behavior* 27 (2003): 145 – 162.

Lamphere, R. A., Leary, M. R., "Private and Public Self – processes: A Return to James's Constituents of the Self," *Personality and Social Psychology Bulletin* 16 (1990): 717 – 725.

Larkin, J. E., "Are Good Teachers Perceived as High Self – monitors?" *Personality & Social Psychology Bulletin* 13 (1987): 64 – 72.

Lassiter, G. D,, Stone, J. I., Weigold, M. F., "Effect of Leading Questions on the Self – monitoring – memory Correlation," *Personality and Social Psychology Bulletin* 13 (1987): 537 – 545.

Laurenceau, J., Barrett, L. F., Pietromonaco, P. R., "Intimacy as An Interpersonal Process: The Importance of Self – disclosure and Partner Disclosure, and Perceived Partner Responsiveness in Interpersonal Exchanges," *Journal of Personality and Social Psychology* 74 (1998): 1238 – 1251.

Lavine, H., Snyder, M., "Cognitive Processing and the Functional Matching Effect in Persuasion: The Mediating role of Subjective Perceptions of Message Quality," *Journal of Experimental Social Psychology* 32 (1996): 580 – 604.

Leary, M. R. 1995. *Self – Presentation: Impression Management and Interpersonal Behavior.* Madison, WI: Brown & Benchmark Publishers.

Leary, M. R., "A Brief Version of the Fear of Negative Evaluation Scale," *Personality and Social Psychology Bulletin* 9 (1983): 371 – 376.

Leary, M. R., Kowalski, R. M., "Impression Management: A Literature Review and Two – component Model," *Psychological Bulletin* 107 (1990): 34 – 47.

LeGris, J., van Reekum, R., "The Neuropsychological Correlates of Borderline Personality Disorder and Suicidal Behavior," *Canadian Journal of Psychiatry* 51 (2006): 131 – 142.

Lennox, R. D., "The Problem with Self – monitoring: A Two – sided

Scale and A One – sided Theory," *Journal of Personality Assessment* 52 (1988): 58 – 73.

Lennox, R. D. , Wolfe, R. N. , "Revision of the Self – Monitoring Scale," *Journal of Personality and Social Psychology* 46 (1984): 1349 – 1364.

Lenzenweger, M. F. , Castro, D. D. , "Predicting Change in Borderline Personality: Using Neurobehavioral Systems Indicators within An Individual Growth Curve framework," *Development and Psychopathology* 17 (2005): 1207 – 1237.

Leung, K. , "Some Determinants of Reactions to Procedural Models for Conflict Resolution: A Cross – national Study," *Journal of Personality and Social Psychology* 53 (1987): 898 – 908.

Levenson, H. 1981. Differentiating Among Internality, Powerful Others, and Chance. In Lefcourt, H. M (ed.), *Research with the Locus of Control Construct.* New York: Academic Press.

Levy, K. N. , "The Implications of Attachment Theory and Research for Understanding Border line Personality Disorder," *Development and Psychopathology* 17 (2005): 959 – 986.

Levy, K. N. , Edell, W. S. , McGlashan, T. H. , "Depressive Experiences in Inpatients with Borderline Personality Disorder," *Psychiatric Quarterly* 78 (2007): 129 – 143.

Leung, S. – W. , Leung, F. , "Construct Validity and Prevalence Rate of Borderline Personality Disorder Among Chinese Adolescents," *Journal of Personality Disorders* 23 (2009): 494 – 513.

Li, C. R. , Sinha, R. , "Inhibitory Control and Emotional Stress Regulation: Neuroimaging Evidence for Frontal – limbic Dysfunction in Psycho – stimulant Addiction," *Neuroscience and Biobehavioral Reviews* 32 (2008): 581 – 597.

Li, F. , Zhang, Y. , "Measuring Self – monitoring Ability and Propensity: A Two – dimensional Chinese Scale," *Journal of Social Psychology* 138 (1998): 758 – 765.

Lieberman, M. D. , Rosenthal, R. , "Why Introverts Cant Always Tell Who Likes Them: Multitasking and Nonverbal Decoding," *Journal of Personal-*

ity and Social Psychology 80 （2001）: 294 – 310.

Lin, C. – H. , Lin, S. – L. , Wu, C. – P. , "The Effects of Parental Monitoring and Leisure Boredom on Adolescents's Internet Addiction," *Adolescence* 44 （2009）: 993 – 1004.

Lippa, R. , Donaldson, S. J. , "Self – monitoring and Idiographic Measures of Behavioral Variability Across Interpersonal Relationships," *Journal of Personality* 58 （1990）: 468 – 479.

Livesley, J. , "Introduction to Special Feature on Borderline Personality Disorder: Part Ⅱ ," *Journal of Personality Disorders* 22 （2008）: 1 – 3.

Loeber, R. , Farrington, D. P. , Stouthamer – Loeber, M. , & Van Kammen, W. B. 1998. *Antisocial Behavior and Mental Health Problems: Explanatory Factors in Childhood and Adolescence.* Mahwah, NJ: Lawrence Erlbaum Associates.

Lu, L. , "The Individual – Oriented and Social – Oriented Chinese Bicultural Self: Testing the Theory," *The Journal of Social Psychology* 148 （2008）: 347 – 373.

Ludwig, D. , Franco, J. N. , Malloy, T. E. , "Effects of Reciprocity and Self – monitoring on Self – disclosure with A New Acquaintance," *Journal of Personality & Social Psychology* 50 （1986）: 1077 – 1082.

Markus, H. R. , &Kitayama, S. , "Culture and the Self: Implications for Cognition, Emotion, and Motivation," *Psychological Review* 2 （1991）: 224 – 253.

Martel, M. M. , & Nigg, J. T. , Wong, M. M. , Fitzgerald, H. E. , Jester, J. M. , Puttler, L. I. , Glass, J. M. , Adams, K. M. , Zucker, R. A. , "Child and Adolescent Resiliency, Regulation, and Executive Functioning in Relation to Adolescent Problems and Competence in A High – risk Sample," *Development and Psychopathology* 19 （2007）: 541 – 563.

Martel, M. M. , Peirce, L. , Nigg, J. T. , Jester, J. M. , Adams, K. , Puttler, L. I. , Buu, A. , Fitzgerald, H. , Zucker, R. A. , "Temperament Pathways to Childhood Disruptive Behavior and Adolescent Substance Abuse: Testing A Cascade Model," *Journal of Child Psychology* 37 （2009）:

363 – 373.

　　Maslach, C. , Stapp, J. , Santee, R. T. , "Individuation: Conceptual Analysis and Assessment," *Journal of Personality and Social Psychology* 49 (1985): 729 – 738.

　　Mason, W. A. , Hitchings, J. E. , McMahon, R. J. , Spoth, R. , "A Test of Three Alternative Hypotheses Regarding the Effects of Early Delinquency on Adolescent Psychosocial Functioning and Substance Involvement," *Journal of Abnormal Child Psychology* 35 (2007): 831 – 843.

　　McDermott, P. A. , Marston, N. C. , Stott, D. H. 1993. *Adjustment Scales for Children and Adolescents.* Philadelphia: Edumetric and Clinical Science.

　　Mellin, E, A. , Fang, H. – N. , "Exploration of the Pathways to Delinquency for Female Adolescents with Depression: Implications for Cross – systems Collaboration and Counseling," *Journal of Addiction and Offender Counseling* 30 (2010): 58 – 72.

　　Meyer, B. , Ajchenbrenner, M. , Bowles, D. P. , "Sensory Sensitivity, Attachment Experiences, and Rejection Responses Among Adults with Borderline and Avoidant Features," *Journal of Personality Disorders* 19 (2005): 641 – 658.

　　Miell, D. , LeVoi, M. , "Self – monitoring and Control in Dyadic Interactions," *Journal of Personality and Social Psychology* 49 (1985): 1652 – 1661.

　　Mill, J. , "High and Low Self – monitoring Individuals: Their Decoding Skills and Empathic Expression," *Journal of Personality* 52 (1984): 372 – 388.

　　Miller, M. L. , Thayer, J. F. , "On the Aature of Self – monitoring: Relationships with Adjustment and Identity," *Personality & Social Psychology Bulletin* 14 (1988): 544 – 553.

　　Miller, M. L. , Thayer, J. F. , "On the Existence of Discrete Classes in Personality: Is Self – Monitoring the Correct Joint to Carve?" *Journal of Personality and Social Psychology* 57 (1989): 143 – 155.

　　Mischel, W. , Shoda, Y. , "A Cognitive – affective System Theory of Personality: Reconceptualizing Situations, Dispositions, Dynamics, and Invariance in Personality Structure," *Psychological Review* 102 (1995): 246 – 268.

Molina, B. S. G. , Pelham, Jr, W. E. P. , "Childhood Predictors of Adolescent Substance Use in a Longitudinal Study of Children With ADHD," *Journal of Abnormal Psychology* 112 (2003): 497 – 507.

Moran, P. , Leese, M. , Lee, T. , Walters, P. , & Thornicroft, G. Standardised Assessment of Personality — Abbreviated Scale (SAPAS): Preliminary Validation of Brief Screen for Personality Disorder. *The British Journal of Psychiatry* 183 (2003): 228 – 232.

Munafò, M. R. , Hitsman, B. , Rende, R. , Metcalfe, C. , Niaura, R. , "Effects of Progression to Cigarette Smoking on Depressed Mood in Adolescents: Evidence from the National Longitudinal Study of Adolescent Health," *Addiction* 103 (2008): 162 – 171.

Murphy, K. R. , Cleveland, J. N. 1991. *Performance Appraisal: An Organizational Perspective.* Boston: Allyn& Bacon.

Nation, M. , Heflinger, C. A. , "Risk Factors for Serious Alcohol and Drug Use: The Role of Psychosocial Variables in Predictingthe Frequency of Substance Use Among Adolescents," *The American Journal of Drug and Alcohol Abuse* 32 (2006): 415 – 433.

Neuberg, S. L. , Cottrell, C. A. , "Managing the Threats and Opportunities Afforded by Human Sociality," *Group Dynamics: Theory, Research, and Practice* 12 (2008) 63 – 72.

Nicola, S. S. , Douglas, T. K. , Edward, K. S. , "The Search for Predictable Settings: Situational Prototypes, Contraint, and Behavioral Variation," *Journal of Personality and Social Psychology* 49 (1985): 121 – 128.

Nigg, J. T. , Silk, K. R. , Stavro, G. , Miller, T. , "Disinhibition and Borderline Personality Disorder," *Development and Psychopathology* 17 (2005): 1129 – 1149.

Nowack, W. , Kammer, D. , "Self – presentation: Social Skills and Inconsistency as Independent Facets of Self – monitoring," *European Journal of Personality* 1 (1987): 61 – 77.

Nunnally, J. C. , Jr. 1970. *Introduction to Psychological Measurement.* New York: McGraw – Hill.

O'Cass, A. , "A Psychometric Evaluation of A Revised Version of the Lennox and Wolfe Revised Self – monitoring Scale," *Psychology & Marketing* 17 (2000): 397 – 419.

Ogunyimi, A. I. , Musa, K. T. , "The Influence of Personal and Psychological Factors on Proneness of Athletes in OgunState to Abuse Drugs," *Ife Psychologia* 17 (2009): 65 – 78.

Okamoto, J. , Ritt – Olson, A. , Soto, D. , Baezconde – Garbanati, L. , Unger, J. B. , "Perceived Discrimination and Substance Use Among Latino Adolescents," *American Journal of Health Behavior* 33 (2009): 718 – 727.

Pardini, D. , White, H. R. , & Stouthamer – Loeber, M. , "Early Adolescent Psychopathology as A Predictor of Alcohol Use Disorders by Young Adulthood," *Drug and Alcohol Dependence* 88 (2007): S38.

Paris, J. , "The Development of Impulsivity and Suicidality in Borderline Personality Disorder," *Development and Psychopathology* 17 (2005): 1091 – 1114.

Patterson, G. R. 1988. Family Process: Loops, Levels, and Linkages. In N. Bolger, A. Caspi, G. Downey, & M. Moorehouse (Eds.), *Persons in Context: Developmental Processes*. New York: CambridgeUniversity Press.

Patton, J. H. , Stanford, M. S. , & Barratt, E. S. , "Factor Structure of the Barratt Impulsiveness Scale," *Journal of Clinical Psychology* 51 (1995): 768 – 774.

Paulhus, D. L. , "Two – component Models of Socially Desirable Responding," *Journal of Personality and Social Psychology* 46 (1984): 598 – 609.

Paulhus, D. L. , Graf, P. , Van Selst, M. , "Attentional Load Increases the Positivity of Self – presentation," *Social Cognition* 7 (1989): 389 – 400.

Paulhus, D. L. , Levitt, K. , "Desirable Responding Triggered by Effect: Automatic Egotism? " *Journal of Personality and Social Psychology* 52 (1987): 245 – 259.

Pauls, C. A. , Crost, N. W. , "Cognitive Ability and Self – reported Efficacy of Self – presentation Predict Faking on Personality Measures," *Journal of Individual Differences* 26 (2005): 194 – 206.

Payton, A. R. , "Mental Health, Mental Illness, and Psychological Distress: Same Continuum or Distinct Phenomena?" *Journal of Health and Social Behavior* 50 (2009): 213 –227.

Peng, K. , & Nisbett, R. , "Culture, Dialectics, and Reasoning about Contradiction,"*American Psychologist* 54 (1999): 741 –754.

Perkins, K. A. , Lerman, C. , Coddington, S. B. , Jetton, C. , Karelitz, J. L. , Scott, J. A. , Wilson, A. S. , "Initial Nicotine Sensitivity in Humans as A Function of Impulsivity," *Psychopharmacology* 200 (2008): 529 –544.

Perry, J. L. , Carroll, M. E. , "The Role of Impulsive Behavior in Drug Abuse," *Psychopharmacology* 200 (2008): 1 –26.

Pervin, L. A. 2003.《人格手册: 理论与研究》, 黄希庭译, 上海: 华东师范大学出版社。

Pontari, B. A. , Schlenker, B. R. , "The Influence of Cognitive Load on Self-Presentation: Can Cognitive Busyness Help as Well as Harm Social Performance?" *Journal of Personality and Social Psychology* 78 (2000): 1092 –1108.

Poulin, C. , & Elliott, D. 2007. *Student Drug Use Survey in the Atlantic Provinces* 2007, Atlantic TechnicalReport. Halifax, N. S. : Department of Community Health and Epidemiology, Dalhousie University.

Putniнš, A. L. , "Substance Use Among Young Offenders: Thrills, Bad Feelings, or Bad Behavior? " *SubstanceUse and Misuse* 41 (2006): 415 –422.

Rachlin, H. , Raineri, A. , Cross, D. , "Subjective Probability and Delay," *Journal of the Experimental Analysis of Behavior* 55 (1991): 233 –244.

Rakow, T. , & Miler, K. , "Doomed to Repeat the Successes of the Past: History is Best Forgotten for Repeated Choices with Nonstationary Pay-offs," *Memory & Cognition* 37 (2009): 985 –1000.

Raskin, R. N. , & Terry, H. , "A Principal – components Analysis of the Narcissistic Personality Inventoryand Further Evidence of its Construct Validity," *Journal of Personality and Social Psychology* 54 (1988): 890 –902.

Ratanasiripong, P. , Burkey, H. , Ratanasiripong, N. , " Stressand Substance Use Among Asian American and Latino College Student," *College Student Journal* 43 (2009): 1253 –1259.

Rentrop, M. , Backenstrass, M. , Jaentsch, B. , Kaiser, S. , Roth,

A. , Unger, J. , Weisbrod, M. , Renneberg, B. , "Response Inhibition in Borderline Personality Disorder: Performance in A Go/NogoTask," *Psychopathology* 41 (2008): 50 –57.

Rey, J. , Sawyer, M. , Raphael, B. , Patton, G. , Lynskey M. , "Mental Health of Teenagers Who Use Cannabis: Results of An Australian Survey," *British Journal of Psychiatry* 180 (2002): 216 –221.

Reynolds, B. , Ortengren, A. , Richards, J. B. , de Wit, H. , "Dimensions of Impulsive Behavior: Personality and Behavioral Measures," *Personality and Individual Differences* 40 (2006): 305 –315.

Richards, J. M. , Gross, J. J. , "Composure at Any Cost? The Cognitive Consequences of Emotion Suppression," *Personality and Social Psychology Bulletin* 25 (1999): 1033 –1044.

Richards, J. M. , Gross, J. J. , "Emotion Regulation and Memory: The Cognitie Costs of Keeping One's Cool," *Journal of Personality and Social Psychology* 79 (2000): 410 –424.

Richmond, L. D. , Craig, S. S. , Ruzicka, *M. F.* , "Self – monitoring and Marital Adjustment," *Journal of Research in Personality* 25 (1991): 177 –188.

Riesman, D. , Glazer, N. , Denney, R. 1950. *The Lonely Crowd: A Study of the Changing American Character.* New Haven, CT: Yale University Press.

Riggio, R. E. , Friedman, H. S. , "The Interrelationships of Self – monitoring Factors, Personality Traits, and Nonverbal Skills," *Journal of Nonverbal Behavior* 7 (1982): 33 –45.

Robbins, T. L. , DeNisi, A. S. , "A Closer Look at Interpersonal Affect as A Distinct Influence on Cognitive Processing in Performance Evaluations," *Journal of Applied Psychology* 79 (1994): 341 –353.

Rohrbach, L. , Grana, R. , Vernberg, E. , Sussman, S. , Sun, P. , "Impact of Hurricane Rita on Adolescent Substance Use," *Psychiatry* 72 (2009): 222 –237.

Rosenberg, M. 1965. *Society and the Adolescent Self – image.* Princeton,

NJ: Princeton University Press.

Rotter, J. B. , "Generalized Expectancies for Internal Versus External Control of Reinforcement," *Psychological Monographs* 80 (1966): 1 – 28.

Rubin, Z. , "Measurement of Romantic Love," *Journal of Personality and Social Psychology* 16 (1970): 265 – 273.

Rubin, Z. 1973. *Liking and Loving: An Invitation to Social Psychology.* New York: Holt, Rinehart and Winston.

Rudman, L. A. , "Self – promotion as A Risk Factor for Women: The Cost and Benefits of Counterstereotypical Impression Management," *Journal of Personality and Social Psychology* 74 (1998): 629 – 645.

Russ, E. , Shedler, J. , Bradley, R. , Westen, E. , "Refining the Construct of Narcissistic Personality Disorder: Diagnostic Criteria and Subtype," *The American Journal of Psychiatry* 165 (2008): 1473 – 1481.

Saban, A. , Flisher, A. J. , "The Association between Psychopathology and Substance Use in Young People: A Review of the Literature," *Journal of Psychoactive Drugs* 42 (2010): 37 – 47.

SAMHSA. 2009. *Results from the 2008 National Survey on Drug Use and Health: National Findings.* In SSubstance Abuse and Mental Health Services Administration. Rockville.

Santee, R. T. , Maslach, C. , "To Agree or not to Agree: Personal Dissent Amid Social Pressure to Conform," *Journal of Personality and Social Psychology* 42 (1982): 690 – 700.

Sanz, J. , Sánchez – Bernardos, M. L. , Avia, M. D. , "Self – monitoring and the Prediction of One's Own and Other's Personality Test Scores," *European Journal of Personality* 40 (1996) : 173 – 184.

Sauer, S. E. , Baer, R. A. , "Relationships Between Thought Suppression and Symptoms of Borderline Personality Disorder," *Journal of Personality Disorders* 23 (2009) : 48 – 61.

Schilt, T. , Goudriaan, A. E. , Koeter, M. W. , van den Brink, W. , Schmand, B. "Decision Making As a Predictor of First Ecstasy Use: A Prospective Study," *Psychopharmacology* 203 (2009): 519 – 527.

Schlenker, B. R. 1980. *Impression management: The Self – concept, Social Identity, and Interpersonal Relation*. Monterey, CA: Brooks/Cole.

Schlenker, B. R., "Self – Presentation: Managing the Impression of Consistency When Reality Interferes with Self – Enhancement," *Journal of Personality and Social Psychology* 32 (1975): 1030 – 1037.

Schlenker, B. R. 1985. Identity and Self – Identification. In Schlenker B R (Ed.). *The Self and Social Life*. New York: McGraw – Hill.

Schlenker, B. R., Leary, M. R., "Audiences' Reactions to Self – Enhancing, and Accurate Self – Presentations," *Journal of Experimental Social Psychology* 18 (1985): 89 – 104.

Schlenker, B. R., Trudeau, J. V., "Impact of Self – Presentations on Private Self – Belief: Effect of Prior Self – Beliefs and Misattribution," *Journal of Personality and Social Psychology* 58 (1990): 22 – 32.

Schlenker B. R., Weigold M. F., "Interpersonal Processes Involving Impression Regulation and Management," *Annual Review of Psychology* 43 (1992): 133 – 168.

Schlenker, B. R., Weigold, M. F. 1989. Goals and the Self – Identification Process: Constructing Desired Identities. In L. A. Pervin (Ed.). *Goals Concept in Personality and Social Psychology*, Hillsdale, NJ: Lawrence Erlbaum Associates.

Schlenker, B. R., Weigold, M. F., "Self – Consciousness and Self – Presentation: Being Autonomous Versus Appearing Autonomous," *Journal of Personality and Social Psychology* 59 (1990): 820 – 828.

Schneiderma, W., "A Personality Dimension of Consistency Versus Variability without the Use of Self – Reports or Ratings," *Journal of Personality and Social Psychology* 39 (1980): 158 – 164.

Schneier, F. R., Foose, T. E., Hasin, D. S., Heimberg, R. G., Liu, S. – M., Grant, B. F., & Blanco, C., "Social Anxiety Disorder and Alcohol Use Disorder Co – Morbidity in the National Epidemiologic Survey on Alcohol and Related Conditions," *Psychological Medicine* 40 (2010): 977 – 988.

Schutte, N. S. , Kenrick, D. T. , Sadalla, E. K. , "The Search for Predictable Settings: Situational Prototype, Constraint, and Behavioral Variation," *Journal of Personality and Social Psychology* 49 (1985): 121 – 128.

Schwartz – Mette, R. A. , & Rose, A. J. , "Interpersonal Process and Relations with Internalizing Symptoms and Friendship Quality," *Journal of Social and Clinical Psychology* 28 (2009): 1263 – 1297.

Schyns, B. , "The Relationship Between Employees' Self – Monitoring and Occupational Self – Efficacy and Perceived Transformational Leadership," *Current Research in Social Psychology* 7 (2001): 30 – 42.

Sharma, M. , "Determinants of Marijuana Use, Abuse and Dependence," *Journal of Alcohol and Drug Education* 53 (2009): 3 – 6.

Shaw, M. , & Black, D. W. , "Internet Addiction: Definition, Assessment, Epidemiology and Clinical Management," *CNS Drugs* 22 (2008): 353 – 365.

Siegman, A. W. , Reynolds, M. A. , "Self – Monitoring and Speech in Feigned and Unfeigned Lying," *Journal of Personality and Social Psychology* 45 (1983): 1325 – 1333.

Sihvola, E. , Rose, R. J. , Dick, D. M. , Pulkkinen, L. , Marttunen, M. , Kaprio, J. , "Early – Onset Depressive Disorders Predict the Use of Addictive Substances in Adolescence: A Prospective Study of Adolescent Finnish Twins," *Addiction* 103 (2008): 2045 – 2053.

Singleton, R. Jr. , Straits, B. C. , Straits, M. M. , McAllister, R. J. 1988. *Approaches to Social Research*. New York: Oxford University Press.

Snodgrass, S. E. , Hecht, M. A. , Snyder, R. P. , "Interpersonal Sensitivity," *Journal of Personality and Social Psychology* 74 (1998): 238 – 249.

Snyder, M. , "Self – Monitoring of Expressive Behavior," *Journal of Personality and Social Psychology* 30 (1974): 526 – 537.

Snyder, M. 1979. Self – Monitoring Processes. In L. Berkowitz (Ed.). *Advance in Experimental Social Psychology* (Vol. 13) . New York: Academic Press.

Snyder, M. 1987. *Public Appearances/Public Realities: The Psychology of*

Self-Monitoring. New York: Freeman.

Snyder, M. , Berscheid, E. , Matwychuk, A. , " Orientations toward Personnel Selection: Differential Reliance on Appearance and Personality, " *Journal of Personality and Social Psychology* 54 (1988): 972 – 979.

Snyder, M. , Campbell, B. H. 1982. Self – Monitoring: The Self in Action. In Suls, J. (Ed.) . *Psychological Perspectives on the Self* (Vol. 1), Hillsdale, HJ: Erlbaum.

Snyder, M. , Cantor, N. , "Thinking about Ourselves and Others: Self-Monitoring and Social Knowledge, " *Journal of Personality and Social Psychology* 39 (1980): 222 – 234.

Snyder, M. , DeBono, K. G. , " Appeals to Image and Claims about Quality: Understanding the Psychology of Advertising, " *Journal of Personality and Social Psychology* 49 (1985): 586 – 597.

Snyder, M. , Gangestad, M. , "Choosing Social Situation: Two Investigations of Self – Monitoring Process, " *Journal of Personality and Social Psychology* 41 (1982): 123 – 135.

Snyder, M. , Gangestad, S. , "On the Nature of Self – Monitoring: Matters of Assessment, Matters of Validity, " *Journal of Personality and Social Psychology* 51 (1986): 125 – 139.

Snyder, M. , Gangestad, S. , Simpson, J. A. , " Choosing Friends as Activity Partners: The Role of Self – Monitoring, " *Journal of Personality and Social Psychology* 45 (1983): 1061 – 1072.

Snyder, M. , Kendzierski, D. , "Choosing Social Situations: Investigating the Origins of Correspondence Between Attitudes and Behavior, " *Journal of Personality* 50 (1982): 280 – 195.

Snyder, M. , Simpson, J. A. , "Self – Monitoring and Dating Relationships, " *Journal of Personality and Social Psychology* 47 (1984): 1281 – 1291.

Snyder, M. , Simpson, J. A. , Gangestad, S. , "Personality and Sexual Relations, " *Journal of Personality and Social Psychology* 51 (1986): 181 – 190.

Sonuga – Barke, E. J. S. , "Psychological Heterogeneity in AD/HD – ADual Pathway Model of Behavior and Cognition, " *Behavioral Brain Research* 130

(2002): 29 – 36.

Stanley, B., Siever, L. J., "The Interpersonal Dimension of Borderline Personality Disorder: Toward a Neuropeptide Model," *The American Journal of Psychiatry* 167 (2010): 24 – 40.

Stepp, S. D., Trull, T. J., & Sher, K. J., "Borderline Personality Features Predict Alcohol Use Problems," *Journal of Personality Disorders* 19 (2005): 711 – 722.

Stiglmary, C. E., Bischkopf, J. B., Albrecht, V., Porzig, N., Lammers, C. – H., Auckenthaler, A., "The Experience of Tension in Patients with Borderline Personality Disorder Compared to Other Patient Groups and Healthy Controls," *Journal of Social and Clinical Psychology* 27 (2008): 425 – 446.

Stoops, W. W., Lile, J. A., Robbins, C. G., Martin, C. A., Rush, C. R., Kelly, T. H. "The Reinforcing, Subject – Rated, Performance, and Cardiovascular Effects of D – amphetamine: Influence of Sensation – Seeking Status," *Addictive Behaviors* 32 (2007): 1177 – 1188.

Sullivan, L. A., Harnish, R. J., "Body Image: Differences between High and Low Self – Monitoring Males and Females," *Journal of Research in Personality* 24 (1990): 291 – 302.

Sung, M., Erkanli, A., Angold, A., & Costello, E., "Effects of Age atFirst Substance Use and Psychiatric Comorbidity on the Development of Substance UseDisorders," *Drug and Alcohol Dependence* 75 (2004): 287 – 299.

Swann, A. C., Bjork, J. M., Moeller, F. G., Dougherty, D. M., "Two Models of Impulsivity: Relationship to Personality Traits and Psychopathology," *Biological Psychiatry* 51 (2002): 988 – 994.

Tarter, R. E., Kirisci, L., Feske, U., Vanyukov, M., "Modeling the Pathways Linking Childhood Hyperactivity and Substance Use Disorder in Young Adulthood," *Psychology of Addictive Behaviors* 21 (2007): 266 – 271.

Teichman, M., Barnea, Z., Rahav, G., "Sensation Seeking, State and Trait Anxiety, and Depressive Mood in Adolescent Substance Users," *International Journal of Addictions* 24 (1989): 87 – 99.

Tellegen, A. A. 1982. "Brief Manual for the Differential Personality Questionnaire," (Unpublished manuscript, University of Minnesota).

Terry – McElrath, Y. M. , O'Malley, P. M. , Johnston, L. D. , "Reasons for Drug Use among American Youth by Consumption Level, Gender, and Race/ Ethnicity: 1976 – 2005," *Journal of Drug Issues* 39 (2009): 677 – 714.

Thompson, S. J. , Rew, L. , Barczyk, A. , McCoy, P. , Mi – Sedhi, A. , "Social Estrangement: Factors Associated with Alcohol or Drug Dependency among Homeless, Street – Involved Young Adults ," *Journal of Drug Issues* 39 (2009): 905 – 929.

Tice, D. M. , Butler, J. L. , Muraven, M. B. , Stillwell, A. M. , "When Modesty Prevails: Differential Favorability of Self – Presentation to Friends and Strangers," *Journal of Personality and Social Psychology* 69 (1995): 1120 – 1138.

Tomaka, J. , Blascovich, J. , Kelsey, R. M. , & Leitten, C. L. , "Subjective, Physiological, and Behavioral Effects of Threat and Challenge Appraisal," *Journal of Personality and Social Psychology* 65 (1993): 248 – 260.

Tomoko, H. , Takashi, O. , "On the Nature and Origin of "Nigate"," *Japanese Journal of Psychology* 73 (2002): 157 – 165.

Tomon, J. E. , Ting, S. R. , "Effects of Team Climate on Substance Use Behaviors, Perceptions, and Attitudes of Student – athletes at a Large, Public University," *Journal of College Student Development* 51 (2010): 162 – 179.

Tragesser, S. L. , Solhan, M. , Schwartz – Mette, R. , Trull, T. J. , "The Role of Affective Instability and Impulsivity in Predicting Future BPD Features," *Journal of Personality Disorders* 21 (2007): 603 – 614.

Triandis, H. C. 1988. Collectivism vs. Individualism: A Reconceptualization of a Basic Concept in Crosscultural Psychology," In G. K. Verma, & C. Bagley (Eds.), *Cross – cultural Studies of Personality, Attitudes and Cognition*, London: Macmillan.

Triandis, H. C. , "The Self and Social Behavior in Differing Cultural Contexts," *Psychological Review* 96 (1989): 506 – 520.

Turnley, W. H. , Bolino, M. C. , "Achieving Desired Images While Avoiding Undesired Images: Exploring the Role of Self – Monitoring in Impression Management," *Journal of Applied Psychology* 86 (2001): 351 – 160.

Uddin, N., Gillett, P. R., "The Effects of Moral Reasoningand Self – Monitoring on CFO Intentions to Report Fraudulently on Financial Statements," *Journal of Business Ethics* 40 (2002): 15 – 32.

Ullrich, S., Farrington, D. P., Coid, J. W., "Dimensions of DSM – Ⅳ Personality Disorders and Life – success," *Journal of Personality Disorders* 21 (2008): 657 – 663.

Unoka, Z., Seres, I., Áspán, N., Bódi, N., Kéri, S., "Trust Game Reveals Restricted Interpersonal Transactions in Patients with Borderline Personality Disorder," *Journal of Personality Disorders* 3 (2009): 399 – 409.

Vallacher, R. R., Wegner, D. M. 1985. *A Theory of Action Identification.* Hillsdale, NJ: Lawrence Erlbaum Associates.

Vanderschuren, L. J. M. J., Everitt, B. J., "Drug Seeking Becomes Compulsive after Prolonged Cocaine Self – Administration," *Science* 305 (2004): 1017 – 1019.

Vanderschuren, L. J. M. J., Everitt, B. J., "Behavioural and Neural Mechanisms of Compulsive Drug Seeking," *European Journal of Pharmacology* 526 (2005): 77 – 88.

Van Tol, H. H., "A Variable Number Tandem Repeat Polymorphism (VN-TR) in Exon 3 of the Dopamine D4 Receptor Gene (DRD4) Has Been Associated with the Personality Trait Novelty Seeking," *Nature* 38 (1982): 149 – 152.

Vanyukov, M. M., Kirisci, L., Moss, L., Tarter, R. E., Reynolds, M. D., Maher, B. S., Kirillova, G. P., Ridenour, T., Clark, D. B., "Measurement of the Risk for Substance Use Disorders: Phenotypic and Genetic Analysis of an Index of Common Liability," *Behavior Genetics* 39 (2009): 233 – 244.

Verdejo – García, A., Vilar – López, R., Pérez – García, M., Podell, K., GoldbergG, E. "Altered Adaptive but Not Veridical Decision – Makingin Substance Dependent Individuals," *Journal of the International Neuropsychological Society* 12 (2006): 90 – 99.

Vitulano, M. L., Fite, P. J., Rathert, J. L., "Delinquent Peer Influence on Childhood Delinquency: The Moderating Effect of Impulsivity," *Journal of Psychopathology and Behavioral Assessment* 32 (2010): 315 – 322.

Vorauer, J. D., Miller, D. T., "Failure to Recognize the Effect of Implicit Social Influence on the Presentation of Self," *Journal of Personality and Social Psychology* 73 (1997): 281 – 295.

Washburn, J. J., McMahon, S. D., King, C. A., Reinecke, M. A., & Silver, C., "Narcissistic Features in Young Adolescents: Relations to Aggression and Internalizing Symptoms," *Journal of Youth and Adolescence* 33 (2004): 247 – 260.

Watson, D., Friend, R., "Measurement of Social – Evaluative Anxiety," *Journal of Consulting and Clinical Psychology* 33 (1969): 448 – 457.

Webb, E. J., Campbell, D. T., Schwartz, R. D., & Sechrest, L. 1996. *Unobtrusive Measures: Nonreactive Research in the Social Sciences*. Chicago: Rand McNally.

Whisman, M. A., &Schonbrun, Y. C., "Social Consequences of Borderline Personality Disorder Symptoms in a Population – Based Survey: Marital Distress, Marital Violence, and Marital Disruption," *Journal of Personality Disorders* 23 (2009): 410 – 415.

Widom, C. S., Czaja, S. J., Paris, J., "A Prospective Investigation of Borderline Personality Disorder in Abused and Neglected Children Followed up into Adulthood," *Journal of Personality Disorders* 23 (2009): 433 – 446.

Wilens, T. E., Biederman, J., "Alcohol, Drugs, and Attention – Defcit/Hyperactivity Disorder: A Model for the Study of Addictions in Youth," *Journal of Psychopharmacology* 20 (2006): 580.

Wills, T. A., Walker, C., Mendoza, D., Ainette, M. G., "Behavioral and Emotional Self – Control: Relations to Substance Use in Samples of Middle and High School Students," *Psychology of Addictive Behaviors* 20 (2006): 265 – 278.

Winstanley, C. A., Olausson, P. Taylor, J. R., Jentsch, D., "Insight into the Relationship between Impulsivity and Substance Abuse from Studies Using Animal Models," *Alcoholism: Clinical and Experimental Research* 34 (2010): 1 – 13.

de Wit, H. , "Impulsivity as a Determinant and Consequence of Drug Use: A Review of Underlying Processes," *Addiction Biology* 14 (2008): 22 – 31.

de Wit, H. , Richards, J. R. 2004. Dual Determinants of Drug Abuse: Reward and Impulsivity. In R. A. Bevins, M. T. Bardo (Ed.) . *Nebraska Symposium on Motivation*. Lincoln, NE: University of Nebraska Press.

Witkin, H. A. , Lewis, H. B. , Hertman, M. , Machover, K. , Meissner, P. B. , Wapner, S. 1954. *Personality through Perception*. New York: Harper.

Wittchen, H. – U. , Fröhlich, C. , Behrendt, S. , Günther, A. , Rehm, J. , Zimmermann, P. , Lieb, R. , & Perkonigg, A. , "Cannabis Use and Cannabis Use Disordersand Their Relationship to Mental Disorders: A 10 – Year Prospective – Longitudinal Community Study in Adolescents," *Drug and Alcohol Dependence* 88 (2007): S60 – S70.

Wolf, N. , Daniele, K. , "Self – Presentation: Social Skills and Inconsistency as Independent Facets of Self – Monitoring," *European Journal of Personality* 1 (1987): 61 – 77.

Wolfe, R. N. , Lennox, R. D. , Cutler, B. L. , "Getting along and Getting ahead: Empirical Support for a Theory of Protective and Acquisitive Self-Presentation," *Journal of Personality and Social Psychology* 50 (1986): 356 – 361.

Wolfe, R. , Lennox, R. , Hudiburg, R. , "Self – Monitoring and Sex as Moderator Variables in the Statistical Explanation of Self – Reported MariJuana and Alcohol Use," *Journal of Personality and Social Psychology* 44 (1983): 1069 – 1074.

Wong, M. M. , Nigg, J. T. , Zucker, R. R. , Puttler, L. I. , Fitzgerald, H. E. , Jester, J. M. , Glass, J. M. , Adams, K. "Behavioral Control and Resiliency in the Onset of Alcohol and Illicit Drug Use: A Prospective Study from Preschool to Adolescence," *Child Development* 77 (2006): 1016 – 1033.

World Health Organization (WHO), 2004. *Neuroscience of Psychoactive Substance Use and Dependence*. Geneva: World Health Organization.

Wupperman, P. , Neumann, C. S. , Axelrod, S. R. , "Do Deficits in Mindfulness Underline Borderline Personality Features and Core Difficulties?" *Journal of Personality Disorders* 22 (2008): 466 – 482.

Wymer, W. E. , Penner, L. A. , "Moderator Variables and Different Types of Predictability: Do You Have a Match?" *Journal of Personality and Social Psychology* 49 (1985): 1002 – 1015.

Yang, K. S. , "A Theoretical and Empirical Analysis of the Chinese Self from the Perspective of Social and Individual Orientation," *Indigenous Psychological Research in Chinese Societies* 22 (2004): 11 – 80.

Zanna, M. P. , Olson, J. M. , Fazio, R. H. "Attitude – Behavior Consistency: An Individual Difference Perspective," *Journal of Personality & Social Psychology* 38 (1980): 432 – 440.

Zanarini, M. C. , Frankenburg, F. R. , Hennen, J. , Reich, D. B. , Silk, K. R. , "Axis I Comorbidity in Patients with Borderline Personality Disorder: 6 – year Follow – up and Prediction of Time to Remission," *American Journal of Psychiatry* 161 (2004): 2018 – 2114.

Zeigler – Hill, V. , Abraham, J. , "Borderline Personality Features: Instability of Self – esteem and Affect," *Journal of social and Clinical Psychology* 25 (2006): 668 – 687.

Zeller, R. A. , & Carmines, E. G. 1980) . *Measurement in the Social Sciences: The Link between Theory and Data.* Cambridge/New York: Cambridge University.

Zucker, R. A. 2006. "Alcohol Use and the Alcohol Use Disorder: A Developmental – Biopsychosicial Systems Formulation Veering the Life Course," In D. Cicchetti, & D. J. Cohen (Eds.), *Developmental Psychopathology: Risk, Disorder, and Adaption* (Vol. 3; pp. 620 – 656) . Hoboken, New Jersey: Wiley.

Zuckerman, M. 1984. *Behavioral Expressions and Biosocial Bases of Sensation Seeking.* Cambridge: University of Cambridge Press.

Zuckerman, M. 1979a . *Sensation Seeking: Beyond the Optimal Level Arousal.* Hillsdale, NJ: Lawrence Erlbaum Associates.

Zuckerman, M. , Klorman, R. , Larrance, D. T. , Spiegel, N. H. , "Facial, Autonomic, and Subjective Components of Emotion: The Facial Feedback Hypothesis Versus the Extenalizer – Internalizer Distinction," *Journal of Personality and Social Psychology* 41 (1981): 929 – 944.

索　引

图书在版编目（CIP）数据

社会行为中的自我监控／肖崇好著．—北京：社会
科学文献出版社，2014.12
国家社科基金后期资助项目
ISBN 978 - 7 - 5097 - 6580 - 7

Ⅰ.①社…　Ⅱ.①肖…　Ⅲ.①社会行为 – 自我控制
Ⅳ.①C912.68

中国版本图书馆 CIP 数据核字（2014）第 228935 号

· 国家社科基金后期资助项目 ·

社会行为中的自我监控

著　者／肖崇好

出 版 人／谢寿光
项目统筹／童根兴
责任编辑／马云馨　谢蕊芬

出　　版／社会科学文献出版社·社会政法分社（010）59367156
　　　　　　地址：北京市北三环中路甲 29 号院华龙大厦　邮编：100029
　　　　　　网址：www. ssap. com. cn
发　　行／市场营销中心（010）59367081　59367090
　　　　　　读者服务中心（010）59367028
印　　装／北京季蜂印刷有限公司

规　　格／开　本：787mm × 1092mm　1/16
　　　　　　印　张：16.5　字　数：267 千字
版　　次／2014 年 12 第 1 版　2014 年 12 第 1 次印刷
书　　号／ISBN 978 - 7 - 5097 - 6580 - 7
定　　价／69.00 元